GONDOLIN PRESS

Mauro Gagliardi

LITURGIA FUENTE DE VIDA

Perspectivas teológicas

gondolin press

LITURGIA FUENTE DE VIDA – *Mauro Gagliardi*

© Mauro Gagliardi
© Spanish Language Edition gondolin press

www.gondolinpress.com
info@gondolinpress.com

2020 © Gondolin Institute LLC
1915 Aster Rd.
Sycamore, IL 60178

ISBN 978-1-945658-20-4

Reservados todos los derechos internacionales de traducción, digitalización, reproducción y transmisión de la obra en parte o en su totalidad en cualquier medio, formato y soporte. No se permiten las fotocopias sin autorización por escrito del autor.

Edición italiana: *Liturgia fonte di vita. Prospettive teologiche*, Fede & Cultura, Verona 2009.

Primera edición española: *Liturgia fuente de vida. Perspectivas teológicas*, Edicep, Valencia 2012.

La presente es una reimpresión sin modificaciones significativas de la primera edición española.

First U.S. edition: November 2020

A la memoria de mis abuelos,
Giuseppe y Maria,
Donato y Lucia.

*Qui nos praecesserunt cum signo fidei
et dormiunt in somno pacis.*

Prefacio

La constitución sobre la liturgia, *Sacrosanctum concilium*, en el llamamiento que hace a la Iglesia de nuestro tiempo a proporcionar una seria formación litúrgica de clero y fieles, ha establecido que, especialmente en los seminarios y en las casas de formación religiosas, la enseñanza de la *scientia liturgica* sea conducida tanto «bajo el aspecto teológico e histórico como bajo el aspecto espiritual, pastoral y jurídico» (n. 16). Como se infiere de estas palabras, los padres del concilio Vaticano II tenían conciencia del carácter prismático de dicha disciplina, cuyo estudio no se agota con el análisis comparativo y filológico de los textos eucológicos, o con la presentación de una historia de la liturgia. El Concilio recuerda que el enfoque de la liturgia es ante todo de tipo teológico —se indica en primer lugar esta perspectiva—, y además también histórico, espiritual, pastoral y jurídico.

No debemos ignorar el hecho, y por otro lado sería inútil intentar hacerlo, de que no siempre estas indicaciones han sido llevadas a la práctica en las últimas décadas, en las cuales ha prevalecido a menudo una tendencia a relegar el estudio teológico, espiritual y jurídico a un segundo plano, en favor de la profundización histórica y pastoral de la liturgia. Este último aspecto —careciendo o siendo insuficiente la base teológica-espiritual y jurídica— ha terminado por ser interpretado defectuosamente, en el sentido de una malentendida y peor actualizada adaptación, de carácter localista o circunstancial, cuando no incluso extemporánea, de las normas universales de la Iglesia.

En este contexto, tenemos que acoger favorablemente este volumen del Rev. Profesor Mauro Gagliardi, ordinario de la facultad de teología del Ateneo Pontificio Regina Apostolorum de Roma y Consultor del Oficio de las celebraciones Litúrgicas del Sumo Pontífice. En efecto, el autor nos ofrece en estas páginas eso de lo que actualmente más se advierte la necesidad, es decir, un seguro y accesible enfoque teológico de la liturgia. El lector estará de acuerdo con nuestro criterio, apenas se haya sumergido en las páginas del ensayo. La sensación que se advierte es la de un agradable reencontrarse plenamente, porque en estas páginas fluye no una doctrina nueva, que busque a toda costa la originalidad, sino la doctrina de siempre, presentada de un modo nuevo, a la luz de la ininterrumpida tradición de la Iglesia, de su Magisterio, de los Padres, de los Doctores y de los Santos.

Una característica del presente volumen, que me gustaría destacar, consiste en la convencida y argumentada adhesión a la fe de la Iglesia. Tampoco se puede silenciar la ya distinguida cultura teológica del Prof. Gagliardi, que sin titubeos se puede definir como enciclopédica, sobre todo si se tiene en cuenta su aún joven edad. Domina con competencia los textos del Magisterio de todas las épocas y los cita de modo apropiado y perspicaz; extrae de la Tradición patrística y teológica numerosas joyas, que engarza sabiamente en un discurso orgánico y elaborado; no desdeña la contribución de los Maestros espirituales, que han sabido captar el valor de la liturgia para la santificación de los cristianos.

Dentro de la presentación que ofrece este ensayo sobre diversos aspectos teológicos de la liturgia, resalta con claridad el elemento –propio de la Tradición de la Iglesia– de la continuidad. Es bien conocido el texto de la Alocución que el Papa Benedicto XVI pronunció ante la Curia romana el 22 de diciembre del 2005. La exhortación, en él contenida, a leer los textos del Vaticano II conforme a la hermenéutica de la continuidad, encuentra en este volumen una amplia actualización. Mauro Gagliardi ha demostrado, citando los textos –es más, casi presentándolos a modo de sinopsis–, la continuidad no sólo en cuanto a la enseñanza, sino también en cuanto al texto mismo, de la *Sacrosanctum concilium* con la encíclica *Mediator Dei* del siervo de Dios Pío XII, así como con otros textos del Magisterio pontificio del siglo XX, a partir de San Pío X. El contacto entre los textos disipa toda duda respecto al hecho de que el único modo apropiado para entender la doctrina del último Concilio consiste precisamente, como ha indicado el Santo Padre, en reconocer en sus documentos un desarrollo homogéneo al de la Tradición bimilenaria de la Iglesia. Por otra parte, ésta es la única lectura posible si se quiere ser católico. El Espíritu que guía a la Iglesia no puede contradecirse o superarse. Somos nosotros quienes, dóciles a su acción, somos conducidos hacia una profundización cada vez más rica. Don Gagliardi lo demuestra de manera irrefutable en lo que se refiere al tema de la liturgia.

Las soluciones propuestas a las preguntas planteadas en este ensayo le confieren aún una ulterior validez. ¿Cómo no compartir las páginas que el autor dedica, por ejemplo, al tema de la orientación litúrgica, a la manera más apropiada de recibir la comunión sacramental, o aquellas dedicadas a la belleza de la liturgia? Sería muy bueno que las propuestas y sugerencias anticipadas aquí llegaran a ser cada vez más vividas en la Iglesia, la cual celebra un culto verdaderamente divino, tanto por la forma como por el contenido. Que caigan nociones preconcebidas, partidismos e ideologías. Es necesario más bien sumergirse en el océano sin límites del amor divino. Sólo así el misterio litúrgico se podrá comprender mejor.

La lectura de este libro aprovechará ciertamente a todos los que desean comprender la grandeza del misterio litúrgico eclesial. Me es grato, sin embargo, aconsejarla fervientemente de modo muy especial a los sacerdotes y a los jóvenes que se preparan para el sacerdocio. La Congregación para el Clero lleva en el corazón la formación permanente de los sacerdotes. El Año Sacerdotal, convocado por Su Santidad Benedicto XVI, representa una ocasión propicia para que todos los sacerdotes del mundo redescubran la belleza incomparable y la dignidad extraordinaria del ministerio del Orden, del cual el Señor ha querido darnos el don, a pesar de nuestras limitaciones. Entre los elementos principales que caracterizan el sacerdocio están, sin sombra de duda, el servicio litúrgico y, de manera muy especial, el ministerio del altar. Comprender teológica y espiritualmente el sentido de la liturgia significa, por tanto, comprender verdaderamente el propio sacerdocio. Estamos convencidos de que el presente volumen puede realmente contribuir al redescubrimiento tan necesario del hecho de que el sacerdote es, ante todo, un hombre elegido por el Señor para estar ante Él y para servirlo.

Deseamos, por tanto, al libro *La liturgia fuente de vida* una amplia difusión y un influjo aún mayor en la formación eclesiástica, con todas sus lógicas repercusiones en la más amplia formación de todos los fieles.

Del Vaticano, 25 de mayo 2009
Fiesta de San Gregorio VII

† Mauro Piacenza
Arzobispo tit. de Vittoriana
Secretario de la Congregación para el Clero[1]

---

[1] En la época en que se editó el libro por primera vez [2009], Mons. Piacenza era el Secretario de la Congregación para el Clero. En el día de hoy [2012] es Cardenal Prefecto de la misma Congregación.

Introducción

La idea de escribir este libro surgió después de un curso intensivo sobre la liturgia que, invitado por el P. Francisco Mateos, L.C., impartí en julio de 2008 en el contexto del *XVIII Curso Internacional para Formadores en los Seminarios*. Fue este curso una iniciativa importante de formación del clero, que tiene lugar cada verano en Leggiuno, en la provincia de Varese.

En cada uno de los tres días del curso, di tres conferencias, además de dos "talleres" y una sesión de preguntas. Me presenté al curso con un manual, preparado por mí mismo para esta ocasión, de más de doscientas páginas, además de otros materiales, incluyendo material de multimedia. Me di cuenta de que muchos de los superiores de los seminarios, presentes en el curso, mostraban un verdadero interés por los temas tratados en las diversas conferencias. La experiencia era aún más significativa porque muchos de ellos provenían de países y continentes diversos. Esto denotaba una necesidad de claridad en materia litúrgica, hoy ya advertida a nivel mundial.

Pensé, entonces, que también otros sacerdotes, seminaristas, religiosos y fieles laicos podrían interesarse por el tema de la liturgia, tratado en perspectiva teológica, con un planteamiento que lo haga accesible también a los iniciados en este campo. Por tanto, he ordenado mi manual, intentando mejorar diversos aspectos y simplificando otros, como por ejemplo la traducción del hebreo y del griego, elaborada de la forma más sencilla posible. Este es el libro que el lector tiene en sus manos.

El título escogido para este volumen nos recuerda la parte conclusiva de la Constitución *Sacrosanctum concilium* en el n.10: «Por tanto, de la Liturgia, sobre todo de la Eucaristía, mana hacia nosotros la gracia como de su fuente [*ut e fonte*] y se obtiene con la máxima eficacia aquella santificación de los hombres en Cristo y aquella glorificación de Dios, a la cual las demás obras de la Iglesia tienden como a su fin».

Son muchas las personas que, de una u otra manera, ayudan a uno en la redacción de un libro, permitiendo dedicar tiempo al trabajo intelectual. Aquí no puedo nombrarlos a todos, aunque están presentes en mi corazón y a todos les estoy muy agradecido. Sin embargo, debo mencionar dos estudiosos que me han ayudado durante la elaboración de este volumen: el Rev. Prof. Don Antonio Sorrentino, reconocido liturgista, quien me proporcionó sugerencias de gran utilidad, así como algunas sensatas objeciones; y el Prof. Marco Di Matteo, que ha revisado el manuscrito original en italiano antes de su publicación. A ellos va un afectuoso agradecimiento, y no menor por el espíritu de amistad que ha guiado ambos trabajos de revisión. En la presente edición, estoy agradecido al Hno. Ginés Abellán, L.D. por su atento trabajo, así como a toda la Asociación Lumen Dei, que con espíritu decidido ha colaborado con las diligencias necesarias para la publicación de este libro en lengua castellana.

Mauro Gagliardi

Capítulo 1

La liturgia de la Iglesia

¿Qué es la liturgia de la Iglesia?

Liturgia proviene del griego *leiton ergon*, en latín *publicum opus*. Etimológicamente designa una obra o un edificio público. Originariamente indica cualquier obra hecha para el bien de los demás, de la colectividad; por este motivo para Aristóteles la liturgia es una de las notas esenciales de la democracia. Entre las obras públicas se pueden citar como ejemplo: el servicio militar, la agricultura, la música y todo tipo de actividad que produce un fruto bueno para todos. Sin embargo, ante todo, el vocablo se refiere a las obras del culto público, ya que es la obra pública que produce el mayor bien para la colectividad.

La versión de los LXX[1] introduce la palabra griega *leitourgia* en la Sagrada Escritura, traduciendo las palabras hebraicas *scherèt* y *abodàh* por *leitourgein* y *leitourgia*, cada vez que designan un acto de culto. Sin embargo, en la Sagrada Escritura, a diferencia del mundo helenístico, la liturgia no tiene como objeto el estado, la ciudad, el pueblo, sino el tabernáculo, el templo y el altar. Por tanto, del significado originario de «en nombre del pueblo o para el pueblo», el término «liturgia» en la revelación bíblica pasa a significar «en nombre de Dios o para Dios», si bien subsiste el hecho de que la liturgia es a favor del pueblo porque le aporta un beneficio.

En el Nuevo Testamento, el término *leitourgia* aparece con frecuencia, en contextos diversos y, ante todo, dentro del marco cristológico respecto al culto sacerdotal de Cristo.

> «Tenemos un Sumo Sacerdote tal, que se sentó a la diestra del trono de la Majestad en los cielos, ministro del santuario [*ton agion leitourgos*] y de la tienda verdadera, erigida por el Señor, no por un hombre» (Heb 8,1-2).

---

[1] Abreviatura que indica la traducción al griego del Antiguo Testamento, la llamada «Septuaginta» o «Setenta».

«Él ha obtenido un ministerio [*leitourgia*] tanto mejor cuanto es Mediador de una mejor Alianza, como fundada en promesas mejores» (Heb 8,6).

La carta a los Hebreos compara el ministerio litúrgico del Antiguo Testamento con el de Cristo, y a este último lo declara superior.

El Nuevo Testamento utiliza la palabra liturgia para indicar el ministerio de los ángeles para con los hombres (Heb 1,7.14); o el ministerio realizado por San Pablo (Rm 15,16; Fil 2,17[2]); o el ministerio sacerdotal del Nuevo Testamento, por ejemplo en Hch 13,2 («Mientras estaban celebrando el culto del Señor [*leitourgouton to Kyrio*] y ayunando, dijo el Espíritu Santo»); y, finalmente, las obras de caridad (Rm 15,27; 2 Co 9,12; Fil 2,29-30).

Definición de liturgia. Han sido propuestas varias definiciones. Una, muy sintética, fue presentada por Vagaggini a finales de los años cincuenta: la liturgia cristiana «es el conjunto de los signos sensibles y eficaces de la santificación y del culto de la Iglesia». Esta definición pone en claro la importancia de la categoría de signo en la acción litúrgica. La liturgia es un grande y variado conjunto de signos. Aun siendo diversos, estos signos no son heterogéneos y forman una unidad que es, en sí misma, un gran signo del misterio divino. Los signos más perfectos de la liturgia son los sacramentos, cuyo carácter de ser signos eficaces ha sido ilustrado por la teología. Por ejemplo, Santo Tomás de Aquino dice que un sacramento es un signo de una realidad sagrada en cuanto que santifica a los hombres[3]. Pero también los otros elementos de la liturgia, como los sacramentales y otros ritos, son signos.

En la liturgia tenemos signos eficaces, que realizan lo que significan, cada uno a su manera y en diversos grados de perfección. En efecto, los signos instituidos por Cristo actúan *ex opere operato*, es decir, por su intrínseca eficacia, mientras que los instituidos por la Iglesia actúan *ex opere operantis Ecclesiae*, es decir, según la medida de la cooperación humana.

---

[2] Esta cita es particularmente interesante porque relaciona *leitourgia* con *thusia*, sacrificio.

[3] Cfr. Tomás de Aquino, *Summa Theologiae* III, 60, 2.

La liturgia cristiana tiene por finalidad la santificación de los fieles y la realización del culto público de la Iglesia que adora al Señor, Dios, Creador y Salvador.

La definición de Vagaggini se remonta al año 1959; es una buena definición, pero se nota en ella una laguna grave, la cristológica: La liturgia *cristiana* se define ¡sin nombrar a Cristo! Con razón se dice que esta falta se hace más evidente ahora, tras el concilio Vaticano II, que ha proyectado nueva luz sobre el fundamento cristológico de la fe, del culto y de la teología. Pero notamos también una gran contradicción: si hoy día se pidiera a un sacerdote, a una consagrada, a un laico comprometido, y quizá aún a un profesor de teología, que dieran una definición de la liturgia, probablemente muchos contestarían diciendo que la liturgia es «cumbre y fuente de la vida de la Iglesia». Esta es la formulación sintética de la célebre definición del n. 10 de *Sacrosanctum Concilium*: «La Liturgia es la cumbre a la cual tiende la actividad de la Iglesia y al mismo tiempo la fuente de donde mana toda su fuerza». Después del Concilio, esta fórmula se adoptó casi como un *slogan* para explicar la liturgia. Pero cabe notar que también en esta fórmula falta del todo no sólo la referencia a la cristología, sino también a la teología y a la soteriología. Se encuentra sólo el elemento eclesiológico. La liturgia es el punto de llegada de la acción apostólica de la Iglesia y la fuente de la fuerza de la gracia (*virtus* en el latín original) que la Iglesia necesita.

En realidad, la SC había dado ya antes otra definición de la liturgia, en el n. 7[4], con las siguientes palabras:

> «Con razón, entonces, se considera la Liturgia como el ejercicio del sacerdocio de Jesucristo. En ella los signos sensibles significan y, cada uno a su manera, realizan la santificación del hombre, y así el Cuerpo Místico de Jesucristo, es decir, la Cabeza y sus miembros, ejerce el culto público íntegro».

Este texto comienza con la expresión «con razón» (*merito*), lo que implica que la SC se está pronunciando favorablemente sobre una definición pre-existente de liturgia. ¿De dónde proviene esta

---

[4] De ahora en adelante la Constitución litúrgica *Sacrosanctum Concilium* será abreviada con las siglas SC.

definición? Sin adentrarnos demasiado en la cuestión, podemos citar dos referencias. La primera es del Concilio de Trento:

> «Como la naturaleza humana es tal que sin los apoyos externos no puede fácilmente levantarse a la meditación de las cosas divinas, por eso la piadosa madre Iglesia instituyó determinados ritos, [...] con el fin de encarecer la majestad de tan grande sacrificio y mover las mentes de los fieles, por estos signos visibles de religión y piedad, a la contemplación de las altísimas realidades que en este sacrificio están ocultas»[5].

En este texto se subraya la importancia de los signos de la liturgia, los cuales también Vagaggini, como lo hemos visto, recuerda. La segunda cita proviene de la carta Encíclica *Mediator Dei* de Pío XII:

> «La sagrada Liturgia constituye el culto público que nuestro Redentor, Cabeza de la Iglesia, tributa al Padre celestial y el que la sociedad de los fieles tributa a su Cabeza y por El al eterno Padre; y, para decirlo todo brevemente, constituye el culto público íntegro del Cuerpo místico de Jesucristo, es decir, de la Cabeza y de sus miembros»[6].

Como se puede ver, la definición de liturgia dada en la SC 7 se asemeja mucho a la que se propone en la *Mediator Dei*. Añádase además que el contexto de la afirmación también es idéntico, ya que tanto Pío XII como el Vaticano II introducen la definición de la liturgia tratando (con términos muy parecidos) el tema de la presencia de Cristo en la liturgia.

La definición más completa de la liturgia que ha dado el Vaticano II es la de SC 7 y no la de SC 10; esta última, en efecto, es más bien una relectura, en clave pastoral, de las consecuencias eclesiológicas de la verdadera definición de la liturgia, contenida en el n. 7 de la Constitución conciliar sobre la liturgia. Habría que preguntarse sobre los motivos que han inspirado la tendencia post-conciliar a limitarse al texto de la SC 10 al dar la definición de liturgia, y a abandonar, de hecho, la definición del n. 7, la cual sin embargo el *Catecismo de la Iglesia*

---

[5] Concilio de Trento, *Sessio XXIII: Doctrina et canones de ss. Missae sacrificio*, cap. 5, en H. Denzinger, *Enchiridion symbolorum definitionum et declarationum de rebus fidei et morum*, n. 1746. De ahora en adelante el Enchiridion de Denzinger será citado con las siglas DS.

[6] DS 3841.

Católica[7] cita íntegramente en el n. 1070, mientras que SC 10 está citado en CIC 1074 bajo el título «Catequesis y liturgia».

Se podría también intentar dar una respuesta retornando al ya citado Cipriano Vagaggini, uno de los liturgistas más leídos en el inmediato pre y post-concilio. Ya en la primera edición de su volumen *Il senso teologico della liturgia*, publicado antes del Vaticano II, había presentado la definición referida de la liturgia. En la cuarta edición, revisada y ampliada, publicada en 1965, el autor sigue manteniendo su definición como la más válida, a pesar de la publicación entonces reciente de SC. Explica su posición con los argumentos siguientes. 1. Los liturgistas, hasta el día de hoy, todavía no han llegado a un consenso sobre la definición general de liturgia; 2. Ni la *Mediator Dei* ni SC han querido solucionar la cuestión de definir qué es la liturgia; 3. Casi todos los elementos de la descripción de la liturgia dada por SC están sacados de la *Mediator Dei*. Sin embargo, el Concilio «hace avances notables respecto a la Encíclica», ya que destaca más la importancia del signo litúrgico, y porque los signos sensibles están referidos no sólo al culto de Dios sino también a la santificación del hombre. Por lo tanto, según Vagaggini, la SC expresaría mucho mejor que la *Mediator Dei* el doble movimiento que desciende de Dios al hombre y del hombre sube a Dios. Me permito objetar que la *Mediator Dei* incluye esto claramente en la definición de la liturgia, y además en el resto de la Encíclica insiste repetidamente en la inseparabilidad de ambos aspectos. Finalmente, 4. No obstante la definición dada por la SC –la cual Vagaggini considera sólo una «descripción»–, para él se mantiene válida su definición de liturgia, debido a los siguientes motivos:

> «[Al definir la liturgia] no es preciso expresar de manera explícita el concepto de que la liturgia es el ejercicio del sacerdocio de Cristo. Tampoco es necesario decir que el culto de la Iglesia se dirige a Dios [...]. Finalmente, en una definición rigurosa, no es necesario decir explícitamente que en la liturgia la Iglesia, como cuerpo, dirige oficialmente, públicamente, su culto a Dios»[8].

---

[7] En adelante, CIC.

[8] C. Vagaggini, *El sentido teológico de la liturgia. Ensayo de liturgica General*, Biblioteca de Autores Cristianos, Madrid, 1965², p. 32. Los argumentos precedentes están desarrollados en las pp. 31-37.

De este modo, se define a la liturgia sólo haciendo referencias implícitas a Cristo, a su sacerdocio (es decir a su obra de mediación), a Dios y a la adoración que la Iglesia le debe, así como al aspecto oficial y público de este culto. Todos estos aspectos no se niegan, sino que son suprimidos en cuanto que se debieran dar por descontados. De esta manera, la definición de la liturgia apunta, toda ella, a la Iglesia y a los signos que ésta pone para la santificación de los hombres, de lo cual se sigue que la definición pastoral de la liturgia contenida en la SC 10 parecerá mejor que la de la SC 7. Vagaggini no es, ciertamente, el responsable del cambio de sensibilidad que encontramos en el postconcilio; su pensamiento, sin embargo, nos muestra una significativa cifra de un tipo de lectura de la Constitución litúrgica del Concilio Vaticano II.

Más allá de los motivos que puedan haber conducido a la situación actual, a nivel teológico está claro que la liturgia cristiana se entiende como *el oficio sacerdotal desarrollado por el Christus totus*, Cabeza y miembros, como culto público realizado con signos sagrados, cuya finalidad es la adoración de la Trinidad y la santificación de los hombres. San Agustín se expresa al respecto en los siguientes términos:

> «[Christus] orat pro nobis ut sacerdos noster, orat in nobis ut caput nostrum, oratur a nobis ut Deus noster» (Cristo ora por nosotros como nuestro sacerdote; ora en nosotros como nuestra cabeza, y a Él se dirige nuestra oración como a nuestro Dios)[9].

El concepto cristiano de liturgia no puede existir sin teocentrismo, cristocentrismo y pneumatocentrismo. La liturgia es la obra sacerdotal de Cristo (Cabeza y miembros), que dirige al Padre la adoración de toda la creación en la unidad del Espíritu Santo. Podríamos decir que la definición de la liturgia se traduce en la doxología de la oración eucarística: «Por Cristo, con él y en él, a Ti, Dios Padre omnipotente, en la unidad del Espíritu Santo, todo honor y toda gloria por los siglos de los siglos». La Iglesia, que adora a Dios, desarrolla este culto de modo oficial y público con Cristo y en Cristo, como su Cabeza.

---

[9] Agustín de Hipona, *Enarrationes in Psalmos*, 85, 1, en: PL 36, 1081.

Por ello, la liturgia siempre tiene también un *carácter escatológico*, ya que es la celebración del *Christus totus,* es decir, de la Iglesia entera, peregrinante, purgante y triunfante. En este sentido la liturgia terrestre es una concelebración con la liturgia celeste.

«La Liturgia es "acción" del *"Cristo total"* (Christus totus). Los que desde ahora la celebran, más allá de los signos, participan ya de la liturgia del cielo, donde la celebración es enteramente Comunión y Fiesta»[10].

«El Apocalipsis de San Juan, leído en la liturgia de la Iglesia, nos revela primeramente que "un trono estaba erigido en el cielo y Uno sentado en el trono" (Ap 4,2): "el Señor Dios" (Is 6,1). Luego revela al Cordero, "inmolado y de pie" (Ap 5,6): Cristo crucificado y resucitado, el único Sumo Sacerdote del santuario verdadero, –el mismo "que ofrece y que es ofrecido, que da y que es dado" (*Liturgia de San Juan Crisóstomo*). Y por último, revela "el río de agua de Vida que brota del trono de Dios y del Cordero" (Ap 22,1), uno de los más bellos símbolos del Espíritu Santo»[11].

«"Recapitulados" en Cristo, participan en el servicio de la alabanza de Dios y en la realización de su designio: las Potencias celestiales, toda la creación (los cuatro Vivientes), los servidores de la Antigua y de la Nueva Alianza (los veinticuatro ancianos), el nuevo Pueblo de Dios (los ciento cuarenta y cuatro mil), en particular los mártires "degollados a causa de la Palabra de Dios" (Ap 6,9-11), y la Santísima Madre de Dios (La mujer, la Esposa del Cordero), finalmente "una muchedumbre inmensa, que nadie podría contar, de toda nación, razas, pueblos y lenguas" (Ap 7,9)»[12].

«Es de esta Liturgia eterna de la que el Espíritu y la Iglesia nos hacen partícipes cuando celebramos, en los sacramentos, el Misterio de la salvación»[13].

El carácter sacramental de la liturgia

De este modo se evidencia el carácter sacramental de la liturgia, que tiene signos externos que obran misterios reales, aunque sean invisibles a los ojos humanos. *Los signos* son de varios tipos: existen signos tomados del mundo natural como el día y la noche, el viento,

---

[10] CIC 1136.
[11] CIC 1137.
[12] CIC 1138.
[13] CIC 1139.

la tierra, el agua, el árbol, etc.; existen también gestos simbólicos de tipo social como partir el pan, compartir la copa, lavar los pies, etc. La liturgia eclesial utiliza, purificándolos, tales signos humanos que también a veces se encuentran de modos diversos en cultos no cristianos.

Tenemos, además, los signos de la antigua alianza como la circuncisión, la unción y consagración, la imposición de las manos, los sacrificios; en éstos, la Iglesia ve una preparación a los sacramentos de la nueva alianza y por eso algunos se han mantenido, aunque renovados con un contenido cristológico, mientras otros han sido abandonados definitivamente.

Finalmente están los signos de Cristo y de la Iglesia, o de la alianza definitiva: después de Pentecostés, el Espíritu Santo santifica a los hombres a través de ellos.

Subrayamos aquí este hecho: la liturgia cristiana se comprende ciertamente sobre todo basándose en la historia de la salvación, la cual alcanza su culmen en Cristo, más que sobre ciclos naturales, como por ejemplo en las religiones paganas. Pero el *aspecto cósmico* no ha sido totalmente eliminado en la liturgia cristiana: los elementos del mundo son tomados, purificados y elevados, no anulados. La liturgia cristiana no sólo tiene un aspecto sobrenatural, sino también otro natural; para comprenderla no basta exclusivamente una teología de la historia (la cual es esencial), sino que se necesita también una teología del cosmos (o de la creación); de aquí se deriva que la liturgia no es solamente un tiempo sagrado, sino que también se desarrolla dentro de un espacio sagrado y crea un espacio sagrado. El aspecto del tiempo sagrado es prevalente, pero no por esto el valor del espacio sagrado se ve disminuido. Por otra parte, vemos que una visión puramente histórica del culto cristiano no da plenamente razón de ello. Es verdad que el culto cristiano está regulado en base a los eventos de la historia salvífica, pero también existe una repetición típica de los ciclos cósmicos. Por ejemplo, en el ciclo de cada año se repiten el Adviento, la Navidad, el Tiempo Ordinario, la Cuaresma y el Tiempo Pascual; o la incesante rotación semanal, que culmina y recomienza cada vez en el domingo... Volveremos sobre este tema más adelante.

Los signos principales de la liturgia cristiana son los siguientes:

a) *La palabra.* Sin la palabra, la sacramentalidad no existe. Por ejemplo, San Agustín dice: «Accedit verbum ad elementum, et fit Sacramentum»[14]. Y Santo Tomás compara la palabra de la liturgia con el Verbo encarnado porque, como la carne del *Logos* fue santificada por la unión personal con Él, así sucede también con los elementos sacramentales[15]; es claro que las palabras claves de la liturgia son las fórmulas sacramentales, que actúan *ex opere operato*. Sin embargo, la Iglesia conoce, en su liturgia, otros muchos usos de la palabra como las aclamaciones, letanías, colectas, bendiciones, exorcismos, símbolos de la fe, doxologías, exhortaciones, cantos e himnos, lecturas...

b) *Gestos y movimientos.* La postura del cuerpo y los movimientos también son signos de la liturgia. Estos gestos son vehículos del misterio, y por lo general se tiende a reducirlos, si es que no acaban por desaparecer, en los períodos en que existe un racionalismo teológico fuerte que no alcanza a comprender su valor simbólico, místico y terapéutico. Entre los gestos del cuerpo recordamos el estar de pie, sentados, de rodillas, cada uno con su propio significado, que veremos más adelante. Recordamos también el extender los brazos, elevar los ojos al cielo, golpearse el pecho, volverse hacia Oriente, darse el saludo de la paz. El signo más utilizado es, claramente, el signo de la cruz (el sacerdote lo repite a menudo durante la misa de San Pío V). El movimiento litúrgico del siglo XX ha recuperado también el valor de los *movimientos* litúrgicos, en particular el de la procesión ya sea la del introito, ya la del ofertorio o de la

---

[14] Agustín de Hipona, *In evangelium Ioannis Tractatus centum viginti quator*, 80,3: en CCL 36, 529.

[15] «Sacramentum consistit in verbis et rebus corporalibus, sicut in Christo, qui est sacramentorum auctor, est Verbum caro factum. Et sicut caro Christi sanctificata est, et virtutem sanctificandi habet per Verbum sibi unitum, ita et res sacramentorum sanctificantur, et vim sanctificandi habent per verba quae in his proferuntur»: Tomás de Aquino, *De articulis fidei et ecclesiae sacramentis ad archiepiscopum Panormitanum*, II: en la edición de R. Busa, *S. Thomae Aquinatis Opera Omnia*, Frommann – Holzboog, Stuttgart – Bad Cannstatt, 1980, vol. III, p. 636.

comunión. Estas procesiones representan el caminar de la Iglesia terrestre hacia la Jerusalén celeste.

c) *Elementos naturales*. La Iglesia utiliza muchos en la liturgia: pan, vino, aceite, cenizas, cera, agua, fuego, bálsamo, incienso, sal, ramos de palmera u olivo y, durante los primeros siglos, también leche y miel. Cuando estos elementos naturales están acompañados por la palabra significan y vehiculan la gracia. Evidentemente, los signos naturales más importantes en la liturgia son los que constituyen la materia de los sacramentos. Estos signos hablan por sí mismos: por ejemplo, el pan de la Eucaristía simboliza el alimento espiritual pero también la unidad de los cristianos en la Iglesia, como muchos granos de trigo se funden para formar un único pan[16].

d) *Personas*. Toda la asamblea litúrgica es signo del cuerpo místico de Cristo, el nuevo pueblo de Dios. También los ministros ordenados tienen gran valor de signo litúrgico, ya que representan a Cristo Cabeza que preside cada liturgia[17].

e) *Arte*. Cabe recordar el canto, el arte y la arquitectura sacra, signos visibles espléndidos y necesarios de la liturgia. Volveremos a hablar de ellos.

La existencia de toda esta maravillosa estructura simbólica de la liturgia ha hecho que se desarrolle una reflexión teológica en clave de *simbología litúrgica*. Naturalmente, no siempre ha sido hecha con equilibrio, muchas veces ha habido exageraciones. Podemos citar como ejemplo el alegorismo extremo de Guillermo Durand, obispo de Mende (1230-1296). Su obra litúrgica más importante se titula *Rationale divinorum officiorum*. En ella, Guillermo desarrolla un fuerte alegorismo litúrgico. Consideremos, como ejemplo, lo que dice del corporal que se extiende sobre el altar; según Guillermo, significa la pureza, ya que es blanco; la intensidad de los padecimientos de Cristo,

---

[16] Esta imagen se encuentra en un pasaje célebre del cristianismo primitivo: «Así como este pan partido estaba esparcido por las montañas y al ser unido pasó a ser uno, así también que tu Iglesia pueda verse unida de todos los extremos de la tierra en tu reino; porque tuya es la gloria y el poder por medio de Jesucristo para siempre jamás», *Didaché* IX, 4.

[17] A propósito de la presencia litúrgica de Cristo en el sacerdote y en la asamblea orante, véase SC 7.

porque el lino se blanquea por golpes repetidos; el corporal, sin embargo, representa también al mismo Cristo, porque así como del corporal, cuando está doblado, no se conoce ni su principio ni su fin (no se ven las extremidades de la tela), así es respecto de la divinidad de Cristo, alfa y omega, que no tiene fin ni principio. Siendo, pues, imagen de Cristo, el corporal debe ser también imagen de la Iglesia, que es su cuerpo místico. Además, en los cuatro pliegues longitudinales y en los tres latitudinales del corporal, Guillermo ve una imagen de las virtudes cardinales y teologales; además, el hecho de que el corporal se repliegue sobre sí mismo indica la anulación que Cristo hace de sí durante su pasión. Y Guillermo continúa aún de la misma manera... Así pues, para él, en el corporal se resume toda la teología dogmática y moral.

Por supuesto, estos excesos no fueron generales, ni tampoco es necesario desacreditar, a causa de estos alegorismos exagerados, el estudio del simbolismo litúrgico serio. Un contemporáneo de Guillermo Durand, Santo Tomás de Aquino, dedica una cuestión de la *Summa Theologiae* al simbolismo de la Eucaristía y lo hace de manera equilibrada, sin excesos, presentando interpretaciones atrayentes, que sirven también para nutrir la espiritualidad litúrgica[18].

Unidad y formas múltiples

La riqueza de los signos litúrgicos y el hecho de que muchos no son de derecho divino sino eclesiástico, ha conducido, a lo largo de los siglos, al desarrollo de diversas *familias* (ritos o tradiciones) *litúrgicas*[19]. Esta pluralidad, sin embargo, no rompe la unidad sustancial del misterio litúrgico.

---

[18] Cf. Santo Tomás de Aquino, *Summa theologiae*, III, 83.

[19] Para profundizar en este tema, véase E. Carr, «Le famiglie liturgiche in Oriente»; G. Ramis, «Le famiglie liturgiche in Occidente»; M. Nin, «Storia delle liturgie orientali»; A.J. Chupungco – K.F. Pecklers, «Storia della liturgia romana»; J. Pinelli Pons, «Storia delle liturgie occidentali non romane», todos en Pontificio Istituto Liturgico Sant'Anselmo (ed.), *Scientia liturgica. Manuale di liturgia, I: Introduzione alla liturgia* Piemme, Casale Monferrato [AL], 2003³.

«Desde la primera comunidad de Jerusalén hasta la Parusía, las Iglesias de Dios, fieles a la fe apostólica, celebran en todo lugar el mismo Misterio pascual. El Misterio celebrado en la liturgia es uno, pero las formas de su celebración son diversas»[20].

«La riqueza insondable del Misterio de Cristo es tal que ninguna tradición litúrgica puede agotar su expresión»[21].

El CIC 1203 enumera los ritos siguientes: latino, bizantino, alejandrino o copto, siríaco, armenio, maronita y caldeo.

A nivel histórico, el desarrollo de los ritos propios y verdaderos, entendidos como tradiciones litúrgicas fijas y definidas, comienza después del edicto de Constantino. Anteriormente, la liturgia apostólica y sub-apostólica debía haber sido bastante simple y en cierto sentido improvisada, aunque existían algunos puntos (hoy llamados de derecho divino) que fueron desde siempre considerados inmutables e imprescindibles (véase la acentuación de San Pablo sobre la *tradición*, cuando recuerda las palabras de la Última Cena, cf. 1 Co 11,23-25; o bien la referencia a la imposición de las manos como modo de transmitir los ministerios eclesiales, cf. Hch 8,18; 1 Tm 4,14; 2 Tm 1,6; Heb 6,1-2).

Desde este momento en adelante, también de acuerdo con el contexto cultural, la liturgia se enriquece con nuevos elementos, distintos de una tradición a otra. Una parte de éstos proviene de las «liturgias», o mejor dicho de las ceremonias imperiales (Roma y Constantinopla), pero que han sido ampliamente purificadas. Nótese que desde el tiempo de la herejía arriana, cada grupo herético ha modificado la liturgia en los puntos en la que ésta transmitía el artículo de fe impugnado. Así como también, en la gran Iglesia, nacieron algunos ritos en función explícitamente anti-herética, para manifestar así la doctrina de la Iglesia en la regla de la oración (por ejemplo, el rito ambrosiano se estructuró prácticamente de modo anti-arriano). De esta manera se ve la circularidad entre *lex orandi* y *lex credendi*, cuyo

---

[20] CIC 1200.
[21] CIC 1201.

movimiento es en doble sentido, no en sentido único[22]. La liturgia romana se impone cada vez más, sobre todo durante la segunda mitad de la Edad Media, y hasta hoy se mantiene como el rito católico más importante.

A nivel teológico. Está clara la distinción entre las partes que pueden cambiar y las que no pueden cambiar, entre el derecho eclesiástico y el derecho divino. Al primero corresponde la pluralidad de los ritos que la Iglesia puede establecer con diferentes matices en las distintas regiones. El CIC reconoce que:

«Las diversas tradiciones litúrgicas nacieron por razón misma de la misión de la Iglesia [...]. Así, Cristo, Luz y Salvación de todos los pueblos, mediante la vida litúrgica de una Iglesia, se manifiesta al pueblo y a la cultura a los cuales es enviada y en los que se enraíza. La Iglesia es católica: puede integrar en su unidad, purificándolas, todas las verdaderas riquezas de las culturas»[23].

En cambio, la unidad de las diversas tradiciones litúrgicas se halla en lo concerniente a las partes inmutables de la liturgia por las que, no obstante la diversidad de los ritos y de los signos, es el mismo y único misterio litúrgico de la Iglesia católica el que se celebra. Este

---

[22] Aunque Próspero de Aquitania, en una axioma célebre, dice que la ley de la oración es la que establece la ley de la confesión de la fe, Pío XII subrayó la circularidad recíproca entre *lex orandi* y *lex credendi*. He aquí el texto de Próspero: «Tengamos en cuenta también los sacramentos de la plegaria sacerdotal pública que, transmitida por los apóstoles, se celebran uniformemente en el mundo entero y en cada iglesia católica, para que *la regla de la oración establezca la ley de la fe* [*ut legem credendi lex statuat supplicandi*] (*Capitula pseudo-Coelestina seu Induculus*, cap. 8: DS 246). La última fórmula ha sido sintetizada en «lex orandi – lex credendi». Comentando este principio, Pío XII refuta la interpretación errónea que a partir de este principio hace derivar la idea de que la liturgia sería una especie de «experimento de las verdades que deben ser creídas por fe», de modo tal que la Iglesia sólo hubiera podido aprobar la doctrina que a través de la liturgia habría producido fruto espiritual. A este propósito, el Papa Pacelli dice: «No es, sin embargo, esto lo que enseña y lo que manda la Iglesia», y añade al primer principio otro inseparable: «Lex credendi legem statuat supplicandi», Pío XII, *Mediator Dei* I, 3, en *Enchiridion delle Encicliche*, EDB, Bologna, 1995, VI, nn. 473-475 (de ahora en adelante citado con EE).

[23] CIC 1202.

aspecto prevalece sobre aquél de derecho eclesiástico y cultural. En efecto, por un lado la pluriformidad puede ser una riqueza. Pero si, por otro, no fuese bien entendida, se degradaría a localismo y a una desenfrenada inculturación. No es extraño que, aun hoy, sea causa de luchas, divisiones e incluso cismas.

Como reconoce Juan Pablo II:

> «Está claro que la diversidad no debe dañar la unidad. Ella no puede expresarse sino en la fidelidad a la fe común, a los signos sacramentales que la Iglesia ha recibido de Cristo, y a la comunión jerárquica. La adaptación a las culturas exige también una conversión del corazón y, si fuera necesario, también la ruptura con costumbres ancestrales incompatibles con la fe católica»[24].

Liturgia y teología: un «culto lógico» (Rm 12,1)

Este párrafo se fundamenta en un versículo de San Pablo, en el que se define al culto cristiano como una «adoración lógica» (*logike latreia*). El texto en su conjunto dice:

> «Os exhorto, pues, hermanos, por la misericordia de Dios, a que ofrezcáis vuestros cuerpos como una víctima viva, santa, agradable a Dios: tal será vuestro culto espiritual. Y no os acomodéis al mundo presente, antes bien transformaos mediante la renovación de vuestra mente, de forma que podáis distinguir cuál es la voluntad de Dios: lo bueno, lo agradable, lo perfecto» (Rm 12,1-2).

San Pablo exhorta a sus lectores a ofrecer sus propios cuerpos, lo que, en el lenguaje del apóstol, quiere decir uno mismo. Por lo tanto, la vida del cristiano consiste en este gesto sacrificial, el cual, a diferencia de los sacrificios de las víctimas inmoladas sobre el altar del templo de Jerusalén, consiste en ofrecer toda y continuamente la propia vida a Dios. Eso es la *logike latreia*, el culto espiritual de los cristianos, del que San Pedro también habla en 1P 2,5[25]. El apóstol

---

[24] Juan Pablo II, *Vicesimus quintus annus*, n. 16, en *Enchiridion Vaticanum*, EDB, Bologna, 1995³, XI, n.1590 (de ahora en adelante citado con la sigla EV).

[25] «También vosotros, cual piedras vivas, entrad en la construcción de un edificio espiritual, para un sacerdocio santo, para ofrecer sacrificios

Pablo añade luego una sugerencia de cómo hacerlo concretamente: discerniendo lo que es bueno, de lo que no lo es. Podemos aquí añadir el comentario de San Pedro Crisólogo a Rm 12,1-2.

> «Escuchemos ya lo que nos dice el Apóstol: "Os exhorto" –dice– "a presentar vuestros cuerpos" (Rm 12,1). Al rogar así, el Apóstol eleva a todos los hombres a la dignidad del sacerdocio: A presentar vuestros cuerpos como hostia viva. ¡Oh inmensa riqueza del sacerdocio cristiano: el hombre es, a la vez, sacerdote y víctima! El cristiano ya no tiene que buscar fuera de sí la ofrenda que debe inmolar a Dios: lleva consigo y en sí mismo lo que va a sacrificar a Dios. Tanto la víctima como el sacerdote permanecen intactos: la víctima sacrificada sigue viviendo, y el sacerdote que presenta el sacrificio no podría matar esta víctima. Misterioso sacrificio en que el cuerpo es ofrecido sin inmolación del cuerpo, y la sangre se ofrece sin derramamiento de sangre. "Os exhorto, por la misericordia de Dios –dice–, a presentar vuestros cuerpos como hostia viva". Este sacrificio, hermanos, es como una imagen del de Cristo que, permaneciendo vivo, inmoló su cuerpo por la vida del mundo: él hizo efectivamente de su cuerpo una hostia viva, porque, a pesar de haber sido muerto, continúa viviendo. En un sacrificio como éste, la muerte tuvo su parte, pero la víctima permaneció viva, la muerte resultó castigada, la víctima, en cambio, no perdió la vida. Así también, para los mártires, la muerte fue un nacimiento: su fin, un principio, al ajusticiarlos encontraron la vida y, cuando, en la tierra, los hombres pensaban que habían muerto, empezaron a brillar resplandecientes en el cielo. "Os exhorto, por la misericordia de Dios, a presentar vuestros cuerpos como hostia viva". Es lo mismo que ya había dicho el profeta: Tú no quieres sacrificios ni ofrendas, pero me has preparado un cuerpo. Hombre, procura, pues, ser tú mismo el sacrificio y el sacerdote de Dios. No desprecies lo que el poder de Dios te ha dado y concedido. Revístete con la túnica de la santidad, que la castidad sea tu ceñidor, que Cristo sea el casco de tu cabeza, que la cruz defienda tu frente, que en tu pecho more el conocimiento de los misterios de Dios, que tu oración arda continuamente, como perfume de incienso: toma en tus manos la espada del Espíritu, haz de tu corazón un altar, y así, afianzado en Dios, presenta tu cuerpo al Señor como sacrificio. Dios te pide la fe, no desea tu muerte;

---

espirituales (*pneumatikas thysias*), agradables a Dios por Jesucristo» (1 P 2,5). Este entrelace de citas de los santos Pablo y Pedro impacta también por la luz que se proyecta mutuamente entre los términos *logike* y *pneumatikas* y *latreia* y *thysias*. Pero aquí no es posible adentrarse en este tema.

tiene sed de tu entrega, no de tu sangre; se aplaca, no con tu muerte, sino con tu buena voluntad»[26].

Se puede ver, por lo tanto, que en su contexto la expresión *logike latreia* no se entiende como referencia a la liturgia sino a la ética cristiana. Ello induce al biblista Giuseppe Barbaglio a emitir el juicio siguiente, ciertamente excesivo:

> «Se trata de hacer un sacrificio a Dios, de efectuar una liturgia. Sin embargo, no hay nada de ritual. Los cristianos de Roma están llamados a ofrecer sus "cuerpos", como el texto dice literalmente, es decir a sí mismos como personas que se relacionan con Dios, con los demás y con el mundo. Por tanto, es en la vida mundana y de cada día donde son a la vez víctimas y sacerdotes: una liturgia ligada a la profanidad y al carácter terrestre del vivir, privada de ritos particulares y de gestos sagrados. El códice de la sacralidad [...] aparece abolido. Como aparece superado el principio de la ofrenda de algo como signo del sacrificio de sí mismo»[27].

En esta exégesis lo que no es aceptable, no es la individualización de la idea principal de Rm 12, 1-2, sino la exclusión de los otros aspectos, que en realidad no se oponen a la idea principal. Es verdad que el contexto hace referencia principalmente a la vida ética de los cristianos, pero no se excluye, con esto, el rito y su sacralidad.

En manera mucho más equilibrada, J. Ratzinger ha sabido captar el valor litúrgico de esta expresión paulina. Él parte del reconocimiento del significado principal del texto:

> «De este modo, va madurando cada vez más el concepto de la *logike latreia* (*thysia*), que encontramos en la Carta a los Romanos 12,1, como respuesta cristiana a la crisis del culto de todo el mundo antiguo. La "palabra" es el sacrificio, la oración que sale del hombre y lleva dentro de sí toda la existencia del hombre, convirtiéndolo a él mismo en "palabra" (*logos*). El hombre que adopta la forma de *Logos* y se convierte en *Logos* mediante la oración: eso es el sacrificio, la verdadera gloria de Dios en el mundo. Si a partir de la experiencia dolorosa del exilio y de la época helenística lo que estaba en primer plano era, en principio, la

---

[26] Pedro Crisólogo, *Sermo CVIII*: PL 52, 499-500; se lee en el oficio de lecturas el martes de la Semana IV del Tiempo de Pascua.
[27] G. Barbaglio, *Le lettere di Paolo*, Borla, Roma, 1990², II, p. 464.

oración como equivalente del sacrificio exterior, ahora, por medio de la palabra *Logos*, se introduce en este pensamiento toda la filosofía de la palabra desarrollada en el mundo griego. El espíritu griego lo elevaría después a la idea de la unión mística con el *Logos* considerado como el sentido mismo de todas las cosas»[28].

En segundo lugar, Ratzinger sabe acoger el otro sentido de la expresión paulina, sentido que ha sido bien evidenciado en la patrística:

«Los Padres de la Iglesia han recogido esta evolución espiritual, calificando la esencia de la eucaristía como *oratio*, sacrificio en la palabra. Circunscriben, de este modo, el lugar del culto cristiano a la lucha espiritual de la antigüedad, en su búsqueda del verdadero camino del hombre y su encuentro con Dios. Cuando definen la eucaristía sencillamente como «oración», es decir, sacrificio de la palabra, añaden un algo más con respecto a la idea griega del sacrificio del *logos*, y dan una respuesta a la pregunta, que había quedado sin responder en la teología veterotestamentaria, acerca de la oración tomada como equivalente al sacrificio»[29].

En efecto, en el Antiguo Testamento encontramos un llamamiento a ofrecer sacrificios, pero tenemos también toda la corriente profética del sacrificio del corazón, y esta tensión queda sin resolver. Pero ahora se ve resuelta en la liturgia cristiana:

«La idea del sacrificio del *Logos* tan solo se cumple en el *Logos incarnatus*, en la palabra que se ha hecho carne y que arrastra a "toda carne" hacia la adoración a Dios. […]. Ahora la "palabra" ya no es sólo representación de otra cosa, de algo palpable; ahora se une a toda la realidad de la vida y al sufrimiento del hombre en la entrega que Jesús hace de sí mismo en la cruz. Ahora ya no es culto sustitutivo sino sacrificio vicario de Cristo que nos acoge y nos conduce a esa semejanza con Dios, a esa entrega por amor que es la única y verdadera adoración […] la adoración "en espíritu y en verdad"»[30].

---

[28] J. Ratzinger, *El espíritu de la liturgia: una introducción*, Cristiandad, Madrid, 2007, p. 66.
[29] *Ibid.*, pp. 84-85 (con nuestras variantes en la traducción española).
[30] *Ibid.*, pp. 85-86 (con nuestras variantes en la traducción española).

De esto Ratzinger extrae la primera consecuencia: que el culto espiritual, del cual se habla en Rm 12, 1-2, es posible para el cristiano debido al sacrificio ofrecido por Cristo en la cruz. La adoración en espíritu y en verdad del cristiano se cumplen en Cristo y gracias a Cristo.

A continuación, saca una segunda connotación fundamental del culto lógico:

«El culto cristiano implica la universalidad. Es el culto del cielo abierto. Nunca es tan sólo el acontecimiento de una comunidad que se encuentra en un lugar determinado. Celebrar la eucaristía significa, más bien, introducirse en la adoración a Dios que abarca el cielo y la tierra y que se ha abierto mediante la cruz y la resurrección. La liturgia cristiana nunca es la iniciativa de un grupo determinado, de un círculo particular, o incluso, de una iglesia local concreta. La humanidad que sale al encuentro de Cristo se encuentra con Cristo que sale al encuentro de la humanidad»[31].

La conclusión es entonces la siguiente:

«A partir de este criterio habrá que considerar el concepto paulino de la *logike latreia*, del culto espiritual, como la fórmula más adecuada para expresar la forma esencial de la liturgia cristiana. En este concepto confluyen el movimiento espiritual del Antiguo Testamento, así como los procesos de las purificaciones interiores de la historia de las religiones, la búsqueda humana y la respuesta divina. El *logos* de la creación, el *logos* en el hombre, se encuentran con el verdadero y eterno *Logos* hecho hombre —el Hijo—. Todos los demás intentos de determinaciones son insuficientes [...]. En cambio, la palabra "eucaristía" que hace referencia a la adoración, a saber, a la forma universal de la adoración que tiene lugar en la encarnación, la cruz y la resurrección de Cristo, sí puede servir como fórmula abreviada para la idea de la *logike latreia* y, por ello, puede servir como definición adecuada para la liturgia cristiana»[32].

Una vez argumentada la exégesis litúrgica de Rm 12, 1-2, encontramos en este versículo paulino un carácter fundamental de la

---

[31] *Ibid.*, p. 88.
[32] *Ibid.*, pp. 88-89 (con nuestras variantes en la traducción española).

liturgia de la Iglesia, precisamente porque en cuanto que es cristiana debe ser lógica, es decir, fiel al *Logos*. Nicola Bux escribe:

> «Este tipo de culto agrada a Dios, porque el Hijo, siendo el *Logos*, quiere un "culto lógico" conforme a la razón, que consiste [...] en el sacrificio de nosotros mismos unido al sacrificio de Cristo, o sea, la Eucaristía: es participar en su cruz, para llegar a ser con él "un solo cuerpo y un solo espíritu"»[33].

Esta puntualización es esencial en clave litúrgica: el culto lógico es un culto objetivo, que adquiere su fuerza en lo que se realiza en el misterio y no en lo que nosotros podemos hacer para embellecerlo. Por eso, Bux concluye:

> «Una tendencia difundida hoy día, atribuida injustamente a la reforma litúrgica del Vaticano II, concibe la liturgia como un producto de nuestras manos [...]. La liturgia de nuestro tiempo está cada vez más a merced del sentimentalismo, del espiritualismo emotivo, del irracionalismo, síntomas de una religión separada de la vida. Así es como se ha tronchado la mediación entre los aspectos subjetivos y objetivos del sacramento. Paradójicamente, el motivo está en la censura de la fe, autoconciencia del cristiano, la primera condición de la participación activa en la celebración, o sea, para adquirir los sentimientos mismos de Cristo. Este es el significado místico de la liturgia: llegar a la unión íntima con Cristo, para que transforme la vida»[34].

Esta exégesis implica tres cosas:

a) La liturgia cristiana, siendo lógica, es también encarnada, como el *Logos* encarnado. Por esto, la liturgia cristiana se une con la humanidad concreta, la cual se eleva hacia Dios mediante las creaturas y los gestos concretos del cuerpo. No son gestos irracionales y desordenados, sino lógicos. Las creaturas y las imágenes no se utilizan arbitrariamente, sino lógicamente.

b) Liturgia y doctrina están estrechamente interconectadas. La afirmación ya citada de Próspero de Aquitania, «lex orandi – lex

---

[33] N. Bux, *Il Signore dei Misteri. Eucaristia e relativismo*, Cantagalli, Siena, 2005, p. 92.
[34] *Ibid.*

credendi» significa que la ley de la oración –por ejemplo, los textos litúrgicos– son también la ley de la fe; esto es una verdad absoluta y, en efecto, cada herejía ha cambiado siempre los textos y ritos de la liturgia en los puntos de tropiezo. No obstante, Pío XII –como lo hemos visto– afirma en la *Mediator Dei* que la relación es bidireccional (como la historia misma de la liturgia lo demuestra); es decir, que no sólo la fe se plasma en la liturgia, sino que también la liturgia se plasma en la fe. La doctrina ortodoxa de la Iglesia es el gran depósito en el cual se inspiran las fórmulas de los textos litúrgicos.

c) Llegamos a la consecuencia práctica de que cada palabra y cada gesto debe ser lógico –¡no en el sentido del racionalismo!– es decir, que deben manifestar, cada uno a su manera, la fe en el Logos encarnado. Por lo tanto, los textos, los gestos y los signos litúrgicos nunca pueden ser irracionales y arbitrarios, ni inspirados por la lógica del racionalismo. No se puede añadir una cosa a la liturgia porque guste o favorezca un sentimiento particular ni, como ya hemos dicho, porque esté de acuerdo con ciertos postulados racionalistas. Tampoco –en términos generales– se pueden quitar de la liturgia palabras o gestos sólo porque no correspondan al sentimiento de una cultura particular. Juan Pablo II nos ha recordado que a veces las culturas deben saberse purificar ante la fe[35]. Por tanto, la liturgia cristiana no puede ser un culto ilógico, esto es, un culto sentimental (aunque es cierto que los sentimientos tienen su importancia en la vida), ni tampoco un culto hiperlógico, inspirado en los dictámenes iluministas. Por consiguiente, el estudio de la liturgia no puede ser únicamente histórico o fenomenológico; sino que debe ser también y siempre teológico: teo-*logía* litúrgica.

---

[35] Cfr. en la n. 24, la cita de *Vicesimus quintus annus*.

Capítulo 2

El papel del Sacerdote y de la asamblea en la liturgia

¿Quién celebra?

La liturgia sacramental, como ofrenda del *Christus totus*, Cabeza y miembros, sólo puede ser *la celebración de la Iglesia entera*. «Es toda la *comunidad*, el Cuerpo de Cristo unido a su Cabeza quien celebra»[1]. Esta verdad tiene varias consecuencias:

a) Cada celebración litúrgica, aunque se celebre "en privado", es una acción de toda la Iglesia, pertenece a la Iglesia y manifiesta la Iglesia[2]. Por este motivo, la liturgia no puede nunca

---

[1] CIC 1140.

[2] Recordemos la carta-tratado llamada *Dominus vobiscum* de San Pedro Damián. En ésta, el santo Doctor contesta a la pregunta de si, cuando uno celebra solo la liturgia (nótese que la carta se dirige a un ermitaño), el sacerdote debe omitir las fórmulas que implican la presencia de otros en la celebración, como sería precisamente el *Dominus vobiscum*. San Pedro responde con una negativa, porque el ministro contiene en sí a toda la Iglesia, de la cual es miembro, y porque toda la Iglesia está presente en cada celebración litúrgica, incluso si nadie asistiera. He aquí algunos extractos: «Si todos los que creen en Cristo son una sola cosa, entonces donde está un miembro de la Iglesia, allí, por el misterio del sacramento, está también el cuerpo entero [...] de modo que no es en absoluto absurdo que uno solo diga lo que la asamblea canta en común» (n. 13). «Ahora bien, los que se preguntan si se debe [...] decir "el Señor esté con vosotros", contéstenme y díganme: ¿por qué, estando a solas en sus celdas, dicen [en plural] "Venid, aclamemos al Señor"?» (n. 14). «No veo qué inconveniente haya en el hecho de que nosotros [...] observemos también, estando solos, el uso común vigente en ella [la Iglesia]. De hecho, cuando pronuncio a solas las palabras comunes de la Iglesia, muestro que en realidad soy una sola cosa con ella y que, por la presencia del Espíritu Santo, permanezco realmente en ella. *Y si realmente soy miembro de la Iglesia, cumplo de modo adecuado el servicio que corresponde a mi ser como expresión de la universalidad*» (n. 19; cursiva mía). «No sorprende, pues, que un sacerdote, que sin duda forma parte del cuerpo eclesial, efectúe

encerrarse en los horizontes estrechos de grupos o de lugares, transformándola sólo en una ocasión para hacer comunidad a nivel local o particular. Allí donde se celebra la liturgia, está presente en esa comunidad concreta toda la Iglesia en su totalidad: una, santa, católica y apostólica[3].

b) Por esta razón, el Vaticano II afirma que es en general preferible la celebración comunitaria a la individual o privada[4]. Naturalmente, esta segunda forma no queda abolida, sino que la Iglesia, en igualdad de condiciones, prefiere la primera.

c) Siendo la Iglesia un cuerpo orgánico y estructurado, cada miembro de este cuerpo participa en la liturgia según su propio estado y desempeñando todas y sólo las funciones que propiamente le corresponden[5]. En un cuerpo, el ojo no puede ni debe desempeñar la función del hígado y viceversa, de otro modo se arruina la salud (Rm 12,4: «no desempeñan todos los miembros la misma función»). Por eso, la SC 26 dice que cada uno de los miembros de la Iglesia «recibe un influjo diverso [en la acción litúrgica], según la diversidad de órdenes, funciones y participación actual».

---

a solas la parte de la Iglesia que saluda y la parte de quien contesta a la salutación, diciendo: *Dominus vobiscum* y, luego, responde: *Et cum spiritu tuo*» (n. 21): Pier Damiano, *Lettera XXVIII all'eremita Leone di Sitria*, ed. *Opere di Pier Damiani*, Città Nuova: Roma, 2001, 1/2, pp. 112-153.

[3] El Vaticano II aconseja con especial énfasis a los sacerdotes la celebración diaria de la Misa, «la cual, aun cuando no puedan estar presentes los fieles, es acción de Cristo y de la Iglesia», *Presbyterorum ordinis*, n. 13; EV 1, 1288. En una nota se cita la *Mysterium fidei* de Pablo VI, que se expresa en los mismos términos.

[4] «Siempre que los ritos, cada cual según su naturaleza propia, admitan una celebración comunitaria, con asistencia y participación activa de los fieles, incúlquese que hay que preferirla, en cuanto sea posible, a una celebración individual y casi privada». Enseguida se añade: «Esto vale, sobre todo, para la celebración de la Misa, *quedando siempre a salvo la naturaleza pública y social de toda Misa*, y para la administración de los Sacramentos», SC 27 (cursiva mía).

[5] Cf. SC 28.

Así pues, toda la asamblea es «liturga»⁶ y, en este sentido, toda la asamblea celebra la liturgia. Pero la distinción entre los diversos miembros, que existen en el interior del Cuerpo místico de Cristo, no puede hacernos olvidar la importancia del *papel del ministro ordenado* en el ámbito litúrgico. El hecho de que, en tiempos recientes, este papel no haya sido siempre reconocido claramente en su peculiaridad e insustituibilidad, ha inducido a la Congregación para el Culto Divino y la Disciplina de los Sacramentos a pedir una gran cautela en el uso de expresiones que, aunque justas en sí mismas, frecuentemente han sido usadas ideológicamente:

> «Es necesario reconocer que la Iglesia no se reúne por voluntad humana, sino convocada por Dios en el Espíritu Santo, y responde por la fe a su llamada gratuita (en efecto, *ekklesia* tiene relación con *Klesis*, esto es, llamada). Y el Sacrificio eucarístico no se debe considerar como "concelebración", en sentido unívoco, del sacerdote al mismo tiempo que del pueblo presente. Al contrario, la Eucaristía celebrada por los sacerdotes es un don "que supera radicalmente la potestad de la asamblea [...]. La asamblea que se reúne para celebrar la Eucaristía necesita absolutamente, para que sea realmente asamblea eucarística, un sacerdote ordenado que la presida. Por otra parte, la comunidad no está capacitada para darse por sí sola el ministro ordenado" (Juan Pablo II, *Ecclesia de Eucharistia*, n. 29). Urge la necesidad de un interés común para que se eviten todas las ambigüedades en esta materia y se procure el remedio de las dificultades de estos últimos años. Por tanto, solamente con precaución se emplearán términos como "comunidad celebrante" o "asamblea celebrante", en otras lenguas vernáculas: "celebrating assembly", "assemblée célébrante", "assemblea celebrante", y otros de este tipo»⁷.

Como se puede ver, el texto no dice que estas expresiones no puedan ser utilizadas, sino que tienen que ser utilizadas con cautela, lo que quiere decir que deben ser explicadas siempre con claridad y prefiriendo no utilizarlas cuando, por varios motivos, no sea posible hacer entender bien en qué sentido se habla de «asamblea celebrante». Esta recomendación se debe a los recientes errores en la comprensión

---

⁶ CIC 1144.
⁷ Congregación para el Culto Divino y la Disciplina de los Sacramentos, *Redemptionis Sacramentum*, n. 42: EV 22, 2228.

del misterio litúrgico y de las funciones celebrativas en éste, mientras que queda firme la realidad teológica de que cada celebración litúrgica comprende a toda la asamblea: sacerdotes y fieles.

Como consecuencia de ello:

a) Se distingue claramente la función del sacerdote ministro de la función de los otros bautizados en la celebración litúrgica.

b) «El sacerdote, en cuanto que representa a Cristo, Cabeza, Pastor y Esposo de la Iglesia, se sitúa no sólo en la Iglesia, sino también al frente de la Iglesia»[8]. Esto vale para los diversos aspectos del ministerio y sobre todo en la liturgia. Los sacerdotes ni existen sin el pueblo de Dios, ni son sólo miembros de este pueblo al igual que los demás, ya que poseen, *dentro* de este pueblo enteramente sacerdotal (por el sacerdocio bautismal común), un ministerio sacerdotal que han de desempeñar, que es el sacerdocio ordenado o ministerial. «No se debe entonces pensar en el sacerdocio ordenado como si fuese anterior a la Iglesia, porque está totalmente al servicio de la misma; pero tampoco como si fuera posterior a la comunidad eclesial, como si ésta pudiera concebirse como constituida ya sin este sacerdocio»[9]. Esta teología debe ser claramente visible en la liturgia.

c) En concreto, el sacerdote es liturgo, un ministro del culto, celebrante del rito: estas categorías expresan muy bien el hecho de estar como cabeza de un pueblo, el presidirlo, el estar al frente de él. Pero en la liturgia él debe estar también *con* el pueblo, *dentro* del pueblo y no solamente al frente de él. Hay aquí un doble movimiento: el del sacerdote, que habla al pueblo como guía en la tierra (pastor) de la Iglesia, y el del sacerdote que junto al pueblo eclesial y en su nombre se dirige a Dios, lo adora, le reza y le ofrece el sacrificio. Hoy la palabra más utilizada por el sacerdote que celebra el culto divino es la de «presidente» de la celebración. El tenor de esta palabra es de carácter más bien funcional ya que, por ejemplo, se habla de un presidente de una sociedad comercial o de una asamblea de condominio: en estos casos, los miembros del consorcio elijen a uno de entre ellos para guiarlos y representarlos. Pero evidentemente no es este el significado de la presidencia litúrgica. ¿Existe una palabra mejor que indique ambos movimientos: al frente y dentro de la Iglesia? Por lo que

---

[8] Juan Pablo II, *Pastores dabo vobis*, n. 16; EV 13, 1233.
[9] Juan Pablo II, *Pastores dabo vobis*, n. 16; EV 13, 1235.

concierne al ministerio sacerdotal en general, la palabra más adecuada se halla en el Evangelio: «Pastor». Las ovejas son guiadas por el pastor que se pone a la cabeza de ellas. Las ovejas no eligen por sí mismas a su pastor, sino que deben seguirlo, seguir su palabra, sus llamadas. Por otra parte, con respecto al ministro que celebra el culto, la palabra que forma más adecuada lo designa parece ser propiamente el término más común: «sacerdote». Veamos un texto del Nuevo Testamento:

> «Todo Sumo Sacerdote es tomado de entre los hombres y está puesto en favor de los hombres en lo que se refiere a Dios para ofrecer dones y sacrificios por los pecados; y puede sentir compasión hacia los ignorantes y extraviados, por estar también él envuelto en flaqueza. Y a causa de esa misma flaqueza debe ofrecer por los pecados propios igual que por los del pueblo. Y nadie se arroga tal dignidad, sino el llamado por Dios, lo mismo que Aarón» (Heb 5, 1–4).

Sabemos que este pasaje, en su contexto, se refiere al sacerdocio del Antiguo Testamento. Sin embargo, su contenido se puede aplicar también al sacerdocio del Nuevo Testamento[10]. Este texto subraya lo siguiente:

- El sacerdote es tomado de entre los hombres (*en* la Iglesia).
- Desempeña un ministerio para el bien de los hombres (*ministerio* = servicio y, por consiguiente, sacerdocio ministerial).
- Lo realiza en las cosas que tocan a Dios (por lo tanto, al oficio sacerdotal no le concierne la acción secular y la promoción social directa, la cual compete a los fieles).
- Es constituido para ofrecer dones y sacrificios (oficio litúrgico-sacramental), por los pecados (valor expiatorio de la liturgia).

En todas estas cosas el sacerdote es puesto por Dios al *frente* de la Iglesia. Pero sigue permaneciendo *dentro,* porque es pecador como los otros y porque tiene necesidad de celebrar la liturgia expiatoria también por sí mismo. Finalmente, este ministerio se da por vocación divina, nadie se puede atribuir a sí mismo este honor, ni tampoco la comunidad puede delegar a alguien para presidirla. La comunidad no

---

[10] Así lo utiliza Santo Tomás de Aquino, *Summa theologiae* II-II, 86, 2.

se da a sí misma su guía, sino que lo recibe de Dios; aunque viene escogido de entre sus miembros.

d) Esta última anotación implica que el sacerdote cuando celebra, no sólo representa a la comunidad local, sino que ante todo es icono de aquel Dios que lo ha elegido en Cristo, así como de toda la Iglesia universal. Por este motivo él, al celebrar la liturgia, debe hacerlo ateniéndose estrictamente a los ritos y a las fórmulas prescritas por la Iglesia católica, no por legalismo rubricista, sino porque él no es el gestor de lo que está haciendo, sino el representante de otros: de Cristo y de su Esposa.

e) Todas estas consideraciones están relacionadas con el tema de la orientación en la oración litúrgica, que veremos más adelante: ¿Qué posición del sacerdote en la celebración litúrgica (sobre todo en la liturgia eucarística) expresa mejor la dualidad del movimiento: de Dios a los hombres, de los hombres a Dios? ¿Qué posición litúrgica expresa mejor el hecho de que el sacerdote está al mismo tiempo ante Dios, al frente de la Iglesia y dentro de ésta?

El papel del sacerdote como pontífice o mediador

En el primer capítulo, se trató brevemente el tema de la sacramentalidad de la liturgia, caracterizado por la categoría de «signo». El signo no es simplemente un símbolo sin consistencia, que nosotros pudiéramos interpretar exclusivamente en referencia a las otras realidades. El signo sacramental es un símbolo *sui generis*, porque propone a la inteligencia una realidad que no está en otro lugar, sino que se nos ofrece de una manera objetiva propiamente a través del signo, que por eso es medio, instrumento o vehículo de aquella realidad *(res)*, y que es la gracia divina.

Su carácter sacramental nos obliga, por lo tanto, a pensar en la liturgia, según la clásica definición, sobre todo como *opus Dei* y sólo subordinadamente como *opus hominis*. Por consiguiente, los signos de la liturgia, al menos los más esenciales, así como la liturgia misma, no son la iniciativa del hombre con respecto a Dios, sino el don de Dios al hombre. Ya en el Antiguo Testamento es ciertamente el hombre el que celebra el sacrificio y quien lo ofrece a Dios, pero esto es posible sólo porque Dios se lo ha permitido y ordenado. Por ejemplo, en Lv 17,11, Dios dice: «porque la vida de la carne está en la sangre, y yo os la doy para hacer expiación en el altar por vuestras vidas, pues la expiación se hace con la sangre, porque es la vida». Asimismo, el sacrificio del nuevo Testamento se ofrece porque Cristo ha dicho «Haced esto en memoria mía», y no por iniciativa de los apóstoles o de la comunidad. Así también es Cristo quien dice, en Mt 28, 19, que han de ir a bautizar a todas las naciones.

La liturgia es también siempre obra del hombre, pero como respuesta: Dios desde lo alto dona la posibilidad de ofrecer el rito y el hombre lo celebra. A Lutero le faltaba la comprensión de esta parte de la teología bíblica y por esta razón rechazó la comprensión católica de la Misa. Él la rebajaba al nivel de «obra» humana por excelencia, en la que el hombre tendría la pretensión de justificarse él solo delante de Dios, de alcanzar en virtud de sus méritos la propia salvación. Pero la obra del hombre no es otra cosa sino la respuesta al don que le viene de Dios: una obra que es, sin embargo, necesaria y requerida por Dios.

En la liturgia toman parte, por lo tanto, Dios y el hombre. Podemos también agregar algo sobre la función del sacerdote, que está puesto por Dios (también aquí: ¡desde lo alto, no desde lo bajo!), podríamos decir, en el centro entre los dos protagonistas de la alianza. El sacerdote es mediador por excelencia: él «está en medio», entre Dios y los hombres[11]. En este sentido, la designación de sacerdote conviene perfectamente sólo a Jesucristo, que es «el único Mediador entre Dios y los hombres» (1 Tm 2, 5). Manteniendo firme esta referencia cristológica, la palabra sacerdote puede traducirse como «pontífice»: el sacerdote ministro, que participa del único sacerdocio de Cristo, es —especialmente en la liturgia— el puente, fundado y construido por el Señor, por medio del cual Dios llega a los hombres y los hombres suben a Dios. Recordemos un texto de santa Catalina de Siena, que habla de Cristo como puente:

> «Y puesto que te dije que mi unigénito Hijo había sido hecho puente, como efectivamente lo es, quiero que sepáis, hijos míos, que el camino quedó cortado por el pecado de Adán; de modo que ninguno podía alcanzar la vida verdadera. Ninguno me daba gloria del modo que debía, pues no participaba del bien para el que lo había creado, y así no se

---

[11] «Proprium officium sacerdotis est esse mediatorem inter Deum et populum», Tomás de Aquino, *Summa theologiae*, III, 22, 1.

cumplía mi verdad. La verdad es que había creado a los hombres a mi imagen y semejanza para que gozasen vida eterna y tuviesen parte conmigo y para que gustasen de mi eterna dulzura y bondad [...]. En cuanto hubo pecado, surgió un río tempestuoso, que lo zarandeaba con sus olas, sufriendo fatigas y molestias [...]. Todos os hundíais, porque ninguno, a pesar de sus buenas obras, podía alcanzar la vida eterna. Por eso yo, deseando poner remedio a tantos males, os he dado el puente que es mi Hijo, para que al atravesar el río no os ahoguéis. El río es el mar tempestuoso de la vida presente»[12].

«Así ves que el puente se halla construido y cubierto por la misericordia. En él se encuentra la tienda del jardín de la santa Iglesia. Ella tiene y administra el pan de vida y la bebida de la sangre, para que mis criaturas, cansadas, viandantes y peregrinos, no desfallezcan en el camino»[13].

Como se indica en el texto, el puente es Cristo mismo, único Mediador entre Dios y los hombres (cf. 1 Tm 2,5). Sobre este puente está el jardín del descanso, que es la Iglesia, donde los viandantes encuentran el aliciente y la fuerza para continuar su camino por el puente, hacia la otra orilla. La Iglesia es también una bodega, donde se conservan el pan y el vino eucarísticos. Es interesante que santa Catalina llame al Papa «Sumo Pontífice», justamente en relación con su oficio de custodiar las llaves de la Iglesia, que son interpretadas por la santa como las llaves de la celda donde se custodia el vino, es decir, la verdadera sangre de Cristo. Refiriéndose en general a todos los sacerdotes, escribe a los fieles:

«Mientras tenéis tiempo, podéis levantaros de la pestilencia del pecado por el aborrecimiento de él, recurriendo a sus ministros, que son los trabajadores que tienen las llaves del vino, es decir, de la sangre que ha salido de esta vid [= el Hijo]»[14].

Luego, respecto al caso específico del Papa, dice:

---

[12] Catalina de Siena, *Diálogo de la Divina Providencia* I, 21.
[13] *Ibid.*, II, 27.
[14] *Ibid.*, II, 24.

«De modo que el Cristo en la tierra [el Papa] tiene las llaves de la sangre; para darte a entender cuánta reverencia deben tener los seglares a estos ministros, sean buenos o malos, y cuánto me desagrada la falta de reverencia a ellos. Sabes que te mostré el cuerpo místico de la Iglesia en forma de bodega, en la que se hallaba la sangre de mi Hijo unigénito. Por esa sangre tienen valor y vida todos los sacramentos. A la puerta de esta bodega estaba el Cristo en la tierra [=el Papa], a quien se le había encargado administrar la sangre. A él competía nombrar administradores que le ayudasen a repartirla por todo el cuerpo de la religión cristiana [...]. De ellos salió el orden clerical, y a cada uno lo puso en el oficio de administrador de esta sangre gloriosa»[15].

Aún teniendo en cuenta que un énfasis tan fuerte en la función y la autoridad del Papa nace del contexto histórico en el que escribió la Santa, la esencia de la doctrina expuesta es totalmente ortodoxa. Cristo, dice la Carta a los Hebreos, es el Sumo Sacerdote, el Sumo Pontífice de nuestra fe (cf. Heb 3,1). El Papa, que es el «Cristo sobre la tierra», se llama, por tanto, Sumo Pontífice (terreno). El hecho de que Cristo y el Papa —obviamente con grados de intensidad muy diversos— sean llamados Sumos Pontífices no excluye, sino que por el contrario incluye, el que existan otros pontífices, no sumos, sino en grado inferior, que ejerciten el propio pontificado. Son aquellos que ayudan al Papa en la administración de la Sangre de Cristo, de la cual nos habla santa Catalina. Por lo tanto, al ser el sacerdocio católico la participación en diversos grados del único verdadero sacerdocio, el de Cristo Mediador y Sumo Pontífice, el sacerdocio católico es un oficio de mediación y acción pontificia, incluso en el simple grado del presbiterado[16]. En la liturgia, el sacerdote sirve como puente, es decir,

---

[15] *Ibid.*, II, 115.

[16] Desde el punto de vista de la terminología, la tradición de los libros litúrgicos prefiere llamar «pontífice» al obispo. Eso explica que el *Liber pontificalis* es el volumen que contiene las plegarias y las rúbricas para las celebraciones del obispo, mientras que el *Liber ritualis* se ordena para el presbítero (para más de detalles, véase C. Folsom, «I libri liturgici romani», en Pontificio Instituto Liturgico Sant'Anselmo [ed.], *Scientia liturgica*, I, pp. 322-330). Esta distinción tiene una base patrística (cf., por ejemplo, Pseudo-Dionisio, *De ecclesiastica hierarchia*, cap. V). Pero también es verdad que estos libros litúrgicos consideran la distinción entre lo que hace el obispo y el presbítero, excepto la Misa y el Oficio. Así, la celebración de la Misa, cumbre

es pontífice entre Dios y el hombre. «Officium pontificis est preces ad Deum fundere»[17].

¿Antropocentrismo, eclesiocentrismo o teocentrismo?

El pontífice es representante tanto de los hombres ante Dios como de Dios ante los hombres. Él desempeña ambos oficios porque ha sido elegido y constituido para esto por el Señor. También la función de representar a los hombres ante Dios no debe entenderse como delegación o diputación hecha desde abajo, sino institución de lo alto. Con esto se comprende que la liturgia, y la función pontifical del sacerdote, son sobre todo teocéntricas y no antropocéntricas. En la liturgia, el sacerdote actúa en nombre de Dios y para con Dios. El tema central de la liturgia es la adoración a Dios, entendida como respuesta a su manifestación sobrenatural[18]. Naturalmente, el teocentrismo cristiano es un teocentrismo cristológico, o un cristocentrismo trinitario. Sobre ello cito tres autores a manera de ilustración:

---

del ejercicio sacerdotal, supone un libro único para el uso, indistintamente, de todo sacerdote: obispo o presbítero. De aquí se deriva la no incompatibilidad entre la tradición de los libros litúrgicos y nuestra sugerencia de comprender teológicamente el sacerdocio, también en el grado del presbiterado, como ejercicio de pontificado. Por supuesto, hay una diferencia de grado entre los sacerdotes obispos y sacerdotes presbíteros (cf. DS 1777). Por lo tanto, a nivel de la terminología, convendrá seguir reservando el título de pontífice a sólo los obispos, pero a nivel teológico no se puede negar el carácter pontifical o de mediación que los sacerdotes desempeñan en la liturgia. Santo Tomás de Aquino reservó el título de pontífice por lo general a sólo los obispos; sin embargo él hace referencia al sacerdocio que de Cristo es transmitido a obispos y sacerdotes, citando el pasaje de Hebreos 5, 1 en la versión latina, que utiliza la misma palabra *pontifex*: «Omnis [!] pontifex», cfr. *Summa theologiae* II-II, 86, 2; III, 22, 1.

[17] Tomás de Aquino, *Scriptum super sententiis* III, 17, 1, 3, 1 s.c. 2: aquí en la edición Tommaso d'Aquino, *Commento alle Sentenze di Pietro Lombardo e testo integrale di Pietro Lombardo*, ESD, Bologna, 2000, V, p. 898.

[18] Cf. los primeros capítulos de N. Bux, *La riforma di Benedetto XVI. La liturgia tra innovazione e tradizione*, Piemme, Casale Monferrato, 2009².

a) San Ireneo de Lyon se pregunta qué novedad ha aportado Cristo con su venida entre nosotros: «¿Qué de nuevo ha traído el Señor con su venida?» Y contesta: «Sabed que aportó consigo toda novedad [...] pues ha traído su propia persona»[19]. Ireneo hace esta afirmación en el contexto de un discurso en el que defiende la identidad del Dios del Antiguo Testamento con el del Nuevo Testamento, frente a los gnósticos. Entonces, la posible objeción que un gnóstico hubiese podido presentarle es evidente: si dices que el Dios del Nuevo Testamento es el mismo que el Dios del Antiguo Testamento (lo que los gnósticos rechazaban), Cristo ¿qué trajo de nuevo? San Ireneo contesta: ¡A sí mismo! Y en Él está todo: está el conocimiento definitivo de Dios; está la salvación; y representa, para nosotros, la posibilidad de entregarnos al Dios verdadero.

b) Benedicto XVI, como maestro privado en su libro *Jesús de Nazaret*, habla de la obra de Cristo, en contraste con las lecturas modernas que hacen de él un revolucionario, un profeta, un taumaturgo, un predicador de la paz, un ambientalista *ante litteram*, etc. Y el Papa dice: «¿Qué ha traído Jesús realmente, si no ha traído la paz al mundo, el bienestar para todos, un mundo mejor? ¿Qué ha traído? La respuesta es muy sencilla: a Dios. Ha traído a Dios»[20].

c) Klaus Berger, en el libro *Gesù*[21], (Jesús n.d.t), se propone superar toda forma de estrechez de la crítica radical por un lado y, por otro, la ideologización de Jesús. Luego, en la parte positiva, cuando debe decirnos quién es Jesús, según él, y cuál es su mensaje, reconoce la centralidad de Dios en el mensaje y en la obra de Cristo. «Para Jesús, Dios es la más evidente realidad, la parte más importante, aunque invisible, de todo lo que existe»[22]. Como en el caso de la relación entre Jesús y Dios, «amar significa, también para nosotros, decir: "¡Sólo tú!" [...].

---

[19] Ireneo de Lyon, *Adversus haereses*, IV, 34, 1.

[20] Joseph Ratzinger/Benedicto XVI, *Jesús de Nazaret, Primera Parte: desde el Bautismo a la Transfiguración*, La Esfera de los Libros, Madrid 2007, p. 69.

[21] Para una amplia presentación y evaluación de este volumen, cf. M. Gagliardi, «Il Gesù del Vangelo», en *Rassegna di Teologia* 49 (2008) pp. 491-501.

[22] K. Berger, *Gesù*, Queriniana, Brescia, 2006, p. 60.

Este Dios quiere ser el único adorado. Es divinamente intolerante [...]. Quien respeta su intolerancia recibe una recompensa abundante. De hecho, a quien dice "¡Sólo tú!", Dios a su vez le responde "¡Sólo tú!"»[23]. La adoración de Dios –la cual Jesús viene a confirmar y perfeccionar– es entonces «sobre todo una reacción ante la *presencia de Dios*». Y eso, para el autor, «es el tema de toda la Biblia, con sus múltiples variantes»[24]. Ser cristianos significa ser adoradores, hombres que reconocen la soberanía del Dios verdadero y se someten a él en la libertad del amor. Así, Berger interpreta incluso el martirio como la voluntad de no renunciar a la adoración de Dios. «Quien transforma las personas en mártires quería ser adorado, a su vez, en lugar de Dios. El mártir lo ha negado [...]. El mártir permanece fiel a Dios sólo y defiende, con su existencia física, la cosa más preciosa que se le quería quitar: la adoración»[25].

Así pues, el cristianismo es *adoración* del Dios que se ha manifestado en la historia salvífica y plenamente en Jesucristo. La liturgia de la Iglesia constituye la expresión cultual de este hecho. Por lo tanto, el centro de la liturgia no es el hombre (antropocentrismo), ni tampoco la comunidad que celebra (eclesiocentrismo). La liturgia cristiana es cristocéntrica y, por lo mismo, teocéntrica. He aquí un texto del entonces Cardenal Ratzinger:

> «El ser humano de ningún modo puede, por sí mismo, "hacer" el culto; si Dios no se da a conocer, no acertará. [...] La liturgia verdadera presupone que Dios responde y muestra cómo podemos adorarle. Implica de algún modo una especie de institución. No puede brotar de nuestra fantasía o creatividad propias –en ese caso seguiría siendo un grito en la oscuridad o se convertiría en una mera autoafirmación–. Presupone un tú concreto que se nos muestra, un tú que le indica el camino a nuestra existencia.

---

[23] *Ibid.*, p. 121.
[24] *Ibid.*, p. 555.
[25] *Ibid.*, p. 654.

Una serie de testimonios muy frecuentes del Antiguo Testamento dan fe de este carácter no–arbitrario del culto. Pero en ningún lugar aparece tan dramáticamente como en el relato del becerro de oro [cf. Ex 32]. Este culto, presidido por el sumo sacerdote Aarón, en modo alguno tenía como finalidad el servir a un dios pagano. La apostasía es más sutil. No se da el paso abierto de Dios al ídolo, sino que, aparentemente, se permanece al lado del mismo Dios: la pretensión es glorificar al Dios que sacó a Israel de Egipto y se intenta hacerlo representando debidamente su fuerza misteriosa en la figura del becerro. Aparentemente todo es correcto, el ritual parece ajustarse a lo prescrito. Y a pesar de ello, es una apostasía y una idolatría. Hay dos causas que provocan esta quiebra, apenas perceptible. Por una parte, la infracción de la prohibición de las imágenes: no se es capaz de perseverar junto al Dios invisible, lejano y misterioso. Se le hace descender al propio terreno, al mundo de lo palpable y comprensible. De este modo, el culto ya no es un elevarse hacia él sino un rebajar a Dios al propio terreno. Tiene que estar ahí cuando se le necesita y tiene que ser tal y como se le necesita. El hombre utiliza a Dios y, de este modo, se sitúa, aunque aparentemente no lo parezca, por encima de él. Con esto queda ya aludida la segunda causa: se trata de un culto en el que queda de relieve el propio poder [...]. Este culto se convierte en una fiesta que la comunidad se ofrece a sí misma y en la que se confirma a sí misma. La adoración de Dios se convierte en un girar sobre uno mismo: comida, bebida, diversión. El baile en torno al becerro de oro es la imagen de un culto que se busca a sí mismo, convirtiéndose en una especie de autosatisfacción insustancial [...]. En ese caso, la liturgia realmente se convierte, no cabe duda, en un jugueteo vacío. O, lo que es peor, en un abandono del Dios vivo, camuflado bajo un manto de sacralidad. Pero al final lo que queda es la frustración, el sentimiento de vacío. No tenemos ya esa experiencia de liberación convertida en acontecimiento, allí donde tiene lugar un encuentro con el Dios vivo»[26].

Nótese la insistencia: quizás el ritual del becerro de oro ha sido realizado a la perfección, desde el punto de vista ritual, y con entusiasmo de los participantes, pero se trataba de un culto hecho desde la propia autoridad y desde el propio arbitrio, en el cual se terminaba por exaltarse a sí mismo (antropocentrismo) y al grupo (eclesiocentrismo), con el fin de buscar una auto-confirmación. Esto sucede cada vez que se pierde de vista el centro de la liturgia, Dios, y

---

[26] J. Ratzinger, *El espíritu de la liturgia. Una introducción*, pp. 60-61.

se pone en su puesto al individuo o a la comunidad y sus exigencias y expectativas. De este modo, la liturgia es rebajada al adaptarla a la imagen de Dios más en boga de un determinado momento, o a aquella de la que se advierte necesidad. Y así se nos imposibilita recibir y adorar a Dios tal como Él es, incluso en los aspectos menos cercanos a la sensibilidad de la época, y nos imposibilita rendirle culto lógico, esto es, según la verdad. Sobre este tema, un obispo italiano escribió recientemente:

> «Todo lo que puede enturbiar la verdadera naturaleza de la liturgia; todo lo que puede conducir a la idea falsa de que la liturgia es la acción de una comunidad particular que se reúne; todo lo que puede llevar a hacer pensar que la acción litúrgica es simplemente humana, eficaz sólo en la medida en que mueve los sentimientos y expresa y colma ciertas necesidades de la persona humana en el orden social; todo lo que disminuye e impide la perceptibilidad inmediata del carácter o de la naturaleza sagrada de toda auténtica acción litúrgica; todo lo que disminuye o altera la función del ministro sagrado, haciéndolo semejante a un animador o a un guía de la asamblea; pues bien, todo esto se ha de evitar con la máxima atención, porque va contra la naturaleza de la Iglesia, corrompe el carácter sagrado de la celebración de los misterios divinos, pone en peligro el corazón, la fuente de la misión de la Iglesia»[27].

Debemos admitir que también hoy son frecuentes las celebraciones solemnes, en las cuales se ha establecido un complejo y a veces extravagante ritual, en el cual todo debe proceder a la perfección, casi como en un *show*. Pero que en semejantes celebraciones Dios esté o no presente, es un hecho irrelevante.

Queda claro que este discurso apunta a afirmar el teocentrismo litúrgico, pero no a infravalorar el papel del individuo y de la comunidad en la liturgia. Sobre todo, con respecto al componente eclesiológico, la liturgia no parte del yo sino del nosotros[28]. El Vaticano II enseña:

---

[27] M. Olivieri, *La Divina Liturgia. Interventi del Vescovo alla «Tre Giorni» del Clero (18-20 settembre 2007)*, Tip. F.lli Stalla, Albenga (SV) 2007, p. 6.

[28] Cf. el cap. 2 «La comunità liturgica», en R. Guardini, *Lo spirito della liturgia. I santi segni*, Morcelliana, Brescia, 1997[11].

«Quiso, sin embargo, Dios santificar y salvar a los hombres no individualmente y aislados entre sí, sino constituirlos en un pueblo [...]: el pueblo mesiánico; por tanto, aunque de momento no contenga a todos los hombres, y muchas veces aparezca como una pequeña grey, es, sin embargo, el germen firmísimo de unidad, de esperanza y de salvación para todo el género humano. Constituido por Cristo en orden a la comunión de vida, de caridad y de verdad, es empleado también por Él como instrumento de la redención universal [...]. La congregación de todos los creyentes que miran a Jesús como Autor de la salvación, y principio de la unidad y de la paz, es la Iglesia convocada y constituida por Dios para que sea sacramento visible de esta unidad salutífera, para todos y cada uno»[29].

Podemos añadir una cita de Henri de Lubac:

«El yo que cree en Jesucristo no puede ser otro que la Iglesia de Jesucristo. La fe del cristiano es, por lo tanto, participación en la fe de la Iglesia. Pero una fe no es fe "en" la Iglesia, es fe "de" la Iglesia [...]. El alma cristiana es un alma eclesiástica»[30].

Por otro lado, la misma palabra «Iglesia» deriva del griego *ekklesia*, que indica la llamada de Dios a su pueblo, para que se reúna; éste es un término usado casi cien veces en la versión de los LXX. En el Antiguo Testamento griego, este término designa a la asamblea reunida para el culto; en hebreo «qahal JHWH». En efecto, el vocablo griego *ekklesia* deriva del verbo *kaleo* («llamar»), el cual a su vez podría ser emparentado con la palabra hebrea «qahal»: asamblea del pueblo. En hebreo, hay dos palabras para decir asamblea: *edah* y *qahal*; son prácticamente sinónimas, pero la primera tiene un sentido sobre todo pasivo (comunidad reunida), mientras que la segunda tiene un sentido activo (convocatoria de reunión, llamada a reunirse). En la versión de los LXX, *edah* está traducido casi siempre por *sinagoga*, mientras *qahal* se traduce por *ekklesia*. *Qahal* no es simplemente una asamblea, sino una convocación de parte de Dios, como lo ocurrido en el Sinaí, cuando se estipuló la alianza. En el Antiguo Testamento fue

---

[29] Concilio Vaticano II, *Lumen gentium*, n. 9: EV 1, 308-310. Cf. también *Ad gentes*, n. 2 y *Gaudium et spes*, n. 32.

[30] H. de Lubac, *Paradosso e mistero della Chiesa*, Jaca Book, Milano, 1979, p. 109.

propiamente la convocación de Dios para estipular la alianza lo que constituyó a las doce tribus de Israel como el pueblo de Dios. Con la alianza, en efecto, JHWH decide ser el Señor de este pueblo, elegido por Él. El mismo Israel comprende la propia identidad basándose en este pacto sagrado con Dios. Tal alianza, aunque dirigida preferentemente a Israel, ha sido entendida como intencionalmente dirigida a todos los pueblos de la tierra. Dios dice a Abraham: «En ti serán bendecidas todas las familias de la tierra» (Gn 12,3). Israel debía ser el intermediario a través del cual llegaría la salvación a todos los pueblos. La constitución *Lumen gentium* dice que «todo esto lo realizó como preparación y figura de la nueva alianza perfecta que había de efectuarse en Cristo»[31]. Por ende, también en un plano eclesiológico, el Antiguo Testamento muestra la pedagogía de Dios para con la humanidad, como preparación de dones futuros y más perfectos.

Una afirmación patrística dice: «Unus christianus, nullus christianus» y San Cipriano de Cartago asegura: «No puede tener a Dios por padre el que no tiene a la Iglesia por madre»[32]. Con respecto a la concreta aplicación litúrgica, mencionemos también la afirmación de H. de Lubac: «La Iglesia hace la Eucaristía y la Eucaristía hace la Iglesia»[33], en la cual se muestra la recíproca influencia entre la liturgia y la Iglesia, un tema muy desarrollado en la patrística. Naturalmente, hablando del aspecto eclesial de la liturgia, no podemos olvidar dos datos que ya se han mencionado: a) se entiende a la Iglesia católica o universal como ontológicamente precedente a la Iglesia local[34]; b) se entiende a la Iglesia en su globalidad: peregrina, purgante, triunfante; la liturgia es eclesial porque abarca estas tres formas existentes de la

---

[31] Concilio Vaticano II, *Lumen gentium*, n. 9.

[32] Cipriano de Cartago, *De unitate ecclesiae*, 6.

[33] H. de Lubac, *Méditation sur l'Église*, Aubier, París, 1953, pp. 115-116.

[34] «La Iglesia que nace en Pentecostés, ante todo, no es una comunidad particular –la Iglesia de Jerusalén–, sino la Iglesia universal, que habla las lenguas de todos los pueblos. De ella nacerán luego otras comunidades en todas las partes del mundo, Iglesias particulares que son todas y siempre actuaciones de una sola y única Iglesia de Cristo. Por tanto, la Iglesia católica no es una federación de Iglesias, sino una única realidad: *la prioridad ontológica corresponde a la Iglesia universal*. Una comunidad que no fuera católica en este sentido, ni siquiera sería Iglesia», Benedicto XVI, *Homilía en la Solemnidad de Pentecostés*, 11 de mayo de 2008, (cursiva mía).

Iglesia y no sólo la Iglesia terrena. En síntesis, rechazar el eclesiocentrismo en la liturgia no significa en absoluto disminuir el valor eclesial de la liturgia.

Este discurso es válido también para el antropocentrismo, cuyo rechazo no implica sacrificar al individuo, o mejor dicho, a la persona, en el interior de la liturgia cristiana, para quedarse sólo en el nivel colectivo. La referencia al teocentrismo y al carácter eclesial de la liturgia garantiza a cada creyente la objetividad de su fe. Más aún, como veremos, el concepto de «participación activa» no se puede entender si se sacrifica la ofrenda personal que el creyente hace de sí mismo a Dios en la liturgia. A aquellos que en Alemania sostenían que rezar sometiéndose a las normas iguales para todos llevaría a la aniquilación del individuo, Romano Guardini responde que, al contrario, en la liturgia el individuo se ordena a la comunidad litúrgica y se somete a su disciplina no para anularse en el anonimato, sino para tomar energía y entrar en el torrente de la vida divina, que fluye a través del Cuerpo Místico de Cristo.

Conviene citar aquí un pasaje de Ratzinger que, estudiando el Símbolo de la fe, dijo por primera vez:

> «El credo es el residuo de una forma que originalmente consistía en el diálogo "¿crees? ... creo". Por su parte este diálogo reclama a su vez el "creemos" en el que el 'yo' del "creo" no queda absorbido, sino que encuentra su lugar. En la prehistoria de la confesión de fe y en su forma original está presente la forma antropológica de la fe. La fe no es una elucubración solitaria en la que el 'yo', libre de toda ligadura, excogita por sí mismo, ideando a solas la verdad; es más bien el resultado de un diálogo, expresión de una escucha, de un acoger y de un responder que, mediante el intercambio recíproco entre el yo y el tú, lleva al hombre al "nosotros" de quienes creen lo mismo»[35].

Es significativo que el CIC elija como título general de su primera sección: «Creo» – «Creemos». De todos modos, lo que Ratzinger dice del Credo y de la fe vale obviamente también para la liturgia. La debida atención a cada creyente no es suprimida ni por el

---

[35] J. Ratzinger, *Introducción al cristianismo*, Sígueme, Salamanca 2007, p. 79 (con nuestras variantes en la traducción española).

teocentrismo ni por la eclesiología: al contrario, es reconducida a sus justos límites y por lo tanto, también, a la verdad y plenitud.

Obviamente, de la justa comprensión del papel del sacerdote y de los fieles en la liturgia depende también el tema del *ars celebrandi* y de la *actuosa participatio*, que veremos a continuación.

Apéndice
El papel del sacerdote y de los fieles en la liturgia según la Encíclica Mediator Dei de Pío XII

El papel del sacerdote y de los fieles en la liturgia, y su relación recíproca, ha sido explicado de manera excelente en la Encíclica *Mediator Dei* de Pío XII. Ofrecemos ahora una amplia selección de textos del Papa Pacelli[36]:

> «[Venerables hermanos,] *por el hecho de que los fieles cristianos participen en el sacrificio eucarístico, no por eso gozan también de la potestad sacerdotal*, cosa que, por cierto, es muy necesario que expliquéis claramente a vuestra grey.
>
> Pues hay en la actualidad [...] quienes, acercándose a errores ya condenados, dicen que en el Nuevo Testamento sólo se entiende con el nombre de sacerdocio aquel que atañe a todos los bautizados; y que el precepto que Jesucristo dio a los Apóstoles en su última cena, de hacer lo que El mismo había hecho, se refiere directamente a todo el conjunto de los fieles; y que sólo más adelante se introdujo el sacerdocio jerárquico. Por lo cual creen que el pueblo tiene verdadero poder sacerdotal, y que los sacerdotes obran solamente en virtud de una delegación de la comunidad. Por eso juzgan que el sacrificio eucarístico es una estricta «concelebración», y opinan que es más conveniente que los sacerdotes «concelebren» rodeados de los fieles que no que ofrezcan privadamente el sacrificio sin asistencia del pueblo.
>
> No hay por qué explanar lo que esos capciosos errores se oponen a aquellas verdades que ya antes dejamos establecidas, al tratar del grado que ocupaba el sacerdote en el Cuerpo místico de Cristo. Creemos, sin embargo, necesario recordar que *el sacerdote representa al pueblo sólo porque representa la persona de nuestro Señor Jesucristo, que es Cabeza de todos los miembros por los cuales se ofrece; y que, por consiguiente, se acerca al altar como ministro de Jesucristo, inferior a Cristo, pero superior al pueblo.* El pueblo, por el contrario,

---

[36] Pío XII, *Mediator Dei*, II, 2: EE 6, 508-528 (cursiva mía).

puesto que de ninguna manera representa la persona del divino Redentor ni es mediador entre sí mismo y Dios, de ningún modo puede gozar del derecho sacerdotal.

La participación en la oblación

Todo esto consta con certeza de fe; empero hay que afirmar también que los fieles cristianos ofrecen la hostia divina, pero bajo otro aspecto [...]. Y nos place aducir al menos uno de los múltiples dichos de San Roberto Belarmino a este propósito: «El sacrificio —dice—, se ofrece principalmente en la persona de Cristo. Así pues, esa oblación que sigue inmediatamente a la consagración es como una testificación de que toda la Iglesia concuerda con la oblación hecha por Cristo, y de que ofrece el sacrificio juntamente con Él».

Los ritos y las oraciones del sacrificio eucarístico no menos claramente significan y muestran que la oblación de la víctima la hace el sacerdote juntamente con el pueblo. Pues no solamente el ministro sagrado, después de haber ofrecido el pan y el vino, dice explícitamente, vuelto hacia el pueblo: «Orad, hermanos, para que este sacrificio mío y vuestro sea aceptable ante Dios Padre todopoderoso»; sino que, además, las súplicas con que se ofrece a Dios la hostia divina las más de las veces se pronuncian en número plural, y en ellas, más de una vez, se indica que el pueblo participa también en este augusto sacrificio, en cuanto que él también lo ofrece. Así, por ejemplo, se dice: «Por los cuales te ofrecemos o ellos mismos te ofrecen... Rogámoste, pues, Señor, recibas propicio esta ofrenda de tus siervos y también de todo tu pueblo... Nosotros, tus siervos, y tu pueblo santo, ... ofrecemos a tu excelsa Majestad, de tus propios dones y dádivas, la Hostia pura, la Hostia santa, la Hostia inmaculada».

Ni es de admirar que los fieles sean elevados a tal dignidad, pues por el bautismo los cristianos, a título común, quedan hechos miembros del Cuerpo místico de Cristo sacerdote, y *por el «carácter» que se imprime en sus almas son consagrados al culto divino*, participando así, según su condición, del sacerdocio del mismo Cristo.

En la Iglesia católica, la razón humana, iluminada por la fe, se ha afanado siempre por alcanzar el mayor conocimiento posible de las cosas divinas. Es, pues, muy puesto en razón que el pueblo cristiano pregunte piadosamente en qué sentido en el canon del sacrificio eucarístico se dice que él mismo también lo ofrece. Para satisfacer tal deseo expondremos este punto breve y compendiosamente.

Hay, en primer lugar, razones más bien remotas: a saber, la de que frecuentemente sucede que los fieles que asisten a los sagrados ritos alternan sus preces con las del sacerdote; la de que algunas veces también acaece —cosa que antiguamente se hacía con más frecuencia— que ofrecen a los ministros del altar el pan y el vino, que se han de convertir en el cuerpo y la sangre de Cristo; la de que, en fin, con sus limosnas hacen que el sacerdote ofrezca por ellos la divina víctima. Empero hay también una razón más íntima para que se pueda decir que todos los cristianos, y más principalmente los que están presentes en el altar, ofrecen el sacrificio.

Para que en cuestión tan grave no nazca ningún pernicioso error, hay que limitar con términos precisos el sentido del término «ofrecer». *Aquella inmolación incruenta con la cual, por medio de las palabras de la consagración, el mismo Cristo se hace presente en estado de víctima sobre el altar, la realiza sólo el sacerdote, en cuanto representa la persona de Cristo, no en cuanto tiene la representación de todos los fieles. Mas al poner el sacerdote sobre el altar la divina víctima, la ofrece a Dios Padre como una oblación a gloria de la Santísima Trinidad y para el bien de toda la Iglesia. En esta oblación, en sentido estricto, participan los fieles a su manera y bajo un doble aspecto; pues no sólo por manos del sacerdote, sino también en cierto modo juntamente con él, ofrecen el sacrificio; con la cual participación también la oblación del pueblo pertenece al culto litúrgico.*

Que los fieles ofrezcan el sacrificio por manos del sacerdote es cosa manifiesta, porque el ministro del altar representa la persona de Cristo, como Cabeza que ofrece en nombre de todos los miembros; por lo cual puede decirse con razón que toda la Iglesia universal ofrece la víctima por medio de Cristo. Pero no se dice que el pueblo ofrezca juntamente con el sacerdote porque los miembros de la Iglesia realicen el rito litúrgico visible de la misma manera que el sacerdote, lo cual es propio exclusivamente del ministro destinado a ello por Dios, sino porque une sus votos de alabanza, de impetración, de expiación y de acción de gracias a los votos o intención del sacerdote, más aún, del mismo Sumo Sacerdote, para que sean ofrecidos a Dios Padre en la misma oblación de la víctima, incluso con el mismo rito externo del sacerdote. Pues el rito externo del sacrificio, por su misma naturaleza, ha de manifestar el culto interno, y el sacrificio de la Ley nueva significa aquel obsequio supremo con el cual el mismo oferente principal, que es Cristo, y juntamente con El y por El todos sus miembros místicos, reverencian y veneran a Dios con el honor debido.

Con grande gozo del alma hemos sabido que, precisamente en estos últimos tiempos, por el más profundo estudio de muchos en materias litúrgicas, ha sido colocada tal doctrina en su propia luz. Sin embargo, no podemos menos de deplorar vehementemente ciertas exageraciones y falsas interpretaciones que no concuerdan con los genuinos preceptos de la Iglesia.

Algunos, en efecto, reprueban absolutamente los sacrificios que se ofrecen en privado sin la asistencia del pueblo, como si fuesen una desviación del primitivo modo de sacrificar; ni faltan quienes aseveren que no pueden ofrecer al mismo tiempo la hostia divina diversos sacerdotes en varios altares, pues con esta práctica dividirían la comunidad de los fieles e impedirían su unidad; más aún, algunos llegan a creer que es preciso que el pueblo confirme y ratifique el sacrificio, para que éste alcance su fuerza y su valor.

En estos casos se alega erróneamente el carácter social del sacrificio eucarístico. Porque, cuantas veces el sacerdote renueva lo que el divino Redentor hizo en la última cena, se consuma realmente el sacrificio; el cual sacrificio, ciertamente por su misma naturaleza, y siempre, en todas partes y por necesidad, tiene una función pública y social; pues el que lo inmola obra en nombre de Cristo y de los fieles cristianos, cuya Cabeza es el divino Redentor, y lo ofrece a Dios por la Iglesia católica y por los vivos y difuntos. Y ello tiene lugar, sin género de dudas, ya sea que estén presentes los fieles —que nosotros deseamos y recomendamos acudan cuantos más mejor y con la mayor piedad—, ya sea que falten, pues de ningún modo se requiere que el pueblo ratifique lo que hace el ministro del altar.

Aunque por lo que acabamos de exponer queda claro que el sacrificio eucarístico se ofrece en nombre de Cristo y de la Iglesia, y que no queda privado de sus frutos, aun sociales, aunque el sacerdote celebre sin la presencia de ningún acólito; con todo eso, por razón de la dignidad de este tan augusto misterio, queremos y urgimos —lo cual, por lo demás, siempre prescribió la Santa Madre Iglesia— que ningún sacerdote se acerque al altar sin ningún ayudante que le sirva y responda, según prescribe el canon 813.

La Participación en la inmolación

Mas para que la oblación con la cual en este sacrificio los fieles ofrecen al Padre celestial la víctima divina alcance su pleno efecto, conviene añadir otra cosa: es preciso que se inmolen a sí mismos como hostias.

Esta inmolación no se reduce sólo al sacrificio litúrgico, pues el Príncipe de los Apóstoles quiere que, puesto que somos edificados en Cristo como piedras vivas, podamos como «un orden de sacerdotes santos ofrecer víctimas espirituales que sean agradables a Dios por Jesucristo»; y el apóstol San Pablo, sin hacer ninguna distinción de tiempo, exhorta a los cristianos con estas palabras: «Os ruego... que le ofrezcáis vuestros cuerpos como una hostia viva, santa y agradable a sus ojos, que es el culto racional que debéis ofrecerle». Mas cuando sobre todo los fieles participan en la acción litúrgica con tan gran piedad y atención, que de ellos se puede decir en verdad: «cuya fe y devoción te es conocida», entonces no podrá menos de suceder sino que la fe de cada uno actúe más vivamente por medio de la caridad, que la piedad se fortalezca y arda, que todos y cada uno se consagren a procurar la divina gloria y que, ardientemente deseosos de asemejarse a Jesucristo, que sufrió tan acerbos dolores, se ofrezcan como hostia espiritual con el Sumo Sacerdote y por su medio.

[...] Así pues, mientras estamos junto al altar hemos de transformar nuestra alma de manera que se extinga totalmente en ella todo lo que es pecado, e intensamente se fomente y robustezca cuanto engendra la vida eterna por medio de Jesucristo, de modo que nos hagamos, junto con la Hostia inmaculada, víctima aceptable al Eterno Padre.

La Iglesia se esfuerza con todo empeño, por medio de los preceptos de la sagrada liturgia, para que este santo propósito pueda ponerse en práctica del modo más apropiado. A ello convergen no sólo las lecciones, las homilías y las demás exhortaciones de los sagrados ministros, y todo el ciclo de los misterios que se proponen a nuestra consideración durante todo el curso del año, sino también los ornamentos, los sagrados ritos y su aparato externo; todo lo cual se encamina «a que la majestad de tan alto sacrificio sea exaltada, y a que las mentes de los fieles, por medio de estos signos externos de religión y de piedad, se muevan a la contemplación de los altísimos misterios que se esconden en este sacrificio».

Todos los elementos de la liturgia conducen, pues, a que nuestra alma reproduzca en sí misma la imagen de nuestro divino Redentor, según aquello del Apóstol de las gentes: «*Estoy clavado juntamente con Cristo en la cruz*, y yo vivo, o más bien no soy yo el que vivo, sino que Cristo vive en mí». Por lo cual nos hacemos como una hostia, juntamente con Cristo, para aumentar la gloria del Eterno Padre.

Adviertan, pues, *los fieles* cristianos a qué dignidad los ha elevado el sagrado bautismo, y no se contenten con participar en el sacrificio eucarístico con aquella intención general que es propia de los miembros de Cristo y de los hijos de la Iglesia, sino que, unidos de la manera más espontánea e íntima que sea posible con el Sumo Sacerdote y con su ministro en la tierra, según el espíritu de la sagrada liturgia, *se unan con Él de un modo particular cuando se realiza la consagración de la Hostia divina, y la ofrezcan juntamente con Él al pronunciarse aquellas solemnes palabras:* «*Por Él, con Él y en Él, a ti, Dios Padre omnipotente, en unidad del Espíritu Santo, es dada toda honra y gloria por todos los siglos de los siglos*»; a las cuales palabras el pueblo responde: «Amén». Y no se olviden los fieles cristianos de ofrecer, juntamente con su divina Cabeza clavada en la cruz, a sí propios, sus preocupaciones, sus dolores, angustias, miserias y necesidades».

Capítulo 3

La transmisión de la vida en la liturgia

En este capítulo trataremos de un tema íntimamente vinculado con el hecho de que la liturgia es fuente de vida, es decir, que a través de la liturgia nosotros recibimos, como un don, la vida sobrenatural, la gracia. Se sabe que la gracia presupone una naturaleza que la acoja[1]. La pregunta más importante ahora es: ¿De qué manera esta naturaleza acoge más eficazmente la gracia que se nos ofrece en el misterio litúrgico?

Alguno podría afirmar: en los sacramentos la gracia actúa *ex opere operato*, así que nosotros no debemos hacer otra cosa que asistir al rito, creyendo por fe (actitud que sería, según esta interpretación, el *opus operantis*) que todo lo que la Iglesia enseña es verdad. Pero también se podría dar otra interpretación diversa del *opus operantis*, considerando que si falta un compromiso existencial y sentimental en el rito, entonces no es suficiente una fe fría, casi abstracta, para ser transformados por la gracia que se nos ofrece en la liturgia.

Para comprender estas dos posiciones distintas, hay que comenzar por los principios.

Los dos tomismos del siglo XX

El tema más importante de la filosofía eclesiástica del siglo XX ha sido probablemente el siguiente: ¿La verdad se conoce principalmente en un concepto o en un juicio? O de otro modo, ¿el intelecto humano es principalmente pasivo o activo? En la Antigüedad, Platón se inclinaba hacia el conceptualismo, y Aristóteles tendía hacia la centralidad de la actividad intelectual que se expresa en el juicio. Según el primero, el hombre capta la verdad cuando conoce las ideas; por el contrario, según el segundo, se llega a la verdad con la actividad sintética del juicio: «y *es* x». Santo Tomás llegó a una especie de conciliación entre ambos filósofos de la Antigüedad, afirmando que

---

[1] Cf. Tomás de Aquino, *Summa theologiae* I, 1, 8, ad 2; 2, 2, ad 1; 62, 5; III, 69, ad 3; etc.

no hay oposición sino complementariedad mutua y que existe una verdad en el orden esencial, que se conoce con los conceptos, y otra en el orden existencial que se conoce con los juicios. Ahora bien, para santo Tomás, el conocimiento perfecto se da sólo en el acto del juicio –el cual confirma la existencia concreta o la cualidad de una cosa–, quedando firme, sin embargo, el hecho de que sin los conceptos no se pueden emitir los juicios[2].

El siglo XX ha conocido dos tomismos: uno racionalista, vinculado esencialmente al conocimiento por conceptos, y otro, transcendental, relacionado con el juicio. Ambos parten de la posición de Santo Tomás, pero luego subrayan principalmente o el concepto o el juicio en el acto del conocer, perdiendo de este modo el equilibrio del Doctor Angélico. Según los conceptualistas, la verdad se conoce sobre todo en los conceptos y, por eso, el intelecto es principalmente pasivo o receptivo con respecto a la verdad. Mientras que según los trascendentalistas, esto sucede al contrario: el intelecto desarrolla su propia actividad sobre todo en el juicio, componiendo y dividiendo. Ello produce consecuencias importantes para la teología y la espiritualidad.

Veamos, por ejemplo, el tema *de la fe*[3]. Los conceptualistas insisten sobre la importancia de las proposiciones conceptuales que expresan la fe. Estas proposiciones se llaman "artículos" de la fe. La fe es, en efecto, para ellos, asentimiento a la verdad revelada; pero, para asentir el hombre debe entender y, dado que el objeto del conocimiento es un concepto, la revelación es por tanto ofrecida por Dios al hombre en proposiciones conceptuales. Sin embargo, la revelación es sobrenatural y, por ello, el hombre no alcanza a penetrar en la verdad interna de las proposiciones reveladas, sino que sólo puede conocer su credibilidad conceptual. Así pues, al final, el asentimiento corresponde al intelecto, que acoge la credibilidad, pero sobre todo pertenece a la voluntad, que es atraída por Cristo y por el Evangelio. (Creer de este modo no es en absoluto un acto irracional, porque el hombre se comporta de manera semejante respecto a tantas otras

---

[2] Cf. C. Fabro, *Neotomismo e suarezismo*, EDIVI, Segni (RM), 2005.

[3] Cf. J. M. McDermott, *Scritti sull'atto di fede e sul metodo teologico*, PUG, Roma, 1996.

verdades no demostrables para el intelecto puro, tal como las verdades históricas, que se acogen razonablemente apoyados en los testimonios). Por lo tanto, la fe es aceptación de proposiciones conceptuales reveladas por Dios, que se consideran verdaderas. Se cree que son verdaderas por la autoridad de Dios que las ha revelado[4]. Siendo así, está claro que se puede construir una base orgánica doctrinal sistemática y coherente utilizando las proposiciones de la doctrina de la fe (y este sistema es la teología); pero también que estas proposiciones pueden ser clasificadas por su valor en una escala jerárquica; de aquí proviene el sistema de las *notae theologicae*[5]. Por otra parte, entre las proposiciones de fe reveladas, hay unas que tratan de la autoridad de los ministros jerárquicos sobre la doctrina de fe. Por eso, los teólogos conceptualistas prestan mucha atención a las declaraciones del magisterio (afirmaciones y condenas), ya que aceptan como verdaderas y reveladas por Dios las proposiciones de fe que conciernen a las prerrogativas y a la autoridad de la jerarquía de la Iglesia, especialmente respecto a la autoridad suprema, que es la del Romano Pontífice[6].

Del otro lado, los trascendentalistas señalan los límites en el sistema conceptualista, sobre todo respecto a la libertad del acto de fe (que parece abolida donde todo está tan claro dentro del proceso que va del juicio de credibilidad al de credendidad y, por fin, al

---

[4] «La Iglesia Católica profesa que esta fe, que es "principio de la salvación humana", es una virtud sobrenatural, por medio de la cual, con la inspiración y ayuda de la gracia de Dios, creemos como verdadero aquello que Él ha revelado, *no porque percibamos su verdad intrínseca por la luz natural de la razón, sino por la autoridad de Dios mismo que revela*», Concilio Vaticano I, *Dei Filius*, cap. 3: [DS 3008 y on-line: http://multimedios.org/docs/d000443/ (cursiva mía)].

[5] Cf. S. Caterchini, *De valore notarum theologicarum et de criteriis ad eas dignoscendas*, PUG, Romae, 1951 (existe también una traducción italiana: *Dall'opinione al domma. Valore delle note teologiche*, Ediz. La Civiltà Cattolica, Roma, 1953).

[6] Un ejemplo: «Cuando Roma habla, basta que todos los fieles, instruidos o incultos, teólogos o no, reciban, con la docilidad de la fe, la verdad proclamada, sin ninguna necesidad de volver a las fuentes de las que la Iglesia la recibió», G. Filograssi, «Tradizione Divino-Apostolica e Magistero della Chiesa», en *Lo sviluppo del dogma secondo la dottrina cattolica. Relazioni lette nella seconda settimana teologica 24-28 settembre 1951*, PUG, Roma, 1953, p. 148.

asentimiento de fe) y a su carácter sobrenatural[7]. Según ellos, los conceptos son un producto secundario del intelecto, que los transciende continuamente, ya que sólo el infinito puede satisfacer el deseo humano ilimitado de conocer. Así pues, no se llega a la objetividad sin pasar por el sujeto activo y su dinamismo de incesante autotranscendencia. Con respecto a los conceptualistas, los transcendentalistas eluden muchas distinciones nítidas, como aquella que se da entre la función de lo natural y lo sobrenatural, o la distinción clara entre los papeles del intelecto y de la voluntad en el conocer y en el creer. Afirman que en el hombre hay un deseo natural de lo sobrenatural, es decir, de la *visio beatifica*, un deseo preconceptual y atemático[8].

De este modo, salta también la distinción clara entre conocimiento natural y sobrenatural. Para estos estudiosos, la naturaleza no se comprende separadamente de lo sobrenatural y viceversa. La naturaleza es signo del mundo superior y, justamente por eso, sólo se entiende únicamente en relación con el significado más elevado, que se revela a través de lo creado. La naturaleza es signo de lo sobrenatural que la envuelve, supera y perfecciona. Cuando el hombre intuye tal vínculo, entonces está presente el acto de fe que tiene un carácter menos intelectual, respecto de la descripción dada por los conceptualistas, y más dictada por el amor y la libertad. Sin embargo, este tipo de acto de fe resulta también más vago, ya que este amor no está necesariamente relacionado con los conceptos delimitados. Así pues, no serían objeto de fe las proposiciones doctrinales aceptadas por la autoridad de Dios que las revela, sino Dios mismo que se *auto*rrevela. Pero puesto que, para los trascendentalistas, existe en *cada* hombre el deseo *natural* de Dios, todos están orientados hacia Dios y no hace falta de una mediación histórica absoluta de la revelación, ni siquiera del mismo Jesucristo. Es importante que el hombre,

---

[7] Cf. R. Aubert, *Le problème de l'acte de foi. Données traditionnelles et résultats des controverses récentes*, Nauwelaerts, Lovaina – París, 1969⁴.

[8] Se expresa en estos términos sobre todo Karl Rahner, que ha ampliado mucho el tema de la relación entre lo natural y lo sobrenatural, puesta ya en el centro de los debates por Henri de Lubac. Para una presentación sintética, bien documentada, más allá de las conclusiones personales del autor, cf. F. Gianfreda, *Il dibattito sulla «natura pura». Tra H. de Lubac e K. Rahner*, Pazzini, Verucchio (RN), 2007.

partiendo de un signo natural, intuya su relación con lo sobrenatural: esto es suficiente para un acto de fe verdadero, más allá de los conceptos doctrinales. Por lo tanto, un poco de hierba o una puesta de sol pueden servir muy bien como mediación creada de la autorrevelación histórica de Dios. Cristo y la Iglesia son considerados, ciertamente, como los mediadores más perfectos y completos, pero no se puede afirmar que sean absolutamente necesarios. También el papel del magisterio resulta en esta óptica menos importante desde este punto de vista[9], porque la intuición de fe del hombre no se produce con la guía determinante de autoridades doctrinales, sino por su mismo proceso de autotrascendencia (por eso el criterio del testimonio llega a ser mucho menos importante, a todos los niveles: bíblico, patrístico, teológico, magisterial).

Entre las muchas consecuencias de esta afirmación, señalo sólo la siguiente: para estos autores, un acto de fe falso, al nivel de la formulación conceptual, puede ser verdadero y válido para la salvación a nivel del sujeto. Un día un religioso me contó, con adhesión por su parte, la historia conocida de por qué el pueblo había edificado un monumento a un perro vagabundo, ya muerto, que era la alegría de muchos en la aldea. La gente iba a ponerle flores y le rezaba; y sucedían milagros y curaciones en aquella aldea –no ciertamente por la intercesión del perro muerto, me avisaba el religioso, sino por la fe sincera de quien allí rezaba–. La moraleja de la fábula era que no cuenta tanto en qué se cree, sino en cómo se cree; no es importante qué se reza, sino el corazón con el que se reza, etc. La intención interna vale por lo tanto más que los conceptos y los signos externos; y una doctrina heterodoxa, a la cual se conecte un acto de culto (en el ejemplo que acabamos de demostrar) idolátrico, puede ser la ocasión de gracia y de salvación en virtud de la intención subjetiva de quien lo realiza[10]. La Iglesia entonces (y sus sacramentos)

---

[9] Por ejemplo, Rahner sostiene que «ni siquiera una decisión del Magisterio trunca definitivamente el diálogo entre el estudioso y la Iglesia. El teólogo, por consiguiente, puede desarrollar una teología eclesial solo afrontando el riesgo constante de una involuntaria antieclesialidad», K. Rahner, «Riflessioni sul metodo della teologia», en *Nuovi Saggi*, Paoline, Roma, 1973, IV, p. 117.

[10] Para Rahner, «en una experiencia trascendental [más allá de los contenidos], se da el mensaje integral de la fe cristiana», por eso «das

no son los mediadores ordinarios de la gracia de Dios sino sólo los signos de la gracia, la cual ella ha recibido y recibe, y que cada hombre (dentro o fuera de la Iglesia) puede recibir, también a través de otras mediaciones, incluso falsas desde el punto de vista doctrinal, si la intención subjetiva es sincera[11].

Se pensaría, llegados a este punto, que la posición de los trascendentalistas exprese mejor la fe católica, cuya doctrina supone la posibilidad de que seguidores de otras religiones, incluso de las que contemplan rituales idolátricos, puedan bajo condiciones particulares obtener la salvación. En realidad, un simple análisis demuestra que esta impresión es equivocada. Los trascendentalistas aparentemente expresan mejor la doctrina católica de la posibilidad de la salvación para cada hombre. Sin embargo, al respecto, es necesario precisar que, aunque sea verdad que también los seguidores de otras religiones se pueden salvar, sin embargo para ellos esta posibilidad no está vinculada a una presunta positividad de sus cultos, sino a su esfuerzo de vivir según la conciencia recta. Cito una página de J. Ratzinger que arroja luz respecto a esta cuestión:

«Fue una afirmación audaz de San Pablo, al decir que existe en todos los hombres la posibilidad de escuchar a la conciencia moral, el desligar la cuestión de la salvación del conocimiento y de la observancia de la *Torá* y el ponerla de tal modo frente a la llamada común de la conciencia moral, en la que habla el único Dios, que dice a todo hombre cuanto es verdaderamente esencial de la *Torá*. "Cuando los paganos que no están bajo la ley cumplen lo que atañe a la ley por inclinación natural, aunque

---

declaraciones de la teología siempre han de apoyarse en el único misterio sin nombre [!] y en la originaria experiencia sobrenatural que de ello se tiene». Por lo tanto, «las declaraciones teológicas son coherentes consigo mismas únicamente en un proceso de autosuperación radical. Si eso es verdad, a mi parecer *en la Iglesia se debería mirar frecuentemente con mucha mayor benevolencia y paciencia las frases que, incluso o también a un magisterio que trabaja con demasiada confianza en sí mismo, aparecen de tal modo inadecuadas respecto a la cosa que hace surgir la tentación de llamarlas "herejías"*», K. Rahner, «Reflessioni sul metodo della teologia», pp. 154; 156-157 (cursiva mía). Rahner sostiene que un acto de fe, falso en su formulación proposicional, puede ser verdadero y válido para la salvación en *Offenbarung und Überlieferung*, Herder, Friburgo, 1965, p. 24.

[11] Cf. K. Rahner, *Kirche und Sakramente*, Herder, Friburgo, 1961, pp. 11-37.

no tengan ley, se constituyen en ley para sí mismos. Llevan los preceptos en su corazón, como lo atestigua su conciencia..." (Rom 2, 14s). Pablo no dice: cuando los paganos observan lo que les dicta su religión, eso es bueno ante el juicio divino. Todo lo contrario, Pablo condena la mayor parte de las prácticas religiosas de aquel tiempo. Él remite a otra fuente distinta, a lo que está escrito en el corazón de todos, a lo que es únicamente bueno porque procede del único Dios [...]. Que en todos los tiempos haya habido y haya "santos paganos" depende del hecho de que en todas partes y en todos los tiempos podía ser percibida −aunque a menudo de manera sólo muy dificultosa y fragmentaria− la voz del "corazón": en ella se hace audible dentro de nosotros mismos la *Torá* de Dios, que nos obliga como seres creados que somos; y en ella podemos superar lo meramente subjetivo, con la mirada puesta unos en otros y con la mirada puesta en Dios. Y esto es salvación»[12].

La visión conceptualista de la fe tenía evidentemente sus límites (hasta llegar, en casos extremos, al riesgo del nominalismo...), pero la respuesta trascendentalista no ofrece una solución mejor porque sólo en apariencia es más fiel a Santo Tomás (quien reconocía una superioridad epistemológica al juicio sobre el concepto), mientras que en realidad sustrae al juicio la base de los conceptos, que para Santo Tomás es esencial. Se juzga basados en los conceptos, componiendo o dividiendo conceptos. En cambio, para los trascendentalistas, el juicio es un movimiento del hombre que tiende a transcender el concepto, invalidándolo y no preservándolo dentro de una síntesis superior. Añaden a la epistemología tomista la idea de una intuición preconceptual o atemática, por la que el juicio sería posible aun en la ausencia de conceptos. Pero, relativizando tanto el papel del concepto se corre el riesgo de caer en el relativismo filosófico y teológico, para el que ninguna afirmación conceptual es irrefutablemente verdadera o falsa. Y desde este punto de vista teológico, se abren las puertas al modernismo que sostenía la existencia de una relación directa del hombre con Dios, sobre todo al nivel pretemático y sentimental, una relación que luego las religiones particulares tenderían a traducir en fórmulas doctrinales, sin que estas últimas sean nunca realmente adecuadas para expresar la originaria experiencia espiritual. De aquí la

---

[12] J Ratzinger, *Fe, Verdad y Tolerancia. El cristianismo y las religiones del mundo*, Sígueme, Salamanca, 2006, pp. 179-180 (con nuestras variantes en la traducción española).

relativización de las doctrinas, pero también –con mayor razón– la de las normas disciplinares de la Iglesia, que son vistas no como una ayuda, sino como un límite impuesto a la libre autotrascendencia del espíritu humano hacia el absoluto.

Consecuencias sobre los temas de la gracia y de la espiritualidad

Se puede ver cómo ambos enfoques tienden a dar mayor énfasis ya sea a la objetividad o a la subjetividad, a la recepción pasiva o a la apertura activa (autotranscendencia), a la revelación y a la gracia. Ello tiene consecuencias para la comprensión de la gracia y de la vida espiritual.

Los conceptualistas ponen en evidencia que la reconciliación de los hombres con Dios ha sido obtenida objetivamente por Cristo-Dios, mediante la satisfacción vicaria, la cual ha procurado el mérito redentor. Cada uno puede apropiarse de esta redención objetiva *no poniendo obstáculo* a la donación de la gracia divina. El gran teólogo alemán Michael Schmaus, por ejemplo, enseñaba que "La naturaleza no puede crearse una forma de existencia sobrenatural; sólo puede acoger en sí misma lo sobrenatural producido por Dios, en cuanto que, como creatura, depende totalmente de Él"[13]. Dios hace la mayor parte, y la parte del hombre es más bien reducida, aunque necesaria: Dios sostiene al hombre ya sea intrínsecamente (por la gracia) o extrínsecamente, con la actividad de la Iglesia (doctrina y sacramentos), y a su vez el hombre coopera no oponiéndose al don divino.

A nivel de la espiritualidad, la doctrina de los conceptualistas se fundamenta ante todo en el conocimiento conceptual, es decir, en el conocimiento del depósito revelado. El catecismo se debe conocer de memoria, o al menos muy bien. En efecto, nadie puede amar a un Dios que no conoce. La catequesis es nocional, no basada en la experiencia; no se afrontan los casos de la vida (aunque los párrocos a menudo lo hacían), sino que se hace aprender las doctrinas. Luego cada uno aplicará caso por caso, aunque la insistencia sobre el principio jerárquico hace que muchos acudan al confesor o al padre

---

[13] M. Schmaus, *Dogmatica cattolica*. I. *Introduzione – Dio – Creazione*, Marietti, Torino, 1959³, p. 591.

espiritual para dejarse guiar en casos difíciles. Incluso se desarrolla una mística de la obediencia al confesor y al padre espiritual, hasta el punto de ser un signo de virtud el someter las propias elecciones a la suya[14].

Otro punto central en la vida espiritual son los sacramentos, de modo especial la Sta. Misa; de ningún otro modo, como participando de éstos, se obtiene *objetivamente* la gracia divina, que viene producida por éstos, y no solamente donada por Dios con ocasión de su celebración[15]. La objetividad se encuentra también en la espiritualidad de las «prácticas piadosas». En efecto, se valora la repetición (el rosario cotidiano en familia, las tradiciones religiosas anuales; peregrinaciones, triduos, novenas, etc.). El peligro es que se cargue demasiado la mano sobre la objetividad, hasta el punto de que baste seguir las obras prescritas para obtener automáticamente cualquier fruto en el ámbito espiritual (piénsese en el caso de las diversas desviaciones, en el campo de la práctica, respecto a la celebración de la Misa o de las indulgencias).

Los trascendentalistas, del otro lado, no parten de una visión "objetivo-pasiva" sino "subjetivo-activa" de la vida de la gracia. Recibir la gracia no es la recepción pasiva del *habitus* sobrenatural del que habla Santo Tomás[16], sino que es una relación dialogal con Dios. Este concepto de gracia es, para nuestra cultura, muy atrayente, pero —hay que reconocerlo— también es más vago. Los trascendentalistas reinterpretan, de modo nuevo, la categoría de *potentia oboedientialis*, que indica aquella capacidad que hace al hombre *capax Dei*, capaz de recibir la gracia de Dios. Para los conceptualistas, la *potentia oboedientialis* es la capacidad pasiva de acoger la gracia, cuando ésta sea dada. Ludwig Ott escribe:

«Aunque lo sobrenatural trascienda la naturaleza, todavía ésta posee respecto de aquello un punto de intersección, o sea una cierta receptividad, la llamada *potentia oboedientialis*. Con la cual se entiende la pura capacidad pasiva de la creatura de recibir de Dios, precisamente

---

[14] Entre muchos de los posibles ejemplos, citamos a Teresa de Ávila, *Castillo interior*, terceras moradas, 2, 12; sextas moradas, 9, 12.

[15] Cf. Tomás de Aquino, *Summa Theologiae* III, 62, 1; también DS 1310 y 1606.

[16] Cf. Tomás de Aquino, *Summa Theologiae*, I-II, 110, 2.

porque de él depende absolutamente la acción que eleva a una existencia y actividad sobrenatural»[17].

En cambio, para los trascendentalistas, la *potentia oboedientialis* es una capacidad activa puesta por Dios en el hombre, por la cual éste se halla constitutivamente abierto a la gracia, incluso en su grado máximo, que sería el de la *gratia unionis*. Dicho más sencillamente, significa, al menos en teoría, que cada ser humano, precisamente en cuanto humano, es proyectado para poder ser el Verbo encarnado, para recibir la gracia de la unión hipostática con el Verbo[18].

A nivel de la catequesis, para los trascendentalistas, no es muy importante conocer las doctrinas, sino enfatizar las experiencias de fe, sobre todo aquellas en las cuales la persona se ha sentido mayormente, en un modo más íntimo, hecha consorte. La catequesis debe ayudar, más que a aprender doctrinas, a descubrir la presencia de Dios escondida en todos los seres y en todas las situaciones de la vida.

También, en lo espiritual, el énfasis se pone sobre la experiencia subjetiva de Dios. En contraposición a una espiritualidad objetivista, la cual pretendía expresarse con la «mecánica» repetición de Misas, rosarios, oraciones variadas, penitencias, etc., esta espiritualidad hace hincapié en la participación del sujeto, aunque por ello la recitación de las oraciones tuviera que quedar reducida a casi nada. Lo que importa no es la ejecución de ritos rígidamente fijados, sino asegurar el "sentimiento" de lo Divino. Por lo tanto, para este fin, se tolera incluso hacer saltar los esquemas e inventarse unos nuevos, inclusive uno diverso cada día. Me decía un compañero del seminario: « ¿De qué sirve rezar el breviario entero cada día si se hace de manera distraída? Es mejor rezar un solo salmo pero bien recitado…». Otro ejemplo podría ser la idea (sugerida incluso por un obispo a sus sacerdotes) de practicar el "ayuno celebrativo", es decir, no celebrar la Misa un día a la semana, para luego "sentirla" más cuando se vuelva a celebrar. Por otro lado, la convicción de un cierto número de fieles:

---

[17] L. Ott, *Compendio di Teologia Dogmatica*, Marietti – Herder, Torino – Roma, 1955², p. 172.
[18] Cf. K. Rahner, «Natura e grazia», en *Saggi di antropologia soprannaturale*, Paoline, Roma, 1965, p. 120; «Problemi della cristologia d'oggi», en *Saggi di cristologia e di mariologia*, Paoline, Roma, 1967², p. 41.

«¿De qué sirve ir a Misa, si lo hago de mala gana?» En estas y en otras afirmaciones semejantes, resuena en el fondo la idea de que la actitud sentimental, el estado de ánimo subjetivo es –dentro de los actos religiosos– más determinante que lo que se hace objetivamente.

Consecuencias para la vida litúrgico-sacramental

Estas breves anotaciones nos ayudan a entender las motivaciones profundas del cambio que ha tenido lugar en el mundo católico a lo largo del siglo XX, acerca de nuestro modo de concebir la recepción de la vida en la liturgia. Se puede decir que el paso de un tipo de tomismo a otro ha tenido un impacto visible en el modo de celebrar la liturgia y de participar en ella.

La liturgia, por naturaleza, como hemos visto, supone la existencia de signos exteriores, unidos a una palabra que los haga inteligibles y eficaces como vehículos de la gracia divina. Por consiguiente, por su naturaleza la liturgia comporta un vínculo indestructible entre objetividad y subjetividad. No existe una liturgia puramente espiritual ni únicamente material (espiritualismo y materialismo son desde siempre los extremos representativos de todas las herejías: formas iguales y contrarias de negar la síntesis entre el espíritu y la materia, realizada en la encarnación del Verbo). El pan y el vino no son suficientes para obtener el Cuerpo y la Sangre de Cristo: hace falta añadir las palabras de Cristo, pronunciadas por un ministro ordenado *que tiene la intención* de hacer lo que la Iglesia realiza cuando celebra este sacramento[19]. No basta recibir sacramentalmente la Eucaristía para tener ciertamente la gracia. Hay condiciones subjetivas para que la comunión eucarística dé su fruto a quien lo recibe. Lo dice, por ejemplo, Santo Tomás en la Secuencia del *Corpus Domini:* «Vida y muerte provoca; vida a los buenos, muerte a los impíos; en la misma comunión el resultado es bien diverso».

Por otra parte, tampoco se puede relativizar la necesidad de los signos externos, por el mero hecho de que se puede recibir la gracia, aun prescindiendo de éstos. Es decir, es cierto que podemos recibir la gracia del bautismo, aunque el agua nunca haya caído sobre nuestras

---

[19] Cf. DS 802; 1352.

cabezas, con el *votum baptismi* explícito o implícito[20]. Efectivamente, en determinadas condiciones, uno puede recibir el perdón de Dios, sin ser absuelto por un sacerdote, y uno puede hacer la comunión espiritual con la gracia de la Eucaristía, incluso sin recibirla sacramentalmente[21]. Sin embargo persiste la necesidad ordinaria de estos signos litúrgicos para obtener objetivamente la gracia. Además, *la gracia que se puede en ciertos casos (y más difícilmente) recibir independientemente del signo litúrgico, es siempre la misma gracia producida por el signo litúrgico*. Los sacramentos no son sólo una ocasión para conferir la gracia, sino que la producen. En efecto, en algunos casos, se puede recibir la gracia sin ser bautizado: pero ¿qué gracia? ¡La del bautismo!

En el pasado, el conceptualismo había a veces subrayado unilateralmente el aspecto pasivo del acto de fe. Por eso, en algunos casos la vida litúrgica ha sido interpretada en términos de deber (véase el amplio campo de la casuística de los preceptos, de por sí justos y útiles: la confesión y la comunión al menos una vez al año; la validez de la participación en la Misa si se escucha la lectura entera del Evangelio, etc…). Tampoco la forma de la liturgia se preocupaba demasiado de que los fieles entendieran, oyeran o vieran. Lo más importante era, sobre todo, que estuvieran allí o al menos que, de cualquier modo, fueran alcanzados por la gracia producida por el sacramento. La importancia dada al "hacer" objetivo, llevaba a razonar principalmente en términos de cantidad: por eso era mejor dos rosarios que uno, mejor "oír" dos Misas que una sola… y aun en el rito, era mejor la abundancia de signos que la escasez.

La atención a la objetividad hace que uno de los aspectos más importantes de la liturgia sea su ortodoxia. Las fórmulas litúrgicas se tratan con veneración y se consideran casi inmutables, o mejor dicho sometidas a una muy lenta, y si es posible leve, mutación. El uso

---

[20] Cf. Concilio Vaticano II, *Lumen gentium*, nn. 14 y 16: EV 1, 324 y 326. Cf. también DS 1524; 3869.

[21] El Concilio de Trento habla de tres modos de recibir la comunión: «sólo sacramental», «espiritual» y «a la vez sacramental y espiritual», *Sessio XIII: Decretum de ss. Eucharistia*, cap. 8: DS 1648. En el mismo cap. 8, se afirma: «Si alguno dijere que Cristo, ofrecido en la Eucaristía, sólo espiritualmente es comido, y no lo es también sacramental y realmente, sea anatema»: DS 1658.

exclusivo de la lengua latina ayudaba a evitar la corrupción de las verdades dogmáticas expresadas en las fórmulas litúrgicas. El principio jerárquico –tan claro y fundamental para los conceptualistas– se expresa también en la liturgia: nadie puede cambiar nada del rito establecido por la autoridad; se ajusta exactamente a las rúbricas, sin agregar o quitar nada[22]. El sacerdote tiene una función claramente jerárquica en la asamblea (y también el edificio litúrgico está dividido en dos partes: presbiterio/nave). El principio jerárquico se manifiesta en múltiples detalles; por ejemplo, la manera de recibir la comunión: de rodillas, porque el fiel, como hijo de la Madre Iglesia, solicita la comunión, y también en la boca, porque no se trata de un alimento cualquiera, como los que tomamos nosotros mismos estando a la mesa, sino del Cuerpo del Señor (la simbología también se puede invertir: en la boca porque somos alimentados como los niños por la Madre Iglesia; de rodillas, porque delante del Rey de reyes no podemos permanecer en pie). En la liturgia oriental todo esto es todavía aún más manifiesto: piénsese, entre otras cosas, en el diácono que besa la mano del obispo cuando toma el incensario o le entrega el evangeliario[23]. De esto deriva también el hecho de que el ministerio laical durante la liturgia es más limitado: no hay lectores laicos y, por supuesto, normalmente ningún laico puede tocar la Hostia consagrada y distribuirla. Sólo el sacerdote, pastor, padre y autoridad, cuyas manos son consagradas, lo puede hacer.

En el esquema conceptualista, el sentimiento no está excluido en absoluto pero se considera como una consecuencia lógica del culto. La liturgia y la práctica sacramental deben conformarse con el Logos, esto es, deben ser profundamente "verdaderos" en signos y palabras, sin ningún tipo de arbitrariedad. De esta manera se consolida una tradición litúrgica, en la que la *repetición solemne* hace surgir, como

---

[22] Véase, como ejemplo, la bula *Quo primum tempore,* con la cual San Pío V promulgó su Misal.

[23] Hasta el rito de San Pío V incluso, también la liturgia latina conoce el signo reverente de besar la mano del sacerdote así como la costumbre más difundida de besar los objetos sagrados (el sacerdote besa la patena, los ministros besan las vinajeras, etc.). Hoy día, la liturgia latina, en su «forma ordinaria», contempla sólo el beso del altar, el beso al evangeliario después de la proclamación y eventualmente el beso de la paz.

consecuencia, incluso el sentimiento religioso profundo. Tal es la experiencia que atestiguan generalmente los fieles del rito antiguo, o de la "forma extraordinaria" del rito romano: un rito aparentemente muy objetivo, frío y distanciado, que no favorece mucho las emociones del momento, pero que suscita en los corazones sentimientos profundos y duraderos. Más allá de las indebidas multiplicaciones, la solemnidad de los gestos litúrgicos, de los vestidos, de los ritos, de los ornamentos, de los actos y oraciones de devoción durante la liturgia, manifiesta, por un lado, la majestad de Dios; y por otro, ayuda a la participación en el misterio litúrgico y dispone a las personas para recibir mejor la gracia.

Queriendo superar las deterioradas devociones del pasado, los trascendentalistas apuntan mayormente a la cualidad que a la cantidad. Más que la repetición objetiva de ritos y fórmulas (etiquetada a veces como «fariseísmo», y a veces como «paganismo supersticioso»), prefieren la sinceridad del corazón no ortodoxa en la expresión verbal, aun cuando fuera atemática o incluso, en la expresión verbal, no ortodoxa. Frente a la rígida fijeza ortodoxa de las fórmulas litúrgicas, se prefiere un impulso del corazón sincero, aunque las fórmulas utilizadas no sean perfectamente conciliables con la doctrina católica. Se advierte mayor libertad en varios sentidos. De esto se deriva el que cada ministro considere el poder o incluso el deber de cambiar, aunque sea sólo en una palabra, las fórmulas establecidas; o el poder/deber cambiar al menos en algún aspecto los ritos prescritos por las rúbricas. Si, en efecto –así se afirma– el corazón pide actuar de otro modo, está bien hacerlo. Naturalmente existen diversos grados de abuso: desde quienes aportan cambios en elementos de poca importancia, hasta quienes llegan a alterar elementos esenciales de la liturgia. Pero si el signo objetivo, externo, es solamente ocasión para el encuentro de gracia con Dios, y no causa instrumental de la gracia, entonces puede ser relativizado y sustituido por otro (pensemos en las Misas "inculturadas" en base a los alimentos nacionales: celebradas con salchichas y cerveza, o con arroz y sakí, o incluso con *hot dogs* y coca-cola, en vez de con pan y vino, considerados por los organizadores de estas "misas" como alimentos típicos solamente de los países mediterráneos). Finalmente, se puede llegar a relativizar toda la liturgia y a preferir en lugar de ésta una «paraliturgia», que abunda en «signos», con la finalidad de suscitar una participación mayor de los presentes y estimular sus emociones. O también se puede dejar la estructura fundamental de la liturgia, pero se añade una serie incatalogable de personalizaciones (introduciendo «signos» o «ritos» no previstos por las rúbricas, y/o relecturas nuevas de signos y ministerios previstos: el modo de incensar o predisponer la procesión del ofertorio, la danza litúrgica, etc.). Es paradójico: justamente allí donde se dice que es necesario disminuir la multitud de signos que han sido incorporados en la liturgia a lo largo de los siglos, para restituir su esplendor primitivo, su «noble sencillez», se termina introduciendo un gran número de «signos» nuevos que hacen a la liturgia mucho más complicada y, por otro lado, mucho menos atrayente, no obstante las intenciones, quizás incluso muy buenas, de los sujetos implicados en estas experiencias.

Puesto que la participación activa del sujeto en la liturgia, y la consiguiente recepción de la gracia, se entienden en sentido principalmente subjetivo, como autotrascendencia del sujeto hacia Dios, de lo cual la liturgia es un signo ocasional, por consiguiente el signo debe ser claramente visible, perceptible e inteligible. En este sentido, el planteamiento trascendentalista tenderá a subrayar y desarrollar al máximo el aspecto de la visibilidad, de la audibilidad, del fruto de los ritos litúrgicos. Además, la aproximación trascendentalista a la liturgia considera que se debe hacer todo lo posible para que los participantes "sientan", incluso en sus emociones, los ritos y puedan desempeñar un papel de protagonista, o al menos, un papel activo y creativo. Esto permitiría una mayor participación del sujeto, esto es, una ampliación pero también una reinterpretación del *opus operantis*, condición según los trascendentalistas necesaria para la eficacia de la gracia ofrecida con ocasión de la celebración litúrgica.

Este capítulo no ha tenido la pretensión de exponer de manera exhaustiva temas que son muy amplios y complejos. Sin embargo, nos ha permitido poner las bases para comprender que el cambio efectuado en la liturgia católica del siglo XX, más que tener raíces propiamente litúrgicas, tiene raíces teológicas y, más aún, filosóficas y culturales[24]. A medida que se avanza en la lectura de este volumen, el lector podrá darse cuenta de la conexión estrecha de tales raíces con la situación actual de la liturgia en la Iglesia.

---

[24] En la primera versión de este libro, había insertado aquí otro párrafo titulado "las raíces culturales del cambio de la perspectiva litúrgico-sacramental", en la que exponía la relación de los diversos acontecimientos y corrientes de pensamiento de la época moderna con el sentir actual en materia litúrgico-sacramental. Sobre todo, motivos de espacio me han llevado a suprimirlo por ahora.

Capítulo 4

La reforma litúrgica en la época moderna

En el capítulo anterior, hemos analizado algunos aspectos del cambio teológico y eclesial, acaecido sobre todo en el siglo XX, que sin embargo tiene raíces más profundas en toda la época moderna. Ahora vamos a considerar brevemente la historia de la reforma litúrgica en la época moderna, dividiéndola en momentos diversos y dedicando en éstos mayor o menor amplitud de acuerdo con la finalidad de este ensayo.

Del Concilio de Trento hasta Dom Guéranger

Tras el Concilio de Trento, el Papa San Pío V, actuando bajo los auspicios del mismo Concilio, efectuó una revisión del rito litúrgico romano. A diferencia de lo que a veces se ha escrito, no se trata en absoluto de un nuevo misal o de un nuevo rito. San Pío V retomó la antigua liturgia Dámaso-gregoriana, eliminando algunos elementos, introduciendo algunos formularios nuevos y reduciendo otras partes. Se trató de una reforma de la liturgia romana antigua y no de un rito nuevo. Los libros litúrgicos fueron revisados también por los sucesores del Papa Ghislieri: Gregorio XIII, Clemente XIII, Pablo V, Urbano VIII. Después de la publicación del misal de san Pío V, el uso de la liturgia romana se difundió en la Iglesia latina con mayor amplitud que en el pasado. Esto no sucede porque Pío V hubiera prohibido el uso de otros ritos (prohibió, en efecto, sólo los que tenían menos de doscientos años), sino por una asunción espontánea del misal, íntegro, por parte de las distintas Iglesias. La única excepción fue la aparición del rito neogalicano en Francia, como respuesta al rito de san Pío V, que por un cierto "complejo antiromano" no se quería adoptar.

Contra el rito neogalicano luchó con tenacidad Dom Prosper Guéranger, restaurador de la Abadía de Solesmes, sobre todo con su obra *Institutions liturgiques*. Se propone recuperar, para toda la Iglesia latina, la liturgia romana en su uso más puro, y de hacer converger la vida de fe de cada cristiano en torno a la liturgia. Esto implica que reconocía la importancia de la formación litúrgica de sacerdotes y fieles. En efecto, él es el iniciador del gran movimiento litúrgico que se prolonga a lo largo de todo el siglo XX, hasta el Vaticano II e incluso más acá. Sin embargo, hay que decir que hoy son pocos los que atribuyen la paternidad del movimiento litúrgico a Dom Guéranger, porque el movimiento litúrgico ha tomado después caminos bastante diversos de los trazados inicialmente por él[1]. Eso se produjo cuando los estudios litúrgicos pasaron a manos de la Abadía de Maredsous (con el especialista Dom Festugière y Dom Beauduin), donde las *Institutions* de Dom Guéranger fueron sustituidas por las obras de Louis-M.-O. Duchesne y en concreto su libro *Origines du culte chrétien: etude sur la liturgie latine avant Charlemagne* (publicado en 1889). Este cambio resulta decisivo: si bien Guéranger da muchísimos datos históricos (y bien documentados) en sus *Institutions*, sin embargo el método y el interés es eminentemente de teología litúrgica. En cambio, Duchesne era un historiador y no un teólogo. Este último habla del culto, sobre todo desde el punto de vista histórico y no sin la influencia –muy fuerte en este tiempo– del positivismo historiográfico[2]. Nótese el título de la obra de Duchesne: *Orígenes del culto cristiano*. De aquí parte la atención, justa en sí misma, pero muchas veces excesivamente influida, por los orígenes, por los primeros inicios. Pío XII, en la *Mediator Dei*, retomará la crítica, que era del

---

[1] Un ejemplo del olvido de Guéranger es el ensayo de J. J. Flores, «La partecipazione litúrgica, punto di partenza del movimento liturgico», en A. Montan – M. Sodi (ed.), *Actuosa participatio. Conoscere, comprendere e vivere la Liturgia*, LEV, Città del Vaticano, 2002, pp. 229-245, en el cual la historia del movimiento litúrgico es presentada como partiendo directamente de Dom Beauduin y de la Abadía de Maredsous.

[2] Duchesne (1843-1922) se distinguió por la crítica audaz de sus investigaciones históricas, a menudo presentadas con un estilo sutil pero también polémico. En 1911, su *Histoire ancienne de l'Église* fue condenada. Aún cuando, en diversos puntos, Duchesne pareció adherirse al Modernismo, en realidad nunca lo hizo porque –siendo el modernismo esencialmente escéptico– no compartía su orientación apologética.

mismo Guéranger[3], contra un cierto espíritu de arqueologismo litúrgico:

> «Del mismo modo [negativo] se deben juzgar los esfuerzos de algunos para resucitar ciertos antiguos ritos y ceremonias. La Liturgia de la época antigua es, sin duda, digna de veneración; pero una costumbre antigua no es, por el solo motivo de su antigüedad, la mejor, sea en sí misma, sea en su relación con los tiempos sucesivos y con las nuevas condiciones establecidas. También los ritos litúrgicos más recientes son respetables, porque han nacido bajo el influjo del Espíritu Santo, que está con la Iglesia hasta la consumación del mundo [...]. Así, para poner un ejemplo, está fuera del recto camino el que quiere devolver al Altar su antigua forma de mesa; el que quiere excluir de los ornamentos el color negro; el que quiere eliminar de los templos las imágenes y estatuas sagradas; el que quiere que las imágenes del Redentor crucificado se

---

[3] Refiriéndose sobre todo a las reformas litúrgicas de los protestantes, se expresaba así, con su *vivacidad* habitual: «Todos los sectarios, sin excepción, empiezan con la reivindicación de derechos de antigüedad. Quieren liberar al cristianismo de todo lo falso e indigno de Dios, que el error y la pasión de los hombres han introducido en él. No quieren nada que no sea primitivo y pretenden retomar la institución cristiana en sus orígenes. Para conseguirlo recortan, hacen desaparecer, suprimen: todo cae bajo sus golpes, y cuando se trabaja por restaurar en su original pureza el culto divino, uno se encuentra que está inundado de nuevas fórmulas que no datan sino del día anterior, que son incontestablemente humanas, dado que quien las ha redactado aún vive», P. Guéranger, *Institutions liturgiques*, 4 voll., Société Générale de Librairie Catholique, París, 1878-1885, I/2, p. 393. En efecto, la actitud arqueologista corresponde ciertamente al pensamiento protestante, porque, según los reformadores, el tiempo es «un distanciamiento de los orígenes, que puede ocasionar infidelidad. La verdad está más allá del tiempo, en los orígenes, y ahí se rencuentra en su pureza [...]. Lutero, aun diciendo que el tiempo ha permitido falsificar el Evangelio, cree que es posible dar un salto atrás para purificarlo de las incrustaciones y reencontrar su esplendor», A. Cozzi, *Conoscere Gesù Cristo nella fede. Una cristologia*, Cittadella, Assisi (PG), 2007, p. 43. Asimismo, otro investigador: «La Reforma Protestante pretende ser primero una reforma teológica para retornar a un estadio primitivo del cristianismo, es decir, a la Palabra de Dios auténtica más allá de lo que los reformadores consideraban la corrupción de la pureza original en el curso de la tradición», M. Palombella, *Actuosa participatio. Indagine circa la sua comprensione ecclesiale*, LAS, Roma, 2002, p. 55.

presenten de manera que su Cuerpo no manifieste los dolores acerbísimos que padeció; finalmente, el que reprueba el canto polifónico o sinfónico [*polyphonicos seu multisonos concentus*], aun cuando esté conforme con las normas emanadas de la Santa Sede. Lo mismo que ningún católico de corazón puede rechazar las sentencias de la doctrina cristiana, compuestas y decretadas con gran provecho en épocas recientes por la Iglesia, inspirada y asistida del Espíritu Santo, para volver a las fórmulas de los antiguos Concilios; ni puede rechazar las leyes vigentes para volver a las prescripciones de las antiguas fuentes del Derecho Canónico; así, cuando se trata de la Sagrada Liturgia, no estaría animado de un celo recto e inteligente el que quisiese volver a los antiguos ritos y usos, rechazando las nuevas normas introducidas, por disposición de la Divina Providencia, debido al cambio de las circunstancias. En efecto, *este modo de pensar y de obrar, hace revivir el excesivo e insano arqueologismo* [antiquitatum cupidinem] *suscitado por el Concilio ilegítimo de Pistoia*, y se esfuerza en resucitar los múltiples errores que fueron las premisas de aquel conciliábulo»[4].

De San Pío X a Pío XII

La primera etapa del movimiento litúrgico se reconoce, por lo tanto, en la actividad de Dom Guéranger. Una segunda etapa empieza con san Pío X, que da un gran impulso para reinstaurar el canto gregoriano y para la reforma del breviario. Él promueve la comunión eucarística de los niños más pequeños y la comunión diaria de los fieles. Su Motu proprio, con el título *Tra le sollecitudini* (22 noviembre 1903), es importante para el tema litúrgico. En éste, el Papa Sarto utiliza la expresión «participación activa», de la cual hablaremos más adelante. Siguiendo su estímulo, el Cardenal Mercier de Malines (Bélgica) organiza un congreso litúrgico (1909), cuya mente inspiradora es Dom Lambert Beauduin, el cual subraya en sus obras que la liturgia de la Iglesia es acción de todo el pueblo de Dios y no sólo del sacerdote. Pocos meses después del congreso, se inicia la publicación de la revista *Vie liturgique*, que tendrá una amplia difusión. Otras revistas comienzan a ser publicadas en los dos años sucesivos, principalmente bajo la dirección de diversas abadías benedictinas europeas.

---

[4] Pío XII, *Mediator Dei*, I, 5: EE 6, 487-490. Para más precisiones acerca de este texto, cfr. infra, la nota 264.

Una tercera etapa empieza sobre todo por obra de la abadía de Maria Laach en Alemania. Allí se reunieron numerosas personalidades de los estudios litúrgicos, con el objetivo de estudiar científicamente las diversas cuestiones referentes al campo de la liturgia. El inspirador de estos estudios es Dom Ildefonso Herwegen, y entre los excelentes estudiosos que se encontraban en Maria Laach están Dom Odo Casel y Romano Guardini. Uno de los frutos de estos encuentros será el célebre libro de este último, *El espíritu de la liturgia*. Sin embargo, no se olvida la teología de los cultos misteriosos propuesta por Casel, la cual ejerció una gran influencia, no obstante algunas de sus deficiencias, que en este lugar no podemos analizar[5]. La escuela lacense (de Maria Laach) incluso se puede considerar precisamente como un grupo de estudiosos que interpretó la liturgia según la categoría de «misterio», en el sentido que tiene en Casel.

Mientras tanto, en Austria, en el monasterio de los Canónigos regulares de Klosterneuburg (cerca de Viena), se adoptan los impulsos del creciente movimiento litúrgico y empiezan, simultáneamente con los estudios, algunos experimentos en el marco celebrativo. Uno de los canónigos en particular, Pius Parsch, busca modos concretos –con grupos de fieles escogidos– para fomentar una participación más activa en la liturgia. Entre los experimentos más significativos se incluye el hecho de comenzar a celebrar la Misa «mirando hacia el pueblo» y a traducir los textos litúrgicos al alemán.

Una cuarta etapa del movimiento litúrgico coincide con el pontificado de Pío XII, gracias a cuyo impulso el movimiento litúrgico llega a ser un fenómeno de carácter mundial y la jerarquía de la Iglesia se interesa por él con mayor atención. Pío XII realiza varias reformas y publica documentos importantes. El Papa Pacelli concede diversos formularios bilingües, publica la Constitución apostólica *Sacramentum ordinis*, con la cual determina la forma y la materia de los tres grados del sacramento del Orden; la Constitución *Christus Dominus*, con la que modifica las reglas del ayuno eucarístico y concede a los Ordinarios el poder de dar el permiso para la celebración vespertina de la Misa; promulga el nuevo *Ordo* de la Semana Santa, en el que establece la Vigilia pascual en la noche del

---

[5] Ofreceré algún dato más referente a la teología de Casel en el próximo capítulo, aunque también allí de modo muy sintético e indicativo.

Sábado Santo; y simplifica algunas rúbricas. Tenemos que recordar la Constitución apostólica *Episcopalis consecrationis*, un texto que ha preparado, de manera directa, muchas enseñanzas del Vaticano II[6]. Pero, sobre todo, publica la Encíclica *Mediator Dei*, la primera en la historia de la Iglesia que expone de modo orgánico y sintético la doctrina eclesial en materia litúrgica. En esta Encíclica, el Pontífice impulsa el movimiento litúrgico, advirtiendo algunos riesgos, especialmente el de no actuar en plena sintonía con la jerarquía[7].

Por otra parte, es conocido que desde el principio el movimiento litúrgico, junto al bien producido, fue acompañado de abusos y desviaciones, de orden y gravedad diversa, que tal vez no han sido inmunes a la influencia de una nueva teología y una nueva cultura que iba desarrollándose con cada vez más claridad.

Baste decir que Romano Guardini, gran defensor del movimiento, en una carta célebre al obispo de Magonza[8], ilustró las principales desviaciones del movimiento litúrgico, se entiende las de su tiempo (1940), sin tener en cuenta los desarrollos y las problemáticas posteriores. Para Guardini, hay cuatro defectos que a menudo afloran en el movimiento litúrgico de la primera mitad del siglo pasado:

---

[6] Giuseppe Ferraro ha demostrado la influencia directa de esta Constitución y de una importante alocución, dirigida a los cardenales y a los obispos el 2 de noviembre 1944, sobre la doctrina del Vaticano II respecto a los grados del orden y las distinciones entre el sacerdocio común y el sacerdocio ministerial, así como sobre la concelebración sacramental. Por ejemplo, la célebre expresión de *Lumen gentium* n. 10, según la cual existen dos sacerdocios, el de los laicos y el de los ministros, distintos no sólo en cuanto al «grado» sino también por «esencia», se funda exacta y exclusivamente sobre la terminología de Pío XII. Ferraro indica que «la diferencia entre ambas formas de participación en el sacerdocio de Cristo en la Iglesia [antes de Pío XII] no se expresó jamás en el lenguaje teológico con el binomio: esencia y grado» (p. 47). Cf. G. Ferraro, «Alle "fonti" del concilio Vaticano II: due temi del magistero di Pío XII», en *La Civiltà Cattolica*, IV (2004), pp. 45-56.

[7] Cf. Pío XII, *Mediator Dei*, I, 3-5: EE 6, 467-491. El texto oficial se encuentra en AAS 39 (1947), pp. 521-600.

[8] Acerca de este escrito y de otros aspectos del pensamiento de este estudioso alemán respecto a la liturgia, cf. A.M. Canopi, «Romano Guardini e la liturgia», *Communio* 132 (1993), pp. 58-68.

a) *Liturgismo*. Como reacción frente a un exagerado individualismo en la piedad, y al carácter privado que habían connotado a la vida religiosa, el liturgismo exalta la liturgia en su aspecto histórico-arqueológico. Por esta razón, la piedad popular y las devociones individuales son consideradas corrupciones del sentimiento religioso puro y auténtico. Así, se sitúa la liturgia no junto a la piedad popular, sino contra ésta: contra el rosario, el vía crucis, la comunión fuera de la Misa, la acción de gracias individual en la comunión, etc.

b) *Diletantismo*. Los representantes de esta desviación asumieron el lema: *Recedant vetera, nova sint omnia*. Sostenían que el culto litúrgico estaba anticuado y que ya no tenía ningún sentido para la mayoría del pueblo. Por lo tanto una de sus iniciativas fue la introducción masiva e indiscriminada de la lengua vulgar en la liturgia, junto a otras innumerables experimentaciones poco pensadas y casi extemporáneas, en cuanto al canto, los ritos, los textos, etc. Son ellos también los que introdujeron en la práctica las «paraliturgias» en vez de la liturgia, porque tendrían más sentido para la gente.

c) *Practicismo*. Fue una reacción contra el liturgismo. Quien se reconocía compartir esta visión alteraba los fines de la liturgia, diciendo que su fin es la edificación de los hombres[9], y por esto el culto válido sería aquel que tiene un influjo directo y rápido en la vida de quien toma parte en éste. Por esta razón, ellos quisieron elaborar una liturgia exclusivamente pastoral, pedagógica y moralizante, olvidando que el fin de la liturgia es, sobre todo, dar gloria a Dios y procurar la santificación de los hombres.

d) *Conservadurismo*. El lema aquí es: *nihil innovetur*. Todo lo tradicional (aunque aquí sería necesario aclarar el concepto de tradición) es, en sí mismo, bueno, santo e intocable. Por lo tanto, toda novedad (aquí también haría falta una aclaración del sentido exacto del término) se opone por lo mismo al bien de la Iglesia. Toda reforma constituye entonces una traición.

---

[9] Esta interpretación de los ritos litúrgicos, entendidos como medios pedagógicos y de instrucción del pueblo, se encuentra también en diversas filosofías iluministas.

Regresemos ahora brevemente, a lo que enseña la *Mediator Dei*. La Encíclica está dividida en cuatro secciones, precedidas por una introducción al inicio y seguidas por un epílogo al final: I. Naturaleza, origen, progreso de la liturgia; II. El culto eucarístico; III. El oficio divino y el año litúrgico; IV. Directivas pastorales. No es nuestra intención recorrer y sintetizar la Encíclica entera, que es, por lo demás, riquísima en contenido. Lo tendremos, eso sí, presente a lo largo del tratado con referencias implícitas y explícitas. Vamos a concentrar nuestra atención sólo sobre algún punto.

En la *Mediator Dei*, Pío XII alaba el movimiento litúrgico porque ha favorecido un mayor conocimiento de los ritos sagrados y, sin embargo, advierte el deber de «seguir con atención esta "renovación" en la manera como algunos la conciben, y de cuidar diligentemente que las iniciativas no sean ni excesivas ni defectuosas»[10]. El Papa incentiva una sana renovación y profundización, pero sabe que es su deber vigilar, porque:

> «Algunos están demasiado ávidos de novedad y se alejan del camino de la sana doctrina y de la prudencia, mezclando a la intención y al deseo de una renovación litúrgica algunos principios que, en teoría o en práctica, comprometen esta santísima causa»[11].

En la primera sección, el Papa Pacelli pone un principio fundamental: «El deber fundamental del hombre es, indudablemente, el de orientarse a sí mismo y a su propia vida hacia Dios»[12]. Tal es la tarea primordial de la liturgia cristiana: orientar al hombre a Dios. Luego, queriendo dar una definición de la liturgia, el pontífice presenta la que ya hemos citado anteriormente:

> «La sagrada Liturgia constituye el culto público que nuestro Redentor, Cabeza de la Iglesia, tributa al Padre celestial y el que la sociedad de los fieles tributa a su Fundador y por Él al eterno Padre; y para decirlo todo brevemente, constituye el culto público íntegro del Cuerpo místico de Jesucristo, es decir, de la Cabeza y de sus miembros»[13].

---

[10] Pío XII, *Mediator Dei*, Introducción: EE 6, 436.
[11] *Ibid.*: EE 6, 437.
[12] *Ibid.*, I, 1: EE 6, 442.
[13] *Ibid.*: EE 6, 449.

Por lo tanto, no se puede mantener un concepto recto de la liturgia, si no se entiende el culto cristiano como teocéntrico y cristológico. La liturgia cristiana es el culto de la comunidad, pero se entiende por comunidad el Cuerpo místico de Cristo Redentor que está presente y actúa en este culto y dirige eficazmente a Dios las súplicas de los cristianos. Una liturgia que fuese una expresión simplemente humana, comunitaria, no tendría ningún sentido, porque le faltaría aquello que es propiamente lo esencial, es decir, la dimensión del misterio y de la gracia de Cristo[14]. Además, una liturgia entendida en modo eclesiocéntrico, que tiene por tanto como valor supremo a la comunidad que se reúne, no logra ya comprender adecuadamente el sentido del culto interno —que continúa siendo lo más importante—, toda ella centrada, como está, en el desarrollo del culto externo. Por eso, el Papa advierte: «Pero el elemento esencial del culto debe ser el interno [...] de otra forma la religión se convierte en un ritualismo sin fundamento y sin contenido»[15]. Por esta razón, Pío XII recuerda la importancia extraordinaria de las devociones y de las prácticas piadosas que no son en absoluto —como algunos decían ya entonces— obstáculos para un culto apropiado, sino que, al contrario, lo favorecen, preparan y acompañan. Evidentemente a condición de que esta piedad personal no aleje a la persona de la práctica litúrgica y sacramental, sino que esté ordenada a ella.

Por este motivo:

> «En la vida espiritual no puede haber ninguna oposición o repugnancia entre la acción divina, que infunde la gracia en las almas, para continuar nuestra Redención, y la colaboración activa del hombre, que no debe hacer infructuoso el don de Dios; entre la eficacia del rito externo de los Sacramentos, que proviene del valor intrínseco de los mismos [ex opere operato] y el mérito del que los administra o recibe [opus operantis]; entre las oraciones privadas y las plegarias públicas; entre la ética y la contemplación de las verdades sobrenaturales; entre la vida ascética y la piedad litúrgica [...]. *Sin duda, la plegaria litúrgica, siendo como es oración pública de la Esposa Santa de Jesucristo, tiene mayor dignidad que las*

---

[14] De este modo las intuiciones, justas en sí mismas, de dom Lambert Beaudoin y de sus discípulos, se reequilibran oportunamente.

[15] Pío XII, *Mediator Dei*, I, 2: EE 6, 453; véase también los nn. 454 y 455.

oraciones privadas; pero esta superioridad no quiere decir que entre los dos géneros de oración haya ningún contraste u oposición»[16].

Sin detenernos, por ahora, en otros muchos puntos, aunque dignos de la máxima atención, terminemos esta mirada rápida, citando otro principio fundamental recordado por la Encíclica, según el cual la jerarquía eclesiástica es el único organismo autorizado para regular el culto divino en la Iglesia. Pío XII basa esta afirmación sobre una opción eclesiológica de fondo, que considera a la Iglesia como una sociedad. Hay que decir, sin embargo, que aunque se abarquen modelos eclesiológicos diversos, el principio enunciado continúa siendo válido: «Por tanto, puesto que la Sagrada Liturgia es ejercida sobre todo por los sacerdotes en nombre de la Iglesia, su organización, su regulación y su forma no pueden depender más que de la autoridad de la Iglesia»[17].

El Concilio Vaticano II

La Constitución litúrgica *Sacrosanctum concilium* es el primer documento promulgado por el Concilio Vaticano II, el 4 de diciembre 1963. Su doctrina respecto a los sacramentos se inspira claramente en la de Trento, ya citando explícitamente los textos, ya haciendo referencia a la terminología utilizada por este concilio[18]. La intención del Vaticano II en lo que concierne a la liturgia es:

«Conservar la sana tradición y abrir, con todo, el camino a un progreso legítimo»[19].

Y de hecho, a pesar de que se refiere abundantemente al Concilio de Trento, la *Sacrosanctum concilium* incorpora los mejores de entre los resultados de los estudios más recientes. Así, la renovación bíblica y dogmática induce a subrayar con mayor énfasis los aspectos de la

---

[16] *Ibid.*: EE 6, 465-466 (cursiva mía).

[17] *Ibid.*, I, 3: EE 6, 471. He presentado algunas reflexiones sobre este principio, así como una síntesis más amplia de toda la Encíclica en mi libro: M. Gagliardi, *Introduzione al Mistero eucaristico. Dottrina – Liturgia – Devozione*, ESC, Roma, 2007, pp. 193-201.

[18] Cf. SC 6; 7; 10; 11; 12; 21; 24; 26; 33; 36; 38; 39; 55; 59; 72; 77.

[19] SC 23: EV 1, 38.

resurrección de Cristo y de la escatología como fundamentales del culto cristiano[20]. La SC 47 utiliza, además, el término bíblico «memorial» con referencia a la Eucaristía; y varios fragmentos de la Constitución, que hacen referencia a la Carta a los Hebreos, utilizan el término bíblico y tradicional de «sacrificio».

La *Sacrosanctum concilium* está compuesta por un proemio, siete capítulos y un apéndice, con un total de ciento treinta números. De momento, consideramos sólo el primer capítulo, dedicado a los «Principios generales para la reforma y fomento de la sagrada liturgia»; por supuesto, vamos a tener presente el resto de la constitución a lo largo de nuestra exposición en los siguientes temas, y a ella nos remitiremos ya implícitamente, ya con referencias explícitas.

El proemio recuerda cuáles son las tareas del Vaticano II: hacer crecer la vida cristiana entre los fieles, adaptar las instituciones sujetas a cambios a las necesidades de nuestro tiempo, favorecer todo lo que pueda contribuir a la unión de los creyentes con Cristo, así como cuanto pueda atraer a cada hombre hacia la Iglesia. Dentro de este marco general de renovación y de reforma, el concilio considera como deber proceder también a una reforma y promoción de la Liturgia[21]. Los verbos escogidos en el texto latino son: *instaurare* –que se encuentra también en el lema de Pío X, *instaurare omnia in Cristo*– y *fovere*[22]. El primero significa preparar, disponer, alistar, aunque también renovar. *Fovere* significa calentar, mantener caliente y, por consiguiente, también conservar, no abandonar; como también, en sentido figurado, nutrir, alimentar, fomentar y favorecer o incentivar. La idea expresada por estos verbos es que la promoción o reforma de la liturgia es una protección de la misma: se la promueve precisamente protegiéndola. Y, por otro lado, este conservar, es también un alentar, un fomento que da nuevo empuje, un nuevo impulso y no un simple estancamiento[23].

---

[20] Cf. SC 5; 6; 8; 47; 51; 61; 102; 106; 107.
[21] SC 1: EV 1, 1.
[22] Estos términos se retoman tanto en la SC 3 como en el título del cap. I.
[23] «La Constitución litúrgica utiliza la endíadis *instaurare et fovere* que significa una restauración efectuada con cuidadoso esmero, pero que está traducido como: "reforma y fomento de la liturgia" (nn. 1, 3, 14), "fomento y renovación" (n. 43) [...]. Así, reforma viene a ser sinónimo de transformación y de cambio», N. Bux, *La riforma di Benedetto XVI*, p. 49.

El n. 2 presenta el tema de la liturgia en el marco del misterio de Cristo y de la Iglesia. El efecto de la liturgia es doble: por un lado, edifica a los creyentes en el templo santo del Señor y les confiere la fuerza necesaria para predicar a Cristo; y por otro, a los que están fuera, la sagrada liturgia presenta a la Iglesia como «signum levatum in nationes», una bandera izada sobre las naciones. Esta expresión, que se encuentra en Is 11,12, fue utilizada por el Vaticano I para definir el aspecto visible y social de la Iglesia. Además, hay que decir que el Vaticano II aplica a la liturgia lo que el Vaticano I dijo en general de la Iglesia. El Vaticano I enseñaba:

> «Ella misma, como una bandera levantada para las naciones, no sólo invita a venir a ella a los que todavía no han creído, sino que da a sus hijos la certeza de que la fe que profesan se apoya en fundamento firmísimo. A este testimonio se añade el auxilio eficaz de la virtud de lo alto»[24].

El Vaticano II lo aplica a la liturgia, con las siguientes palabras:

> «Por eso, al edificar día a día a los que están dentro [...], la Liturgia robustece también admirablemente sus fuerzas para predicar a Cristo y presenta así la Iglesia, a los que están fuera como signo levantado en medio de las naciones, para que, bajo él, se congreguen en la unidad»[25].

Por lo tanto, la liturgia, como elemento esencial de la vida de la Iglesia, contribuye de modo privilegiado a este carácter de reforzamiento de la fe de los creyentes, y de atracción a los no creyentes, que es propio de la Iglesia en cuanto tal. Este punto nos trae fácilmente a la memoria un pasaje del Antiguo Testamento, en el que los pueblos, viendo la organicidad y la sabiduría de las leyes de Israel, se admiraban del pueblo erigido por Dios:

> «Y ahora, Israel, escucha los preceptos y las normas que yo os enseño para que las pongáis en práctica [...]. Guardadlos y practicadlos, porque ellos son vuestra sabiduría y vuestra inteligencia a los ojos de los pueblos que, cuando tengan noticia de todos estos preceptos, dirán: "Cierto que esta gran nación es un pueblo sabio e inteligente". Y, en efecto, ¿hay

---

[24] Concilio Vaticano I, *Dei Filius,* cap. 3: DS 3014.
[25] SC 2: EV 1, 2.

alguna nación tan grande que tenga los dioses tan cerca como lo está el Señor nuestro Dios siempre que le invocamos? Y ¿cuál es la gran nación cuyos preceptos y normas sean tan justos como toda esta Ley que yo os expongo hoy?» (Dt 4, 1.6–8).

Este entramado de textos nos hace comprender mejor lo que quiere decir la Constitución litúrgica del Concilio: la liturgia es un signo que refuerza la fe de los creyentes y atrae a los no creyentes. En efecto, ésta siempre ha producido efectos similares, a lo largo de la historia, especialmente cuando se cultivaba cuidadosamente su propia "forma", lo que no se entiende simplemente en sentido estético sino también, y ante todo, en el teológico.

El n. 3 precisa que las disposiciones de la Constitución conciernen sobre todo al rito romano, aunque los principios y las normas dictadas por ésta se aplican, en la medida de lo posible y de lo necesario, a todos los ritos de la Iglesia. El n. 4, a continuación, afirma que la Iglesia reconoce «igual derecho y honor a todos los ritos legítimamente reconocidos y quiere que en el futuro se conserven y fomenten por todos los medios [*servari et omnimode foveri*]»[26] y eso también a través de su revisión eventual, efectuada «con prudencia» (*caute*) *ad mentem sanae traditionis* y en relación con las necesidades de nuestro tiempo. Por eso, el Concilio no ha querido eliminar ningún rito, sino más bien reconocer la misma dignidad y el valor de los diversos ritos, recordando al mismo tiempo la posibilidad de su revisión, realizada cuidadosamente a la luz de la sana tradición y teniendo en cuenta las necesidades actuales.

Concluido el proemio, el capítulo I presenta los "Principios generales para la reforma y fomento de la sagrada liturgia". Los primeros números de la Constitución vinculan la celebración sacramental de la Iglesia al misterio pascual de Cristo, en el que se realizó nuestra redención[27]. Por eso, *la liturgia se entiende como la presencia de Cristo* y de su gracia redentora dentro de la Iglesia. Insistiendo, pero sin citarlo explícitamente, en el pensamiento de la *Mediator Dei*, del cual hemos ya hablado, el concilio afirma, en la definición también antes citada:

---

[26] SC 4: EV 1-5.
[27] Cf. SC 5-6: EV 1, 6-8.

«Con razón, pues, se considera la Liturgia como el ejercicio del sacerdocio de Jesucristo. En ella los signos sensibles significan y, cada uno a su manera, realizan la santificación del hombre, y así el Cuerpo Místico de Jesucristo, es decir, la Cabeza y sus miembros, ejerce el culto público integro»[28].

Este texto infiere la importante consecuencia, que tiene valor de principio, de que «toda celebración litúrgica [...] es acción sagrada por excelencia». Nótese que no se dice «acción de santificación de los creyentes», lo cual se aplica ciertamente a la liturgia, sino «acción sagrada». Y esto porque «en la liturgia terrena pregustamos y participamos de aquella Liturgia celestial»[29]. El carácter sagrado de la liturgia no deriva del hecho de ser congregación de la Iglesia terrena, de la comunidad peregrinante, sino del hecho de que la Iglesia peregrina se une al culto de la Iglesia triunfante: al de los ángeles y de los santos, y con ellos da culto a Dios. Por supuesto, la liturgia no es la única actividad de la Iglesia[30] y sin embargo:

«La Liturgia es la cumbre [*culmen*] a la cual tiende la actividad de la Iglesia y al mismo tiempo la fuente [*fons*] de donde mana toda su fuerza. Pues los trabajos apostólicos se ordenan a que, una vez hechos hijos de Dios por la fe y el bautismo, todos se reúnan para alabar a Dios en medio de la Iglesia, participen en el sacrificio y coman la cena del Señor»[31].

La expresión *culmen et fons*, que aparece en este texto apenas citado, estaba destinada, como ya lo he dicho, a dar fruto. Ésta será reasumida en los mismos documentos del Concilio y luego será objeto de estudio por parte de liturgistas y teólogos, hasta el día de hoy. Los sucesivos textos conciliares que han insistido en la expresión son *Lumen gentium* 11 y *Presbyterorum Ordinis* 5. En ambos casos, la expresión no se aplica a la liturgia en general (como en la SC 10), sino específicamente a la Eucaristía. Además, estos dos documentos invierten el orden de los términos: mientras la *Sacrosanctum concilium* dice que la liturgia es *culmen et fons* de la acción eclesial, éstos dicen que la Eucaristía es *fons et culmen* de toda la vida cristiana y de toda la evangelización. Por supuesto, la

---

[28] SC 7: EV 1, 13.
[29] SC 8: EV 1, 13.
[30] SC 9: EV 1, 14-15.
[31] SC 10: EV 1, 16.

mera inversión de los términos no puede introducir una diferencia substancial en la doctrina, pero sí ofrece algunas precisiones que matizan el sentido. Por ello no deben ni ser enfatizadas, ni ser ignoradas. Colocando en primer lugar la palabra *fons*, los documentos posteriores del Vaticano II manifiestan una reflexión que tuvo lugar después de la aprobación de la Constitución conciliar sobre la liturgia. Esta reflexión quiere subrayar que la Eucaristía es primero fuente y, luego la cumbre de la vida y de la acción de los cristianos. El acento recae así sobre el poder del sacramento, que es fundacional. Podríamos decir que el sacramento eucarístico posee causalidad eficiente sobre la vida cristiana y sobre las acciones cristianas, mientras que luego también viene a ser la causa final, es decir, el punto de llegada de la espiritualidad y de la evangelización. En el caso de la expresión *fons et culmen*, el acento recae principalmente sobre la gracia, sobre el *ex opere operato*, y en segundo lugar sobre la respuesta del hombre a la misma (*opus operantis*), aunque es siempre necesaria para que la gracia sea eficaz en el hombre. De todos modos, cualquiera sea el modo de utilizar la expresión, queda claro que la existencia eclesial gira en torno a la liturgia, y especialmente a la liturgia eucarística. En cambio, el énfasis que los intérpretes del concilio darán a estas dos expresiones será distinto: por esto no podemos dejar de notar que el reciente magisterio, tomando como referencia al Vaticano II, ha preferido la expresión *fons et culmen*[32]. Esta elección está en perfecta armonía con el texto del Concilio, que en el mismo número concluye:

«Por tanto, de la Liturgia, sobre todo de la Eucaristía, mana hacia nosotros la gracia como de su fuente [*ut e fonte*] y se obtiene con la máxima eficacia aquella santificación de los hombres en Cristo y aquella

---

[32] Cf. Sagrada Congregación de Ritos, *Eucharisticum Mysterium*, 25 de mayo 1967, n. 3e; Juan Pablo II, *Dominicae Cenae*, 24 de febrero 1980, n. 4; Id., *Ecclesia de Eucharistia*, 17 de abril 2003, n. 1; Id., *Mane Nobiscum Domine*, 7 de octubre 2004, n. 31; *Catecismo de la Iglesia Católica*, n. 1324; Congregación para el Culto Divino y la Disciplina de los Sacramentos, *Redemptionis Sacramentum*, 25 de marzo 2004, n. 2; Id., *Año de la Eucaristía: sugerencias y propuestas*, 15 de octubre 2004, «Introducción»; Sínodo de los obispos, *La Eucaristía: fuente y cumbre de la vida y de la misión de la Iglesia*. Lineamenta para la XI Asamblea General Ordinaria, 25 de febrero 2004; Benedicto XVI, *Sacramentum caritatis*, 22 de febrero 2007, a partir del subtítulo y luego en los nn. 3; 17; 70; 77; 84; 93.

glorificación de Dios, a la cual las demás obras de la Iglesia tienden como a su fin»[33].

En esta segunda parte de la frase, el carácter fontal de la liturgia es antepuesto a su causalidad final, por la cual es culmen. Así pues, ya en la SC 10 se anticipa la inversión de la fórmula *culmen et fons* en *fons et culmen*, mencionada por los otros documentos conciliares y por los documentos del magisterio más reciente. Además, el texto ahora citado muestra la armonía íntima entre las dos finalidades de la liturgia, que nunca deben ser puestas en contraposición recíproca: la glorificación de Dios y la santificación de los hombres en Cristo.

Otro párrafo muy importante de la Constitución sobre la liturgia es el n. 11. Allí se dice que los pastores de la Iglesia han de hacer todo lo posible para que los fieles participen en la acción litúrgica «consciente, activa y fructuosamente» (*scienter, actuose et fructuose*)[34]. Para que la validez objetiva de los sacramentos se aplique a cada uno, dice el texto, es necesaria la recta disposición interior de los participantes en el culto divino. Para favorecer esta disposición, hay que cuidar dos elementos: la posibilidad de una participación activa y fructuosa de los fieles, hechos conscientes de aquello a lo que asisten, así como – algo que a menudo se olvida– el hecho de que «en la acción litúrgica [...] se observen las leyes relativas a la celebración válida y lícita»[35]. Fieles a la ley católica del «et-et», el Vaticano II enseña que la liturgia produce efecto, no sólo cuidando de la participación activa, sino también por la observación atenta de las normas prescritas para la celebración del culto. Por consiguiente, la fiel observancia de las normas rubricales (aspecto objetivo del culto) y la participación activa de los fieles (aspecto subjetivo) lejos de contraponerse, son las dos caras de una misma moneda.

Así, emerge la necesidad de entender correctamente lo que significa la «participación activa» (*actuosa participatio*) de los fieles en la liturgia, teniendo presente que esta expresión ha llegado a ser uno de los puntos de referencia fundamentales en la reflexión y en la reforma litúrgica posconciliar. Se ha sostenido que entre las preocupaciones de base, que deben orientar el modo de celebrar, está el que los fieles

---

[33] SC 10: EV 1, 17.
[34] SC 11: EV 1, 18.
[35] SC 11: EV 1, 18.

puedan participar activamente en el rito. Por otro lado, es verdad que el tema de la participación es central en la *Sacrosanctum concilium*. Este término aparece dieciséis veces y siempre en puntos importantes. Sin querer entrar aquí en el análisis de estos pasajes, quisiera sin embargo elucidar en qué sentido el Concilio entiende la participación activa de los fieles en la liturgia.

Podríamos empezar citando la SC 13, que recomienda «los ejercicios piadosos del pueblo cristiano», los cuales, si se realizan correctamente, representan una preparación excelente de los fieles para la vida litúrgica. Pero con esto quedaría indicado uno de los medios para favorecerla, lo que no quiere decir que estaría definida la *actuosa participatio*. Ya hemos dicho que la expresión no es nueva, no ha sido preconizada por el Concilio, sino que la encontramos al principio del siglo XX, ya en el magisterio de San Pío X. En su Motu proprio *Tra le sollecitudini*, del 23 de noviembre 1903, escribe:

> «Siendo, en verdad, nuestro vivísimo deseo que el verdadero espíritu cristiano vuelva a florecer en todo y que en todos los fieles se mantenga, lo primero es proveer a la santidad y dignidad del templo, donde los fieles se juntan precisamente para adquirir ese espíritu en su primer e insustituible manantial, que es la participación activa en los sacrosantos misterios y en la pública y solemne oración de la Iglesia»[36].

Del Papa Sarto se hará eco el Papa Ratti, Pío XI, quien en su Bula *Divini cultus*, de 20 diciembre 1928, volvía a usar una expresión parecida:

> «A fin de que los fieles tomen parte más activa en el culto divino, renuévese para el pueblo el uso del canto gregoriano, en lo que al pueblo toca. Es necesario, en efecto, que los fieles, no como extraños o mudos espectadores, sino verdaderamente comprensivos y compenetrados de la belleza de la Liturgia, asistan de tal modo a las sagradas funciones – aun cuando en ellas se celebren procesiones solemnes–, que alternen su voz, según las debidas normas, con la voz del sacerdote y la del coro o *schola cantorum*. Porque, si esto se realiza debidamente, no habrá ya que lamentar ese triste espectáculo en que el pueblo nada responde, o apenas

---

[36] Pío X, *Tra le sollecitudini*, *Acta Sanctae Sedis* 36 (1904), p. 331.

responde con un murmullo bajo y confuso a las oraciones más comunes expresadas en lengua litúrgica y hasta en lengua vulgar»[37].

Y Pío XII, en la *Mediator Dei*, enseña:

«Que todos los fieles consideren como el principal deber y mayor dignidad participar en el Sacrificio Eucarístico, no con una asistencia negligente, pasiva y distraída, sino con tal empeño y fervor que entren en íntimo contacto con el Sumo Sacerdote [Jesucristo], ofreciendo con El y por El, santificándose con El»[38].

Por otra parte, como ya hemos señalado, en esta misma Encíclica, el Papa Pacelli delinea claramente lo que significa participar activamente en la liturgia, al menos respecto a la liturgia eucarística. Pío XII enseña que participación activa significa:

«Reproducir en sí mismo, cuanto lo permite la naturaleza humana, el mismo estado de ánimo que tenía el Redentor mismo cuando realizaba el Sacrificio de sí mismo: la humilde sumisión del espíritu, la adoración, el honor y la alabanza, y la acción de gracias a la divina Majestad de Dios» y eso «exige además que reproduzcan en sí mismos las condiciones de víctima: la abnegación de sí mismos, según los preceptos del Evangelio, el voluntario y espontáneo ejercicio de la penitencia, el dolor y la expiación de los propios pecados. Exige, en una palabra, nuestra muerte mística en la Cruz con Cristo»[39].

Once años después, el mismo Papa Pacelli insiste sobre el tema y, significativamente, como ya Pío X y Pío XI, lo evoca en el contexto de su enseñanza sobre la música sagrada:

«La misa requiere, por su naturaleza, que todos los presentes participen, cada uno en el modo que le corresponde. Esta participación debe ser ante todo interna, o sea, con la atención devota de la mente y el afecto del corazón, por la cual los fieles se unen íntimamente con el Sumo Sacerdote [...]. La atención se hace más completa si se añade la participación externa, que se manifiesta en actos externos, por ejemplo la postura del cuerpo, gestos, rituales, especialmente las respuestas, las

---

[37] Pío XI, *Divini cultus*, IX: AAS 21 (1929), p. 39.
[38] Pío XII, *Mediator Dei*, II, 2: EE 6, 507. Cf. *ibid.*, II, 3: EE 6, 530.
[39] *Ibid.*: EE 6, 507. Cf. *ibid.*, II, 3: EE 6, 530.

oraciones y el canto [...] llega a ser perfecta cuando se añade también la participación sacramental [...]. En la Misa solemne, la participación activa de los fieles puede tener tres grados: [...] Cuando todos los fieles dan, cantando, las respuestas litúrgicas [...]; cuando todos los fieles cantan también las partes del Ordinario de la Misa [...]; cuando todos los presentes están de tal modo preparados que puedan cantar también las partes del propio de la misa [...]. Se debe intentar que los fieles asistan también a la Misa leída no como ajenos o mudos espectadores, sino con la participación que se requiere para tan gran misterio y que cosecha un fruto abundante»[40].

El Concilio ha hecho hincapié en la necesidad de la reforma litúrgica basándose también en la necesidad de la participación activa:

«En esta reforma, los textos y los ritos se han de ordenar de manera que expresen con mayor claridad las cosas santas que significan y, en lo posible, el pueblo cristiano pueda comprenderlas fácilmente y participar en ellas por medio de una celebración plena, activa y comunitaria»[41].

A la luz de los textos del magisterio precedente, comprendemos dos puntos de capital importancia para la interpretación adecuada del concepto de *actuosa participatio* de los fieles en la liturgia:

a) La expresión –y su significado– no representan una novedad absoluta del Vaticano II. El último concilio ha dado ciertamente una notable importancia al tema de la participación activa, pero lo ha hecho en continuidad con el Magisterio pontificio anterior (especialmente del siglo XX).

b) El sintagma *actuosa participatio* tiene un doble significado, o mejor dicho, su significado consta de dos aspectos indisolublemente vinculados. El liturgista benedictino Cassian Folsom los resume en los siguientes términos:

«En primer lugar, [participación activa] significa la participación interior de todas las fuerzas del alma en el misterio del amor sacrificial de Cristo. La participación es, ante todo, algo interno: significa que tu

---

[40] Pío XII, *Instructio de musica sacra et sacra liturgia*, 3 septiembre 1958. El texto completo se encuentra en AAS 50 (1958), pp. 630-663.

[41] SC 21: EV 1, 33.

mente y tu corazón están despiertos, listos y activos. En segundo lugar, la participación implica la acción exterior: decir cosas y hacer cosas»[42].

Ambos aspectos son fundamentales y se han de mantener *en el orden de importancia* indicado por Folsom. Sólo de esta manera se podrá comprender esta fundamental enseñanza litúrgica del Vaticano II.

Ahora ya podemos preguntarnos acerca de los mejores medios para fomentar la participación activa. En la *Mediator Dei*, Pío XII indica algunos: la difusión de pequeños misales entre los fieles, para que puedan rezar con el sacerdote (sentimientos y palabras), el canto, la meditación de los misterios de Cristo, pero también ejercicios de piedad y otras plegarias, «que, aun diferentes en la forma de la de los sagrados ritos, corresponden sin embargo a ellos por su naturaleza»[43]. Pío XII insistía también en la necesidad de instituir, en las distintas diócesis, comisiones para promover el apostolado litúrgico, aunque él les encargaba de modo particular la vigilancia, para que todo se desarrollara siempre de acuerdo a las normas emanadas de la Sede Apostólica, lo cual tiene –obviamente– una importancia fundamental en toda época. La *Sacrosanctum concilium* desarrolla, en un primer momento, entre los medios aptos para favorecer la participación activa, el tema de la formación litúrgica del clero y de los fieles. En realidad, se enfatiza de modo especial la formación litúrgica del clero, que debe ser no sólo ejecutor sino también maestro de liturgia. Por lo tanto, el Concilio pide una formación de primer orden en esta materia desde los años de la formación en los seminarios. Se dice que la enseñanza de la liturgia se debe realizar «tanto bajo el aspecto teológico e histórico como bajo el aspecto espiritual, pastoral y

---

[42] C. Folsom, «Sacred Signs and Active Participation at Mass. What Do These Actions Mean, and Why Are They So Important?», *Adoremus*, IV/3 (1998). Folsom cita también a Romano Guardini: «No es el "alma" o "el espíritu interior" quien actúa en la liturgia, quien ora y se ofrece sino el hombre. Es todo el hombre el que realiza la acción litúrgica». De ahí la necesidad del culto interno y externo, la participación activa con el espíritu (ofrenda de sí) y el cuerpo (las acciones litúrgicas adecuadas para expresar, acompañar y reforzar la ofrenda interior).

[43] Pío XII, *Mediator Dei*, II, 3: EE 6, 529-535.

jurídico»⁴⁴. Nótese que el Concilio afirma que, si las normas litúrgicas no se observan, es imposible vivir el espíritu de la liturgia:

> «Que [los clérigos] aprendan al mismo tiempo a observar las leyes litúrgicas, de modo que en los seminarios e institutos religiosos la vida esté totalmente informada de espíritu litúrgico»⁴⁵.

No obstante el énfasis dado al tema de la formación, más adelante la Constitucion litúrgica recuerda otros medios aptos para favorecer la *actuosa participatio*: «las aclamaciones del pueblo, las respuestas, la salmodia, las antífonas, los cantos y también las acciones o gestos y posturas corporales [...], el silencio sagrado»⁴⁶.

A partir de estas aclaraciones, el Vaticano II anuncia su voluntad de emprender una reforma general de la liturgia. Para no extendernos mucho, evitaremos destacar los numerosos puntos de contacto entre la *Sacrosanctum Concilium* y el magisterio anterior a ésta, especialmente la *Mediator Dei*. Nos contentaremos con indicar algunos aspectos peculiares. La responsabilidad de la reforma siempre compete a la Sede Apostólica, pero se reconoce también el papel de cada obispo y de las Asambleas Episcopales territoriales, dentro de los límites establecidos por el derecho. Esto excluye que alguien, aunque sea sacerdote, pueda introducir un cambio cualquiera en los ritos sagrados⁴⁷.

El Concilio quiere que, en la realización de la reforma, a cada paso preceda una *accurata investigatio*, es decir, no una investigación rápida y superficial en materia teológica histórica y pastoral. Y establece como principio:

> «No se introduzcan innovaciones si no lo exige una utilidad verdadera y cierta de la Iglesia, y solo después de haber tenido la

---

⁴⁴ SC 16: EV 1, 27. Cabe notar que esta petición se cumple generalmente a medias: la enseñanza de la historia y de la pastoral litúrgica es abundante, mientras que es escasa la teológica y espiritual, y se abandona a sí mismo el ámbito jurídico (aunque a veces se habla de este último en modo casi farisaico, pero esto sucede porque falta el fundamento teológico).
⁴⁵ SC 17: EV 1, 28.
⁴⁶ SC 30: EV 1, 49.
⁴⁷ Cf. SC 22: EV 1, 35-37.

precaución de que las nuevas formas se desarrollen, por decirlo así, orgánicamente a partir de las ya existentes»[48].

Además, se destaca la importancia de la Sagrada Escritura en la liturgia[49]. Entre los aspectos a los cuales el Concilio ha querido dar impulso está, también, la preferencia, en igualdad de condiciones, por la celebración comunitaria de los ritos, con respecto a la celebración individual o privada[50]. Esta preferencia tiene sus motivaciones en el hecho de que la liturgia, aun cuando se celebra en privado, es siempre un acontecimiento que concierne a toda la Iglesia. Cada celebración, en efecto, es siempre pública, aun cuando sea privada.

En la reforma será preciso tener presente también el criterio de una cierta simplificación de los ritos:

> «Los ritos deben resplandecer con noble sencillez; deben ser breves, claros, evitando las repeticiones inútiles, adaptados a la capacidad de los fieles y, en general, no deben tener necesidad de muchas explicaciones»[51].

El tema de la comprensión por parte de los fieles no debe ser precipitadamente identificado con el tema de la lengua en la liturgia, sobre lo cual hablaremos más adelante, y acerca del que el Concilio establece, a nivel de principio, que la lengua de la liturgia romana continúe siendo el latín, pero después permite la posibilidad de utilizar la lengua vulgar con mayor frecuencia[52]. Más adelante retornaremos también a otros aspectos de la *Sacrosanctum concilium*.

En conclusión, el Concilio conjuga evidentemente tradición e innovación, conjuntando la una con la otra sabiamente[53]. Y así desde su tarea específica, ha «conciliado» la doctrina de siempre con la necesidad de profundizarla continuamente y de ponerla en práctica de modo nuevo. El texto de la Constitución es muy equilibrado y, en

---

[48] SC 23: EV 1, 38.
[49] Cf. SC 24 e 35: EV 1, 40; 56-60.
[50] Cf. SC 27: EV 1, 44-45.
[51] SC 34: EV 1, 55.
[52] Cf. SC 36: EV 1, 61-64.
[53] Véase a este propósito las sugerencias para la aplicación del espíritu y de la letra de la Constitución litúrgica del obispo inglés de Lancaster, P. O'Donaghue, *Fit for Mission? Church. Being Catholic Today,* Catholic Truth Society, Londres, 2009, pp. 33-42.

efecto, si se sigue fielmente, constituye una base óptima para la reforma litúrgica. En concreto:

a) El Vaticano II representa el punto de convergencia del movimiento litúrgico iniciado por Guéranger y continuado por otros estudiosos en la línea de la innovación.
b) Mantiene los puntos sólidos de la doctrina eclesial sobre la liturgia, extraídos a manos llenas de la *Mediator Dei* de Pío XII y de otros textos del magisterio precedente.
c) Abre paso a la reforma litúrgica, subrayando sobre todo la centralidad del misterio pascual de Cristo en la liturgia, de la palabra de Dios escrita y de la participación de los fieles.

La reforma litúrgica posconciliar

En los años del posconcilio, se puso en marcha la reforma de la liturgia católica. Ésta se realizó progresivamente y, a fin de cuentas, con una cierta rapidez. No faltaron las voces, incluso eminentes, de los que manifestaron dudas respecto a su desarrollo concreto. Podemos recordar, por ejemplo, al liturgista alemán Klaus Gamber[54], o a los cardenales Ottaviani y Bacci, quienes mandaron a Pablo VI un escrito titulado *Breve esame critico del Novus Ordo Missae*. Además, no hace muchos años se publicó una tesis doctoral sobre el Cardenal Fernando Antonelli, que fue un protagonista activo de la reforma litúrgica, de cuyos escritos —también de carácter privado— emerge una valoración poco entusiasta sobre el modo de proceder en la reforma litúrgica por parte de algunos de los encargados más importantes de

---

[54] Gamber ha sido un liturgista de renombre, que publicó más de trescientos sesenta libros, artículos y ensayos sobre la liturgia. El catálogo completo de sus obras ha sido publicado por Christa Schaffer, *Klaus Gamber. Bibliographie seiner Veröffentlichungen* [unter Mitarbeit von H. König und C. Schütz-Fischer], Paulinus, Tréveris, 2002. Sobre el aspecto particular de la crítica de Gamber respecto a la reforma posconcilar (la cual cubre sólo una parte de sus escritos), cf. J. F. Baldovin, *Klaus Gamber and the post-Vatican II reform of the Roman Liturgy*, Weston Jesuit School of Theology, Cambridge (MA), 2003. Cf. Del mismo Baldovin, cf. *Reforming the Liturgy. A Response to the Critics*, Liturgical Press, Collegeville (MN), 2009.

la obra⁵⁵. Éstos son sólo unos pocos entre los nombres de tantos críticos de la reforma litúrgica posconciliar, y el citarlos por nuestra parte no implica que se deban de compartir todos los aspectos de sus posiciones. Sin embargo, hay que tener presente como un hecho – que se puede interpretar, y de hecho se interpreta de diversas maneras– que desde los inicios la labor de quien llevó a cabo la reforma litúrgica ha suscitado dudas, perplejidad y, en algunos casos, incluso desconcierto.

A juicio de diversos historiadores de la liturgia contemporánea, el protagonista prominente de la reforma fue el religioso paúl –luego arzobispo y finalmente nuncio apostólico– Annibale Bugnini. Su colaboración con la Santa Sede empezó bajo el pontificado de Pío XII. Tras un período de alejamiento, fue llamado otra vez bajo Pablo VI, quien lo nombró secretario del *Consilium ad exsequendam Constitutionem de Sacra Liturgia*, un organismo deseado por el Papa Montini quien confió la presidencia al arzobispo de Bolonia, Cardenal Giacomo Lercaro. El *Consilium* recibió el encargo de realizar la reforma ordenada por la *Sacrosanctum concilium*. La iniciativa paulina sorprendió a algunos, al saber que existían ya dos congregaciones vaticanas (la congregación para el Culto divino y la disciplina de los sacramentos, y la congregación para los Ritos) que habrían podido y debido participar en la reforma. Se preguntaban: ¿por qué crear un organismo *ex novo*? Quizás Pablo VI pensó que de este modo la reforma se desarrollaría más expeditamente, teniendo las otras congregaciones ya otras tareas que llevar a cabo.

No es este el lugar para exponer de manera detallada el trabajo del *Consilium* y sus resultados. Sin embargo, no falta una bibliografía amplia para los que quieran profundizar tal cuestión. Generalmente, entre los textos más señalados, hay uno del mismo Bugnini que, como testigo directo e interesado, presenta una panorámica particularizada de la reforma⁵⁶. Según algunos estudiosos, la reconstrucción de

---

⁵⁵ Cf. N. Giampietro, Il *Card. Ferdinando Antonelli e gli sviluppi della riforma liturgica dal 1948 al 1970,* Pontificio Ateneo S. Anselmo, Roma, 1998.

⁵⁶ Cf. A. Bugnini, *La riforma liturgica (1948-1975),* CLV – Edizioni Liturgiche, Roma, 1983; existe una edición española: A. Bugnini, *La reforma de la liturgia (1948-1975),* Bac maior 62, Madrid, 1999. Véase también: C. Braca – Id., *Documenta ad instaurationem liturgicam spectantia: 1903-1963,* CVL – Edizioni Liturgiche, Roma, 2000.

Bugnini, de la que no se puede prescindir, se integraría además junto con otras reconstrucciones, no sólo de las ya realizadas sino también de aquellas que se realizarían después. Nicola Bux, por ejemplo, invitando a la prudencia en las valoraciones o demasiado entusiastas o totalmente críticas, hace una alusión a la necesidad de estudiar los «archivos»[57]. Aunque no lo precisa, se puede presuponer que se refiere a los archivos del *Consilium*, que actualmente no están aún a disposición de los especialistas.

Sintetizando al extremo, se puede decir que Pablo VI, evidentemente, tenía una gran confianza en la obra de aquellos a quienes él mismo había encargado para dirigir el *Consilium* y, aunque bajo diversos aspectos el Papa se mostraba dubitativo y pedía prudencia y profundización, sin embargo, como es natural, apoyaba y generalmente aprobaba los trabajos que iban desarrollándose. Esta armonía de fondo, por motivos que todavía quedan por aclarar definitivamente, parece haberse deteriorado en un cierto momento, cuando sin embargo la reforma ya se había realizado en sus principales partes. En este sentido viene enmarcado, por algunos, el nombramiento de mons. Bugnini, quien no pertenecía al servicio diplomático, como pro-nuncio apostólico de Irán. En pocas palabras, según algunos estudiosos críticos de la reforma posconciliar, esta nominación de Bugnini habría sido un *promoveatur ut amoveatur* (pero sin una real promoción), una vez que Pablo VI conoció los errores que la persona de su confianza había cometido. En cambio, los partidarios de la obra de Bugnini interpretan su «promoción» como una represalia por parte de la Curia romana, a la que consideran incurablemente conservadora. El hecho de la nominación es indudable: la interpretación de ésta no tiene una única versión[58].

Hay que decir que el *Consilium* efectuó en un número de años verdaderamente reducido una cantidad de trabajo excepcional. Si esto puede ser motivo de encomio por una parte, y muestra la capacidad organizativa de Bugnini, por otra parte hay que reconocer que la

---

[57] «El hecho de que la reforma litúrgica sea aún hoy objeto de valoraciones contrastantes, debiera sugerir prudencia: para una verificación objetiva, hará falta tiempo y el estudio de los archivos», N. Bux, *La riforma di Benedetto XVI*, p. 52.

[58] Cf. también A. Tornielli, *Paolo VI. L'audacia di un papa*, Mondadori, Milano, 2009, pp. 532-544; 584-587.

rapidez en la ejecución ha obstaculizado el discernimiento, que no en todos los casos ha podido ser atento y prudente. Luego, en otros casos, surge otro aspecto problemático: el de la voluntad de sustituir lo antiguo por lo nuevo. Mientras la *Sacrosanctum concilium* había recomendado que la reforma se realizara de modo «que las nuevas formas se desarrollen, por decirlo así, orgánicamente a partir de las ya existentes» (SC 23), se constata, en ciertos casos, una tensión entre lo antiguo y lo nuevo. El caso quizás más sorprendente coincide con una disposición de la Sagrada Congregación para el Culto divino, del 28 de octubre de 1974. Ésta da la impresión de querer hacer ilegítima la celebración de la Eucaristía con el Misal de San Pío V, haciendo obligatorio sólo el misal de Pablo VI. El texto de la notificación dice:

> «En cuanto al Misal Romano, cuando una Conferencia episcopal establece que se debe adoptar en su región el Misal Romano en el idioma nacional, o incluso sólo una parte de él, por ejemplo, el ordinario de la Misa, es lícito celebrar la Misa en lengua latina o en lengua viva, pero sólo de acuerdo con el rito del Misal Romano promulgado por la autoridad de Pablo VI, el 3 de 1969 [...]. Los ordinarios, tanto los diocesanos como los religiosos, vigilen para que, con respeto a los ritos litúrgicos legítimos no romanos aprobados por la Iglesia y, no obstante cualquier costumbre aun inmemorial que pueda servir de pretexto, todos los sacerdotes y fieles del rito romano conscientemente acepten el orden de la Misa del nuevo Misal Romano»[59].

Parece que el texto declara ilegítima la celebración conforme a la liturgia preconciliar e incluso define como un «pretexto», presentado por los sacerdotes que quisieran seguir celebrando según el rito de Trento, el recurso a la antigüedad y al carácter venerable de la liturgia antigua[60].

---

[59] Sagrada Congregación para el Culto divino, *Conferentiarum episcopalium*: EV 5, 625.

[60] A. Bugnini, *La riforma liturgica (1948-1975)*, pp. 297-299, refiere el asunto: afirma que varios obispos del mundo, frente a las protestas y pretensiones de los tradicionalistas, pidieron un pronunciamiento claro de parte de Roma. Para solicitar formalmente tal disposición a la Comisión para la interpretación de los documentos conciliares, era necesaria la aprobación del Secretario de Estado. El 10 de junio 1974, éste rehusó concederla, porque un acto de abrogación habría sido considerado como desestima

Al lado de todo eso, hay que reconocer que la historia de la reforma litúrgica posconciliar evidencia la introducción de diversas riquezas, y no sólo de numerosas ambigüedades. Entre las riquezas de la renovación no podemos olvidar la notable amplificación en la selección de las perícopas de la Palabra de Dios escrita, que se proclaman en la liturgia. Por supuesto, hay muchos otros aspectos positivos. Benedicto XVI ha escrito, por ejemplo, que:

> «Se han constatado también las dificultades y algunos abusos cometidos, pero que no oscurecen el valor y la validez de la renovación litúrgica, la cual tiene aún riquezas no descubiertas plenamente»[61].

Al frente de este reconocimiento de los obispos del sínodo del 2005, encabezado por el mismo Papa, cabe citar también un texto del entonces Cardenal Ratzinger:

> «La Constitución sobre la liturgia del Concilio Vaticano II sentó sin duda las bases para la reforma; después, la reforma fue llevada a cabo por un consejo posconciliar y no se puede reconducir simplemente, en sus detalles concretos, a lo dictado por el Concilio. Este había sido un proyecto abierto cuyas líneas maestras permitían diferentes soluciones»[62].

La conjunción de estas dos citas nos permite sacar dos conclusiones, sintéticas y claramente provisionales:

a) *En sí misma*, la reforma litúrgica es un bien, y más aún una necesidad para la Iglesia. El Vaticano II ha ordenado una reforma general de la liturgia porque los padres, guiados por el Espíritu Santo, han reconocido su necesidad. Por lo tanto,

---

persistente hacia la tradición litúrgica. Luego, después de este intento fallido, el 28 de octubre 1974, la Sagrada Congregación para el Culto Divino publicó el documento Conferentiarum episcopalium. Aunque Bugnini afirme lo contrario, es evidente que el texto no podía constituir una formal derogación del Misal precedente.

[61] Benedicto XVI, *Sacramentum caritatis*, n. 3: AAS 99 (2007), p. 107.

[62] J. Ratzinger, *Un canto nuevo para el Señor: la fe en Jesucristo y la liturgia hoy*, Sígueme, Salamanca, 1999, p. 102 (con nuestras variantes en la traducción española).

ningún católico debería oponerse a la reforma de la liturgia requerida por el último Concilio.

b) *De hecho*, la reforma litúrgica posconciliar presenta, además de las riquezas, numerosas ambigüedades, y, como decía Ratzinger, «no se puede reconducir simplemente, en sus detalles concretos, a lo dictado por el concilio». Consiguientemente, hay algunos aspectos de la reforma que no expresan lo que el Concilio Vaticano II ha pedido.

Es notorio que se procedió con una cierta libertad en lo que respecta a las indicaciones conciliares, como por ejemplo, en el hecho de que los dos cambios más evidentes en el rito posconciliar de la Misa son: el uso *de facto* generalizado de la lengua vulgar y la celebración que hoy día se realiza *de facto* casi siempre «de cara al pueblo». Ninguno de estos dos aspectos ha sido requerido por el Concilio; sobre todo el segundo, al cual la *Sacrosanctum concilium* no hace ninguna referencia.

En mi libro anterior[63], he sostenido la tesis por la cual las ambigüedades de la reforma litúrgica y sus infidelidades eventuales respecto al Concilio se deben especialmente a dos factores:

a) La ya conocida «hermenéutica de la ruptura», que postula que no se pueden seguir los textos conciliares al pie de la letra sino que hay que seguir más bien el «espíritu» –y está claro que los expertos de turno consideran saber lo que el Concilio quiso decir *verdaderamente* más allá de los textos.

b) Una comprensión de la expresión *actuosa participatio* que no corresponde al sentido reconocido por la Constitución conciliar sobre la liturgia, en continuidad con el magisterio precedente.

A propósito de este segundo aspecto, Benedicto XVI escribió:

«El Concilio Vaticano II puso un énfasis particular en la participación activa, plena y fructífera de todo el Pueblo de Dios en la celebración eucarística. Ciertamente, la renovación llevada a cabo en estos años ha

---

[63] Cf. M. Gagliardi, *Introduzione al Mistero eucaristico*, pp. 346–350.

favorecido notables progresos en la dirección deseada por los Padres conciliares. Pero no hemos de ocultar el hecho de que, a veces, ha surgido alguna incomprensión precisamente sobre el sentido de esta participación. Por tanto, conviene dejar claro que con esta palabra no se quiere hacer referencia a una simple actividad externa durante la celebración. En realidad, la participación activa deseada por el Concilio se ha de comprender en términos más sustanciales, partiendo de una mayor toma de conciencia del misterio que se celebra y de su relación con la vida cotidiana»[64].

En conclusión, no cabe duda que el Vaticano II ha marcado el camino que hemos de seguir para llevar adelante la reforma litúrgica de los siglos XX y XXI. Sin embargo, esta reforma no se ha concluido, sino que por el contrario todavía queda por hacer. No debemos suponer que ya está todo hecho. Más bien, respecto a los detalles concretos de la realización posconciliar de la reforma litúrgica se puede, y quizás se debe, efectuar una corrección o una mejora. De la reforma posconciliar de la liturgia, tenemos que conservar, e incluso profundizar, todo lo bueno; pero también hemos de saber purificarla de los signos de la debilidad humana. A mi parecer, el Santo Padre Benedicto XVI está avanzando en esta dirección.

---

[64] Benedicto XVI, *Sacramentum caritatis*, n. 52: AAS 99 (2007), p. 145.

Capítulo 5

La santificación del tiempo y del espacio

Para santificar al hombre, Dios nos entrega la liturgia como santificación de las dos dimensiones principales de la existencia humana: el tiempo y el espacio. En esto la liturgia es el espejo de la acción de Dios en la creación (aspecto cósmico) y en la historia de la salvación (aspecto temporal).

Vamos a empezar este capítulo tratando del tema de la santificación del tiempo.

El año litúrgico

El primer modo litúrgico de santificar el tiempo es la constitución de la ordenación general de la liturgia en el tiempo, que se llama año litúrgico. Desde el punto de vista histórico, éste ha conocido un amplio desarrollo. Para nosotros hoy es fácil constatarlo: basta comparar el calendario litúrgico actual con aquel que se utilizaba antes de la reforma post-Vaticano II. Pero los cambios y las reformas han sido numerosos a lo largo de los siglos. Inicialmente, todo giraba en torno al día del Señor, el domingo, como pascua de la semana. «El domingo es el fundamento y el núcleo de todo el año litúrgico»[1]. Después, comienza a asumir importancia, en primer lugar, la conmemoración anual del domingo de Resurrección («Pascua») con un tiempo de preparación a ella («Cuaresma») y el consiguiente jubileo celebrativo (hasta Pentecostés). Luego se añadieron el tiempo de Adviento y de Navidad. Por último se estructuró el tiempo intermedio entre estas conmemoraciones solemnes (el actual «Tiempo Ordinario»).

Como se puede ver, el año litúrgico gira en torno a la celebración del Triduo Pascual, el cual a su vez se fundamenta en el transcendental acontecimiento de la Encarnación, que rubrica la venida de Dios en el tiempo. De aquí deriva la idea teológica fundamental del año litúrgico como santificación eclesial del tiempo, que a su vez es

---

[1] SC 106: EV 1, 191.

consecuencia de la santificación del tiempo realizada por Dios con la Encarnación.

El año litúrgico gira en torno a algunas fechas-clave que se van sucediendo en el transcurso del año litúrgico: la Pascua, la Navidad, el domingo, las demás solemnidades y fiestas. En estos días, la Iglesia santifica el tiempo, celebrando el memorial de la pasión, muerte y resurrección de Cristo. No se trataría de una verdadera santificación del tiempo actual, si se tratara sólo de una conmemoración ritual. Es muy típico de la memoria litúrgica el uso de la palabra "hoy": Cristo ha nacido hoy; hoy Cristo ha muerto; hoy Cristo ha resucitado. No se dice «hace dos mil años» sino «hoy». Y la liturgia afirma esto, convencida de que es así, de que aquel hecho histórico hace dos mil años ocurre también hoy en la celebración litúrgica. Por esto santifica el tiempo hoy, porque no es sólo un hecho del pasado, sino actual.

Aquí se abre un campo de investigación teológica de la liturgia más bien amplio. Debiendo resumirlo en pocas palabras, digamos que es fundamental aquí el concepto de *memorial* (*zikkaron*), que se encuentra ya en el Antiguo Testamento. El «memorial» indica una memoria actualizante: por ejemplo, la celebración de la pascua de los judíos no es sólo un recordar un hecho del pasado, sino hacerlo, de algún modo, presente aquí y ahora. Odo Casel se interesó mucho por este tema en su teología de los misterios, si bien él lo profundizó en referencia a los cultos paganos y no a los del Antiguo Testamento. Interpreta los sacramentos según la categoría helenística de misterio, por la cual el rito sagrado es una reactualización de un evento llevado a cabo por los dioses. Según Casel, esta concepción no estaría presente en el Antiguo Testamento y, por eso, habría sido tomada del ámbito del culto pagano[2]. En cambio, estudiosos más recientes afirman que la teoría de Casel en su sustancia es justa, pero que el concepto de actualización de un hecho histórico pasado se encuentra también en el Antiguo Testamento, y entonces no hay necesidad de recurrer a una matriz externa a la religión bíblica[3].

---

[2] Cf. O. Casel, *El misterio del culto cristiano*, Dinor, San Sebastián, 1953.

[3] Es la crítica dirigida contra Casel, por ejemplo, en L. Bouyer, *Eucaristia. Teologia e spiritualità della Preghiera eucaristica*, LDC, Leumann (TO), 1983, p. 28.

Entre estos últimos está Cesare Giraudo, quien propone una versión renovada de la tesis de Casel. Éste afirmaba que en los sacramentos entramos en contacto con una acción salvífica de Cristo, acción que se hace presente en el sacramento. La acción del pasado se reactualiza en la acción litúrgica del presente. En cambio, para Giraudo sucede lo contrario: la acción litúrgica del presente se conecta, hacia atrás, con su acontecimiento histórico fundacional[4]. El problema de estas propuestas es que la presencia se entiende principalmente al nivel de acciones históricas y sacramentales, pero no con la misma claridad al nivel de la persona de Cristo. Se cree reactualizado en la liturgia lo que Cristo ha hecho durante su vida terrena, pero es más difícil explicar la presencia de la persona de Cristo en la liturgia.

El punto más problemático de la teología de los misterios reside en el hecho de no precisar cómo estarían presentes en la liturgia los eventos salvíficos y, también, de qué modo el creyente se une a ellos. Casel se limita a decir que el acto salvífico de Cristo se hace presente *in mysterio, in sacramento*, y así se hace accesible a quienes buscan la salvación. Es notorio que ya no viene referido el tema de la gracia producida por los sacramentos y dada a los creyentes. Por ello varios autores aseguran que Pío XII hacía referencia precisamente a Casel cuando enseñaba:

> «Por esto el año litúrgico, al que la piedad de la Iglesia alimenta y acompaña, no es una fría e inerte representación de hechos que pertenecen al pasado, o una simple y desnuda revocación de realidades de otros tiempos. Es más bien Cristo mismo, que vive en su Iglesia siempre y que prosigue el camino de inmensa misericordia iniciada por Él con piadoso consejo en esta vida mortal, cuando pasó derramando bienes, a fin de poner a las almas humanas en contacto con sus misterios y hacerlas vivir por ellos; misterios que están perennemente presentes y operantes, *no en la forma incierta y nebulosa de que hablan algunos escritores recientes*, sino porque, como enseña la doctrina católica y según la sentencia de los doctores de la Iglesia, son ejemplos ilustres de perfección cristiana y fuentes de gracia divina por los méritos y la intercesión del Redentor y porque perduran en nosotros con su efecto,

---

[4] Cf. C. Giraudo, *In unum corpus. Trattato mistagogico sull'eucaristia*, San Paolo, Cinisello Balsamo (MI), 2001, pp. 85-102.

siendo cada uno de ellos, en la manera adecuada a su índole particular, la causa de nuestra salvación»[5].

El principio fundamental de la teología del año litúrgico es, por lo tanto, que celebra al Señor Jesucristo como Persona divina encarnada en el tiempo. Es decir, no se pueden separar los aspectos divinos, por los que el Señor nos da la gracia en la liturgia, de los aspectos humanos que corresponden a los hechos de la vida del Jesús terreno. Se trata de un único e indivisible Señor y, por tanto, el año litúrgico es conmemoración de acontecimientos históricos y círculo actual de gracia. Además, Pío XII dice:

> «Durante todo el curso del año, la celebración del sacrificio eucarístico y el Oficio Divino se desenvuelve, sobre todo, en torno a la persona de Jesucristo, y se organiza de forma tan concorde y congruente que nos hace conocer a la perfección a nuestro Salvador en sus misterios de humillación, de redención y de triunfo»[6].

Este ordenamiento anual de los misterios de su vida influye sobre los creyentes no nebulosamente, sino en concreto de dos maneras: el Señor viviente nos da la gracia y la conmemoración de los hechos nos ofrece ejemplos para imitar, porque, como dice San Agustín, «La esencia de la religión es imitar a Quien adoras»[7].

El tiempo del Adviento suscita en nosotros la conciencia de los pecados y nos exhorta a retornar a Dios. La Navidad nos hace comprender la necesidad de volver a nacer, y eso sólo se puede hacer uniéndose al Verbo nacido por nosotros. La Epifanía impulsa a la acción de gracias y a la adoración continua al Dios hecho hombre. La Cuaresma, con su doble índole bautismal y penitencial[8], nos lleva a tomar conciencia, con mayor intensidad, de nuestra miseria y nos incita a la oración y penitencia para la purificación. El Triduo Sagrado nos impulsa ante todo a subir al Calvario con Cristo, llevando con Él nuestra cruz, con sentimientos de expiación y propiciación, y a morir junto con Él. Luego, la Pascua infunde en el alma el gozo íntimo y

---

[5] Pío XII, *Mediator Dei*, III, 2: EE 6, 588.
[6] *Ibid.*: EE 6, 574.
[7] San Agustín de Hipona, *De civitate Dei*, VII, 7, 17: PL 41, 242.
[8] Cf. SC 109: EV 1, 194-198.

nos recuerda, que también nosotros debemos resucitar con Cristo a una vida más santa. El tiempo de Pascua, que culmina con la fiesta de Pentecostés, nos incita a esta santificación como apertura al don del Espíritu Santo, para que progresemos cada día en las virtudes cristianas.

En esta perspectiva se comprenden, dentro del año litúrgico, también las fiestas de los Santos y, de modo especial, las de la siempre Virgen Madre de Dios. En efecto, estas fiestas ponen ante los ojos de los fieles ejemplos de santidad que los impulsan a adornarse con las mismas virtudes de Cristo Redentor.

La óptica de Pío XII aparece otra vez idéntica en la Constitución del Vaticano II sobre la liturgia:

> «La santa madre Iglesia considera deber suyo celebrar con un sagrado recuerdo en días determinados a través del año la obra salvífica de su divino Esposo. Cada semana, en el día que llamo "del Señor", conmemora su Resurrección, que una vez al año celebra también, junto con su santa Pasión, en la máxima solemnidad de la Pascua. Además, en el círculo del año desarrolla todo el misterio de Cristo, desde la Encarnación y la Navidad hasta la Ascensión, Pentecostés y la expectativa de la dichosa esperanza y venida del Señor. *Conmemorando así los misterios de la Redención, abre las riquezas del poder santificador y de los méritos de su Señor, de tal manera que, en cierto modo, se hacen presentes en todo tiempo para que puedan los fieles ponerse en contacto con ellos y llenarse de la gracia de la salvación*»[9].

> «Al celebrar el tránsito de los santos de este mundo al cielo, la Iglesia proclama el misterio pascual cumplido en ellos, que sufrieron y fueron glorificados con Cristo; *propone a los fieles sus ejemplos, los cuales atraen a todos por Cristo al Padre, y por los méritos de los mismos implora los beneficios divinos*»[10].

Para concluir estas anotaciones breves sobre el significado del año litúrgico, entendido como santificación del tiempo, se debe al menos profundizar una cuestión que ya ha sido presentada por varios autores. El tiempo ¿es realmente necesario santificarlo? Además, por otra parte, ¿cuál es el concepto del tiempo en la doctrina de la Iglesia?

---

[9] SC 102: EV 183-185 (cursiva mía).
[10] SC 104: EV 188 (cursiva mía).

Respecto a la primera pregunta, ésta es planteada por aquellos que afirman que –a partir de la Encarnación del Verbo en nuestro tiempo– ya no existiría distinción alguna entre el tiempo sagrado y el tiempo profano, como tampoco existiría ya separación entre el espacio sagrado y el espacio profano, como lo manifestaría el velo rasgado del templo (cf. Mt 27, 51). No podemos aquí afrontar este punto; por lo tanto, remito al libro *El espíritu de la Liturgia, una introducción* de Ratzinger, que da a este propósito unos elementos de respuesta[11]. En cambio, digamos algo acerca de la segunda pregunta: ¿Qué concepto del tiempo tiene la Iglesia?[12]

Ante todo, el tiempo es una realidad cósmica, como lo reconocían los pensadores de la Antigüedad. En efecto, se fundamenta en el movimiento de los planetas. Este movimiento ordena toda la vida humana: minutos y horas, días y noches, meses y estaciones. Es interesante que, en el Libro del Génesis, el hombre sea puesto a la cabeza de todos los seres de la tierra, pero no sobre el sol, la luna y los astros. Evidentemente el tiempo, el ritmo cósmico, es algo objetivo, algo establecido por Dios, que el hombre debe respetar y no puede cambiar[13]. Esta visión cósmica del tiempo siempre ha tenido su importancia también en la liturgia. Basta pensar en el tema –que veremos en seguida– de la oración hacia el oriente y de la construcción de las iglesias hacia el oriente. Está claro que el oriente no ha sido establecido por el hombre, pero está ahí porque por allí sale el sol. Eso nos hace comprender que, en el cristianismo, el tiempo cósmico se entreteje con otra comprensión del tiempo, la del tiempo

---

[11] Cf. J. Ratzinger, *El espíritu de la Liturgia, una introducción*, pp. 91-101.

[12] Este tema es uno de los más complejos de la filosofía y de la teología; por lo tanto, las anotaciones que siguen serán meramente indicativas y en referencia sólo al marco litúrgico: En efecto, considerando el problema del tiempo, no podemos olvidar las célebres expresiones agustinianas: «¿Qué es, pues, el tiempo? ¿Quién podrá explicar esto fácil y brevemente? ¿Quién podrá comprenderlo con el pensamiento, para hablar luego de él? Y, sin embargo, ¿qué cosa más familiar y conocida mentamos en nuestras conversaciones que el tiempo? [...]. ¿Qué es, pues, el tiempo? Si nadie me lo pregunta, lo sé; pero si quiero explicárselo al que me lo pregunta, no lo sé» (*Confesiones*, libro XI, 14, 17).

[13] Cfr. C. Savasta, «Gen 1-11 secondo la nostra ricostruzione» en: *Bibbia e Oriente* 228 (2006), pp. 77-79.

histórico, porque los cristianos no rezan dirigiéndose hacia el oriente para ofrecer un culto al sol como entidad cósmica, sino porque el sol simboliza a Cristo que históricamente nació, murió y resucitó por nosotros, y volverá para llevar a cumplimiento su parusía escatológica[14].

Este entramado entre el tiempo cósmico e histórico ya se encuentra en verdad en el Antiguo Testamento, donde el calendario litúrgico es cónsono ya sea con el ciclo semanal y de los acontecimientos de la creación, como la siembra y la cosecha (elementos del tiempo cósmico), ya con las fiestas que conmemoran las acciones históricas de Dios para con Israel; y con frecuencia estos dos aspectos se fusionan en una sola solemnidad litúrgica. Esto ocurre también a menudo en el año litúrgico cristiano, incluso con la adición de elementos de las culturas y las religiones extra bíblicas, los cuales son asumidos, purificados y elevados en el culto cristiano. Así, por ejemplo, el ciclo semanal es cósmico, y por lo tanto, común a las distintas culturas. Los cristianos encuentran en el obrar histórico de Dios la centralidad del domingo, día de la resurrección de Cristo, que viene a ser el primer día de la semana. Hay aquí un fecundo entramado con la comprensión extra bíblica del domingo, que consideraba éste día como el día del sol —como dice san Justino, hablando de la celebración eucarística cristiana: «El día que se llama del sol [el domingo], se celebra una reunión de todos»[15]. El *dies solis* es el primer día de la semana cósmica. El filósofo mártir explica más adelante:

> «Celebramos esta reunión general el día del sol, por ser el primero, en que Dios, transformando las tinieblas y la materia, hizo el mundo; y también porque es el día en que Jesucristo, Nuestro Salvador, resucitó de entre los muertos»[16].

No hay ninguna oposición entre la explicación cósmica y la teológica o, si se prefiere, entre el argumento que se basa sobre la creación, y aquel que está fundado en la redención, porque para los

---

[14] Para más detalles, véase el párrafo «El día del Señor» en el libro de A. G. Hamman, *La vida cotidiana de los primeros cristianos*, Palabra, Madrid 1986² (ed. italiana: Rizzoli, Milano, 1993, pp. 276-291).

[15] Justino de Naplusa, *I Apología* 67, 3.

[16] *Ibid.*, 7.

cristianos el Dios creador coincide con el Dios salvador y redentor. Por eso, tampoco se oponen el tiempo cósmico y el histórico; sólo se distinguen uno del otro. Por consiguiente, ¡no hay nada más fácil que asumir el elemento cósmico del sol como símbolo de la orientación del corazón orante hacia Cristo que, desde su trono donde está sentado, vendrá a nosotros para dar cumplimiento a la historia! Está claro que se trata aquí de una purificación y no de un sincretismo. El culto cristiano asume al sol no para adorarlo, sino que lo eleva a símbolo de Cristo, único digno de nuestra adoración. En consecuencia, «el sol anuncia a Cristo, el cosmos y la historia hablan también de Él»[17].

Otro ejemplo se puede tomar de la fecha de la celebración de Pascua, que siempre cae en el tiempo de la constelación de Aries o del cordero, es decir, cuando el sol está recorriendo la primera parte del ciclo zodiacal. Pero en la Pascua cristiana se cruzan dos tiempos cósmicos: el calendario solar y el lunar. El sol recuerda el simbolismo del cordero. La Pascua, por otro lado, se celebra el primer domingo después de la luna llena de primavera, y la luna llena es la imagen de la plenitud de vida después de la muerte: el crecer y menguar de la luna se pueden, en efecto, comparar con el morir y resucitar. La luna, que parecía muerta, ahora se encuentra enteramente luminosa. Aquí también cosmología e intervenciones histórico-salvíficas forman un fecundo entramado en la liturgia. Por supuesto, el sentido principal de la Pascua cristiana reside ante todo en el Triduo pascual de Cristo y, en segundo lugar, en su prefiguración en el Antiguo Testamento (es decir, en el codero pascual: cfr. Ex 12); pero esto no excluye los elementos cósmicos. Por tanto, mediante la liturgia, entramos ya sea en el orden de la historia salvífica como en el ritmo de la creación[18]. Es el orden histórico-salvífico, y no el cósmico, el que tiene más importancia para el cristiano. El elemento cósmico es accesorio e ilustrativo; el orden de la historia de la salvación es esencial[19].

---

[17] J. Ratzinger, *El espíritu de la liturgia, una introducción*, pp. 51-58.

[18] He dado otro ejemplo de este escenario fecundo, en mi breve artículo: «La Natività di San Giovanni Battista», *Zenit*, 24 de junio 2009 (http://www.zenit.org/article-18741?l=italian).

[19] Así resulta superada, también, la objeción según la cual el calendario litúrgico cristiano tendría consistencia sólo en el hemisferio norte y no en el sur, dado que en el sur la Pascua no cae en primavera sino en otoño. Por

De todo esto, llegamos a la consideración siguiente: el tiempo litúrgico (y, consecuentemente, su santificación), no es unívoco. Generalmente se dice que los griegos tenían un concepto circular del tiempo, como retorno continuo de lo mismo; y que los judeo-cristianos tienen una visión lineal, como progreso que no vuelve atrás. Hay algo de verdad en estos esquemas, pero no pueden ser absolutizados, como a veces ha ocurrido. La liturgia cristiana conoce también el ritmo cíclico y no sólo la progresión lineal. Existen el ciclo semanal o hebdomadario centrado en el domingo, el ciclo anual que gira en torno a la Pascua y, en el calendario actual, el ciclo trienal (años A, B, y C). Cada año se celebra la historia salvífica que culmina en Cristo, con su carácter de avance progresivo; no obstante, el fin del año litúrgico coincide con el inicio de un nuevo ciclo. Este hecho incontestable conlleva una consecuencia importante: la liturgia es una actuación siempre nueva, del misterio de Cristo, en el decurso de la historia. Sin embargo, este "siempre nueva" se realiza mediante la repetición "siempre idéntica" de gestos y celebraciones rituales. Por eso, la comprensión cristiana del tiempo como progresión no excluye, sino al contrario, incluye en sí mismo la idea de la liturgia como *solemne repetición*. Para celebrar adecuadamente la incesante novedad del misterio histórico-salvífico, no siempre es necesario actualizar, de modo celebrativamente nuevo, el misterio. Antes bien, es la repetición cíclica y solemne de los gestos, palabras y ceremonias que garantiza una verdadera novedad de participación del corazón en los misterios de Cristo.

La liturgia de las Horas

Un segundo, fundamental modo de santificar el tiempo en la Iglesia es el Oficio Divino o Liturgia de las Horas. En la Iglesia griega,

---

eso, algunos han sugerido el uso de dos calendarios distintos, uno para cada hemisferio. Pero esta sugerencia es inaceptable, por al menos dos razones: 1) porque su efecto sería contrario a la unidad católica de la Iglesia, que encuentra en la liturgia su lugar privilegiado; 2) porque adaptar el calendario litúrgico a las estaciones de la naturaleza significaría tener un concepto principalmente cósmico del tiempo sagrado, volviendo así al paganismo. El cristianismo no rechaza la teología cósmica, pero no es una religión puramente cósmica; en ésta prevalece el aspecto histórico-salvífico.

esta parte de la liturgia se llama *kanon*, porque se desarrolló conforme a los cánones conciliares, o *synaxis* porque los monjes se reúnen para celebrarla. En cambio, en la Iglesia latina se llama *officium divinum* o también *horae canonicae*, porque se trata de la tarea que tiene el hombre de dar gloria a Dios en las diversas horas del día. También se llama *psalterium* porque el elemento principal de esta liturgia es el rezo (cantado) de los salmos. En la regla de san Benito, se llama también *opus Dei, agenda, pensum servitutis. Pensum* se puede traducir por tarea o deber, pero en el latín clásico la palabra indica el peso de lana que una esclava debe hilar en una jornada.

Si quisiéramos definir la Liturgia de las Horas de manera muy sintética, podríamos decir que es la oración oficial de la Iglesia, distribuida en horas determinadas del día. Por supuesto, esta definición genérica es precisada en relación a la definición general de la liturgia que ya hemos visto, la cual es cristocéntrica. Así, Pío XII dice en la *Mediator Dei*:

> «El Oficio Divino es, pues, la oración del Cuerpo Místico de Cristo, dirigida a Dios en nombre de todos los cristianos y en su beneficio, siendo hecha por Sacerdotes, por los otros ministros de la Iglesia y por los religiosos para ello delegados por la Iglesia misma»[20].

> «El Verbo de Dios, al tomar la Naturaleza humana, introdujo en el destierro terreno el himno que se canta en el cielo por toda la eternidad. Él une a Sí a toda la comunidad humana y se la asocia en el canto de este himno de alabanza. Debemos reconocer con humildad que "no sabiendo siquiera qué hemos de pedir en nuestras oraciones ni cómo conviene hacerlo, el mismo Espíritu hace o produce en nuestro interior nuestras peticiones a Dios con gemidos que son inexplicables" [Rm 8, 26]. Y también Cristo, por medio de su espíritu, ruega en nosotros al Padre. "Dios no podría hacer a los hombres un don más grande... Ruega (Jesús) por nosotros como nuestro Sacerdote; ruega en nosotros como nuestra Cabeza; nosotros le rogamos a Él como a nuestro Dios... Reconozcamos, pues, tanto nuestras voces en Él como su voz en nosotros... Se le ruega a Él como Dios; ruega Él como siervo; allí es el Creador, aquí un Ser creado en cuanto asume la naturaleza de cambiar

---

[20] Pío XII, *Mediator Dei*, III: EE 6, 565.

sin cambiarse, haciendo de nosotros un solo hombre con Él: Cabeza y Cuerpo" [Agustín, *Enarr. in Psalmos 85*, 1]»[21].

La *Sacrosanctum concilium*, sin citarla explícitamente, ofrece una definición del Oficio Divino que no es sino una reformulación del texto de la *Mediator Dei*:

> «El Sumo Sacerdote de la nueva y eterna Alianza, Cristo Jesús, al tomar la naturaleza humana, introdujo en este exilio terrestre aquel himno que se canta perpetuamente en las moradas celestiales. Él mismo une a Sí la comunidad entera de los hombres y la asocia al canto de este divino himno de alabanza. Porque esta función sacerdotal se prolonga a través de su Iglesia, que, sin cesar, alaba al Señor e intercede por la salvación de todo el mundo no solo celebrando la Eucaristía, sino también de otras maneras, principalmente recitando el Oficio divino»[22].

Así pues, el motivo de la existencia de la Liturgia de las horas es el de obedecer al mandato de Cristo, de orar siempre (cf. Lc 18, 1). El Oficio Divino obra así una potente santificación del tiempo, siendo como un complemento de la Misa y de los demás sacramentos. Efectivamente, en los sacramentos encontramos condensado el culto litúrgico que se debe a Dios, el cual llega a su cumbre en la Misa; en la Liturgia de las Horas se podría decir que lo encontramos diluido a lo largo del arco de la jornada. El Oficio Divino expande a todo el día la gracia de santificación del sacrificio eucarístico. Por otro lado, esta liturgia genera una atmósfera de oración continua, que representa la mejor preparación para la liturgia sacramental. Por eso, la Misa y los demás sacramentos son más excelentes que la Liturgia de las Horas, pero esta última es más excelente que la oración personal y privada, porque es el culto público y oficial de la Iglesia, Cabeza y miembros. En la Liturgia de las horas es toda la Iglesia como Esposa de Cristo que reza. Por lo tanto, el mérito de esta oración es mayor, porque no se recibe sólo la gracia por el *opus operantis* del fiel privado que ora, sino *ex operantis Ecclesiae*. San Alfonso M. de Liguori escribe:

---

[21] *Ibid.*: EE 6, 567.
[22] SC 83: EV 1, 144-145. El primero de estos dos pasajes de la *Mediator Dei* citados arriba, corresponde en sustancia a la SC 85. Sobre el Oficio divino, véase también la Constitución apostólica *Laudis canticum*, promulgada por Pablo VI el 1 de noviembre de 1970.

«Un centenar de oraciones privadas no puede alcanzar el valor de una oración realizada en el Oficio, porque ésta se presenta a Dios en nombre de toda la Iglesia, y se dirige a Él con sus mismas palabras divinas. Por eso, Santa María Magdalena de Pazzi dijo que, en comparación con el Oficio toda otra oración o devoción es poco meritoria y eficaz ante Dios. Persuadámonos de que después del santo sacrificio de la Misa, no hay en la Iglesia mayor capital y tesoro que el Oficio divino, del cual diariamente podemos recabar ríos de gracias»[23].

Otro motivo de excelencia es que, aunque esta liturgia esté recomendada a todos los bautizados, la Iglesia la encarga especialmente a los consagrados que –por el voto de castidad o al menos la promesa del celibato– se asemejan más a los coros de los ángeles purísimos que sin cesar alaban a Dios en el cielo. Tanto Pío XII como el Vaticano II interpretan, en efecto, la Liturgia de las horas como el himno de alabanza eterno introducido aquí en el tiempo por Cristo encarnado.

En la Liturgia de las horas se manifiesta claramente la importancia de la repetición solemne en el culto divino. Aún cuando se celebra de forma individual, es oración de la Iglesia. Además, esta oración es eminentemente litúrgica, tanto por su carácter oficial como por la repetitividad. Es fácil hacer el cálculo siguiente: el sacerdote lee cada año todo el breviario de cuatro volúmenes (es decir, el breviario revisado después del Vaticano II); por tanto es como si leyera cuatro veces al año el breviario. En veinte años, lo reza ochenta veces, en cuarenta años, ciento sesenta veces y en sesenta años de sacerdocio lo lee doscientas cuarenta veces. Si luego nos limitamos al salterio distribuido en cuatro semanas, cada sacerdote lee el libro entero de los salmos cada mes, por tanto doce veces al año. Esto quiere decir que en veinte años doscientas cuarenta veces, en cuarenta años cuatrocientas ochenta veces, y en sesenta años de sacerdocio lo reza

---

[23] Alfonso M. de Ligorio, *Meditazioni sulla Passione di Gesù Cristo per ciascun giorno della settimana*, XLVI, 2: en la edición *Opere ascetiche*, CSSR, Roma 1934 (reed. *Meditazioni sulla Passione di Gesù Cristo*, Fede & Cultura, Verona, 2008). San Alfonso era un gran promotor de las prácticas devocionales y de la piedad personal. Por tanto, su afirmación no puede se puede utilizar para disuadir de tales prácticas religiosas. Ella indica una jerarquía de valores en la oración; no tiene la intención de contraponer recíprocamente los diversos tipos de oración.

setecientas veinte veces. ¿Hay otro caso en la historia en que un grupo tan grande de personas (todos los sacerdotes católicos, sin contar los religiosos y religiosas) lea un mismo libro tantas veces en su vida? Si luego el sacerdote prefiere celebrar la Liturgia de las Horas con el breviario de Juan XXIII (como lo permite el *Summorum Pontificum* de Benedicto XVI); el número de veces se cuadruplica, porque en ese breviario se lee todo el salterio cada semana.

Me place, en fin, subrayar un hecho que desde siempre me ha impactado: para el sacerdote, la celebración diaria de la Misa es fuertemente recomendada, ¡pero el Oficio es obligatorio! Rezando el Oficio diario santifica su jornada, pero santifica también a la Iglesia por la cual ora. Así ejerce su *munus sanctificandi* fuera de la celebración sacramental. La castidad y la alabanza continua son las dos bisagras de la vida del sacerdote y del monje junto con la obediencia. Eso hace de los consagrados personas que deben conformarse a la vida angélica: la pureza perfecta, la alabanza incesante de Dios y el cumplimiento inmediato de sus mandatos.

Los sacramentos y los sacramentales

Hablemos ahora de la santificación del espacio. Aquí encontramos los sacramentos y los sacramentales, porque éstos: a) tienen un valor cósmico; b) basándose en la Encarnación, suponen la bondad de la materia creada e incluso favorecen su elevación.

Para explicarlo, cito un pasaje de la *Ecclesia de Eucharistia* de Juan Pablo II:

> «Cuando pienso en la Eucaristía, mirando mi vida de sacerdote, de Obispo y de Sucesor de Pedro, me resulta espontáneo recordar tantos momentos y lugares en los que he tenido la gracia de celebrarla. Recuerdo la iglesia parroquial de Niegowić donde desempeñé mi primer encargo pastoral, la colegiata de San Florián en Cracovia, la catedral del Wawel, la basílica de San Pedro y muchas basílicas e iglesias de Roma y del mundo entero. He podido celebrar la Santa Misa en capillas situadas en senderos de montaña, a orillas de los lagos, en las riberas del mar; la he celebrado sobre altares construidos en estadios, en las plazas de las ciudades... Estos escenarios tan variados de mis celebraciones eucarísticas me hacen experimentar intensamente su carácter universal

y, por así decir, cósmico. ¡Sí, cósmico! Porque también cuando se celebra sobre el pequeño altar de una iglesia en el campo, la Eucaristía se celebra, en cierto sentido, *sobre el altar del mundo*. Ella une el cielo y la tierra. Abarca e impregna toda la creación. El Hijo de Dios se ha hecho hombre, para reconducir todo lo creado, en un supremo acto de alabanza, a Aquél que lo hizo de la nada. De este modo, Él, el sumo y eterno Sacerdote, entrando en el santuario eterno mediante la sangre de su Cruz, devuelve al Creador y Padre toda la creación redimida. Lo hace a través del ministerio sacerdotal de la Iglesia y para gloria de la Santísima Trinidad. Verdaderamente, éste es el *mysterium fidei* que se realiza en la Eucaristía: el mundo nacido de las manos de Dios creador retorna a Él redimido por Cristo»[24].

Este hermoso texto nos muestra la relación entre celebración sacramental y cosmos material. Ante todo, los sacramentos siempre suponen la materia (pan, vino, agua, aceite...); así la creación es considerada buena y digna de servir como instrumento para la santificación: en la transubstanciación eucarística, se da la mutación ontológica de elementos materiales (pan y vino). En segundo lugar, el sacramento –como acción litúrgica del supremo acto de alabanza realizado por el *Christus totus* ante Dios– tiene una dimensión cósmica: efectúa el retorno de todo lo creado a Dios (la transubstanciación indica también la mutación ontológica de los elementos tomados del cosmos, es decir, el pan y el vino). Por lo tanto, se puede decir que los sacramentos –y, de forma subordinada los sacramentales– representan el modo en que la liturgia de la Iglesia santifica el espacio, esto es, el cosmos entero[25].

---

[24] Juan Pablo II, *Ecclesia de Eucaristia*, n. 8: EV 8, 2608.

[25] Al valor cósmico de la Eucaristía ha retornado también Benedicto XVI, en su *Homilía para la Santa Misa en la Explanada de Marienfeld*, domingo 21 de agosto de 2005, comparando la transubstanciación con la fisión nuclear. Este texto se introdujo substancialmente en *Sacramentum caritatis*, n. 11, aunque la formulación es en este caso menos clara y se comprende bien el sentido del pasaje sólo teniendo presente dicha homilía. Hemos de añadir que ni el texto de Juan Pablo II citado arriba ni las referencias de Benedicto XVI se pueden interpretar como una aprobación magisterial de las tesis sobre la Eucaristía del jesuita Teilhard de Chardin, aunque al nivel material algunas expresiones puedan inducir a pensarlo. A pesar de que no sea posible aquí una demostración argumentada de estas afirmaciones, es cierto

El primero en utilizar la palabra latina *sacramentum* fue Tertuliano, y lo ha hecho con diversas acepciones: como traducción del griego *mysterion*, con referencia a la tipología bíblica, entendiendo la pasión de Cristo, su cruz o la misma religión cristiana; o incluso con referencia a los ritos celebrados en el cristianismo; en fin, como juramento sagrado a Dios y a Cristo de parte del cristiano. Todos estos usos se encuentran nuevamente en la patrística. De ahí se comprende que, al inicio, la noción de sacramento no era unívoca y se aplicaba a realidades diversas. Incluso san Bernardo podía utilizar la palabra sacramento para hablar no sólo de la Eucaristía y del bautismo, sino también, entre otros, del lavado de los pies. En el siglo XII, fue Pedro Lombardo el que reservó el nombre de sacramento a los ritos de la Iglesia que santifican por virtud propia, es decir, los siete sacramentos (de los cuales él nos dio, por primera vez, la lista completa que perdura hasta hoy y subsistirá siempre, porque fue canonizada por el concilio de Trento[26]), y los diferenció de los demás ritos que pueden ejercer una eficacia sacramental, pero no por sí mismos, sino en virtud de otras causas.

Santo Tomás retomó la lista del Lombardo[27], precisando además que los sacramentos son causa de la gracia en el sentido de que son su causa instrumental y, por eso, están ordenados a significar nuestra santificación, a la que concurren objetivamente[28]. Por otra parte, nos da una definición del sacramento con referencia al pasado, al presente y al futuro, según la cual el sacramento es:

---

que la instrucción de los últimos dos Papas desarrolla al respecto concretamente el valor cósmico de la Misa en modo diverso del de Teilhard, aunque es muy posible que su pensamiento y su terminología puedan representar el punto de partida de esta enseñanza del magisterio, que sin embargo se distancia de la tesis del científico jesuita en algunos puntos esenciales.

[26] «Si alguno dijere que los sacramentos de la nueva ley no fueron instituidos todos por Jesucristo Nuestro Señor, o que son más o menos de siete [...], o también que alguno de éstos no es verdadera y propiamente sacramento, sea anatema»: Concilio de Trento, *Decretum de sacramentis*, can. 1: DS 1601.

[27] Cf. Tomás de Aquino, *Summa Theologiae* III, 65, 1.

[28] Cf. *ibid*. III, 64, 1; 3-5.

«signo conmemorativo del pasado, o sea, de la pasión de Cristo; es signo manifestativo [*demonstrativum*] del efecto producido en nosotros por la pasión de Cristo, que es la gracia; y es signo profético [*prognosticum*], o sea, preanunciativo [*praenuntiativum*] de la gloria futura»[29].

Por lo demás, se mantiene en la línea de la tradición teológica, la cual se remonta a Agustín, que ve en el sacramento el signo visible de la gracia invisible dada para nuestra salvación. Hay que aclarar que no pretendemos aquí hacer una exposición dogmática sobre los sacramentos sino sólo presentar unas pocas indicaciones desde el punto de vista litúrgico.

El sacramento es *sacra actio*: una acción que se celebra en la comunidad cristiana y vehicula para ésta la gracia. Los estudiosos la definen como la acción dramática, según la cual se constituye el sacramento en su integridad: en efecto el sacramento es algo que se realiza en el mismo momento en el que se realiza el rito litúrgico, y por lo tanto la virtud instrumental del sacramento se ejercita conjuntamente con la operación litúrgica en acto. El agente de esta acción sagrada es, ante todo, Cristo y luego la Iglesia. La teología tradicional dice que en el *munus sanctificandi*, Cristo actúa como *agens principalis* y la Iglesia (en el ministro celebrante) como *agens assistens*[30]. También por esto resulta difícil aceptar *sine glossa* la teología de los misterios caseliana la cual, relacionando los sacramentos con las acciones históricas de Cristo, no resalta suficientemente el papel activo de Cristo como celebrante principal de la liturgia cristiana.

En cuanto que también ella es «como un sacramento»[31], la Iglesia se presta como instrumento de la gracia y se deja utilizar por Cristo en la dispensación de la gracia sacramental. Por tanto, los sacramentos son acciones de Cristo y de la Iglesia, celebrados por Cristo *principaliter*, y por los ministros de la Iglesia como instrumentos de Cristo. Por eso, la Iglesia no puede cambiar nada de lo esencial de la

---

[29] *Ibid.* III, 60, 3.
[30] Cf. *ibid.*, III, 62, 5; 64, 1-3.
[31] «Y puesto que la Iglesia es en Cristo *como* [*veluti*] un sacramento o señal e instrumento de la íntima unión con Dios y de la unidad de todo el género humano», Concilio Vaticano II, *Lumen gentium*, n. 1. EV 1, 284. Cf. también SC 5 y *Gaudium et spes*, n. 42.

liturgia, pero desde siempre la ha enriquecido y reformado en sus partes mutables.

Evidentemente, no podemos profundizar aquí en el simbolismo ni analizar cada uno de los siete sacramentos. Así pues, trataremos en los dos capítulos siguientes únicamente del sacramento de la Eucaristía, el cual, siendo el más grande de todos, contiene perfectamente en sí mismo lo que está en los demás sacramentos en menor grado[32].

Por lo que concierne a los *sacramentales*, este término no es anterior a la escolástica, porque –como hemos dicho– en la época antigua se usaba el nombre de sacramentos también para otros ritos. Santo Tomás propone la distinción con las siguientes palabras:

> «Entre las acciones visibles de la Iglesia, algunas son sacramentos [...] otros sacramentales [...]. Existe entre ellos esta diferencia: el sacramento es aquella acción de la Iglesia que alcanza el efecto principal comprendido en la administración de los sacramentos; el sacramental, al contrario, es aquella acción que, aun no alcanzando el efecto principal, sin embargo está de algún modo ordenado a éste. Ahora bien, el efecto deseado en la administración de los sacramentos es la curación de la enfermedad del pecado»[33].

Así, se puede decir que se diferencian por la causalidad. Los sacramentos causan la gracia que santifica al hombre, mientras los sacramentales son meros signos que predisponen a recibir la gracia. Los sacramentos producen la gracia *ex opere operato* mientras los sacramentales ayudan a poner el *opus operantis* que puede permitir recibir la gracia. El *Código de Derecho Canónico* subraya la relación entre los unos y los otros, tomando la terminología de SC 60 que habla de «imitación de los sacramentos»:

> «CDC, can. 1166 - Los sacramentales son signos sagrados, por los que, a imitación en cierto modo de los sacramentos, se significan y se obtienen, por la impetración de la Iglesia, unos efectos principalmente espirituales».

---

[32] Cf. Tomás de Aquino, *Summa Theologiae* III, 65, 3.
[33] *Ibid.*, suplemento 29, 1.

Además, los sacramentos han sido instituidos por Cristo, mientras los sacramentales son instituidos por la Iglesia, como precisa la SC en el n. 60.

Hoy día, los sacramentales se pueden diferenciar en tres clases[34]:

a) Las consagraciones: los sacramentales que, por una bendición dicha «constitutiva», separan de modo estable cosas o personas del uso profano y las reservan para el servicio divino. Por ejemplo, son bendiciones constitutivas de cosas: la bendición de la iglesia, la consagración del altar, la bendición del bautisterio y de los aceites sagrados. Entre las bendiciones constitutivas sobre las personas están la bendición abacial, la consagración de las vírgenes, la profesión monástica o religiosa.

b) Las bendiciones «invocativas», efectuadas sobre cosas o personas, para pedir la protección divina. Respecto a las cosas se pueden citar como ejemplo: el agua bendita, los cirios benditos, los ramos benditos en el Domingo de ramos, la bendición de las coronas del rosario o de otros objetos de piedad, la bendición de los campos, de los coches, etc. Para las personas: la bendición nupcial o de los enfermos, la bendición de la familia (tal vez de su casa), o también la bendición de los fieles con el Santísimo Sacramento o con una reliquia, etc.

c) Los exorcismos: realizados para alejar el influjo del demonio de cosas o personas.

Dios, a través de los sacramentales, acogiendo la impetración de la Iglesia:

---

[34] Retomo aquí, con algunas variaciones, las páginas de A. M. Triacca, «Le benedizioni "invocative" in genere, e su "persone"», en: I. Scicolone et al., *I sacramentali e le benedizioni*, Marietti, Genova, 1989, pp. 114-116. En el pasado, la ciencia litúrgica efectuó también una distinción en dos categorías: las «cosas sacramentales» y las «acciones sacramentales», en las que distribuía luego las tres clases que he mencionado; cf. M. Garrido Bonaño – A. Pascual Diez, *Curso de liturgia romana*, BAC, Madrid, 1961, pp. 418-419.

a) decide conceder gracias particulares, con ocasión del uso que los fieles hacen de los sacramentales, con las debidas disposiciones;
b) acepta cosas o personas como reservadas exclusivamente a su uso.

En este sentido, se ve cómo los sacramentales se conectan a los sacramentos, porque ordenan la creación (cosas y personas) a Dios, facilitando el *reditus* del cosmos a Dios. Eso se realiza *ex opere operato* en los sacramentos (con intensidad insuperable en la Eucaristía) y *ex opere operantis* en los sacramentales, que no son causas sino sólo ocasión de la gracia.

Capítulo 6

Liturgia eucarística

I. Teología y liturgia

Aunque se ha de mantener la definición de liturgia de SC 7, tomada de Pío XII, no debemos cometer el error de pasar por alto la otra definición, que entre otras cosas el mismo magisterio a menudo ha retomado y valorizado: «la liturgia es la cumbre a la cual tiende la actividad de la Iglesia y al mismo tiempo la fuente de donde mana toda su fuerza»[1]. No podemos olvidar que esta segunda definición, que es mayormente pastoral y eclesiológica y no solamente teológica y cristológica, ha sido preparada por el texto de la *Mediator Dei,* que define la Eucaristía como «Christianae religionis caput ac veluti centrum —compendio y centro de la religión cristiana»[2] y afirma que «el culto de la Sagrada Eucaristía [...] es en realidad fuente y centro de la verdadera piedad cristiana»[3].

El mismo concilio Vaticano II aplica esta definición pastoral y eclesiológica de la liturgia en modo especial a la liturgia eucarística, definida «fuente y cima de toda la vida cristiana»[4]. Y en modo aún más claro, tomando expresamente dos textos de Santo Tomás, en los cuales demostraba que todos los otros sacramentos están ordenados a éste como a su propio fin[5], dice el concilio:

> «Pero los demás sacramentos, al igual que todos los ministerios eclesiásticos y las obras del apostolado, están unidos a la Sagrada Eucaristía y a ella se ordenan. Pues en la santísima Eucaristía reside todo el bien espiritual de la Iglesia, a saber, el mismo Cristo en persona, nuestra Pascua y pan vivo que, por su Carne, por el Espíritu Santo

---

[1] SC 10: EV 1, 16.
[2] Pío XII, *Mediator Dei*, II, 1: EE 6, 492.
[3] *Ibid.*, Introducción: EE 6, 434.
[4] Concilio Vaticano II, *Lumen gentium*, n. 11: EV 1, 313. El texto remite, en una nota, a la *Mediator Dei*.
[5] Cfr. Tomás de Aquino, *Summa Theologiae* III, 65, 3; 73, 3.

vivificada y vivificante, da vida a los hombres que de esta forma son invitados y conducidos a ofrecerse a sí mismos, sus trabajos y todas las cosas creadas juntamente con Él. Por lo cual, la Eucaristía aparece como la fuente y el coronamiento de toda la evangelización...»[6].

Así pues, el culmen de la liturgia es sin lugar a dudas la Misa, y es por eso que dedicamos dos capítulos a ella, aunque breves y ciertamente inadecuados a la materia. El presente capítulo trata en modo general algunos aspectos teológicos de la liturgia eucarística; el siguiente se interesará de aspectos particulares que pueden ayudar a vivir mejor el acto supremo del culto divino de la Iglesia, que es la Eucaristía.

Las dos dinámicas de la liturgia eucarística

Subrayamos ante todo el subtítulo de este capítulo: teología y liturgia. No queremos hablar aquí de los elementos litúrgicos separados de su fundamento dogmático. En esto, como en otros aspectos, seguiremos el ejemplo de la teología litúrgica de J. Ratzinger[7]. Los aspectos concretos de la celebración litúrgica nacen de la doctrina, de la fe, y por eso cada reflexión, así como cada reforma o innovación en el ámbito litúrgico, debe realizarse en base a la teología, y no sólo a razonamientos prácticos o a criterios psicológicos o sociológicos. Tengamos presente como principio de referencia la afirmación de J. Ratzinger, según la cual «sólo una estrecha unión con la cristología puede posibilitar el desarrollo

---

[6] Concilio Vaticano II, *Presbyterorum ordinis*, n. 5: EV 1, 1253.

[7] En la presentación del primer volumen de sus *Gesammelte Schriften* –el vol. XI, dedicado a la teología litúrgica–, Benedicto XVI ha recordado el criterio que guiaba sus estudios en esta disciplina: «Como cuestión específica [de mi enseñanza] elegí la teología fundamental, porque quería ante todo llegar al fondo de la pregunta: ¿Por qué creemos? Sin embargo, a esta cuestión se incluyó desde el inicio otra sobre la respuesta apropiada a Dios, y por lo tanto también la pregunta respecto al servicio divino. Desde aquí se debe entender mi trabajo sobre la liturgia. *No me interesan los problemas específicos del estudio de la liturgia, pero sí el anclaje de la liturgia en el acto fundamental de nuestra fe y, por lo tanto, también su puesto en nuestra entera existencia humana*», Benedikt XVI., *Theologie der Liturgie. Die sakramentale Begründung christlicher Existenz*, Herder, Friburgo, 2008² (cursiva mía).

fecundo de una teología y una praxis de la liturgia»[8]. Para entender la liturgia eucarística se necesita comprender la teología eucarística, y ésta gira esencialmente entorno a la persona y a la acción de Cristo. Sin ampliar nuestra perspectiva a todo el conjunto de la narración bíblica y la tradición apostólica y eclesial, bastará aquí examinar brevemente la dinámica de la salvación cristológica del Antiguo y del Nuevo Testamento.

En la Biblia todo está centrado –en términos de preparación, de cumplimento y de espera– en Cristo. Su venida, la venida del Logos eterno en la carne (cf. Jn 1, 14), está presentada en dos dinámicas: una «desde arriba» y otra «desde abajo». El antiguo testamento presenta las dos dinámicas, trazando la personalidad concreta de algunos mediadores terrenos y celestes, quienes tienden, respectivamente, a subir hacia el cielo, hacia una especie de estado "divino", o a descender del cielo a la tierra, efectuando una especie de "Kenosis" o "encarnación", aunque estos términos sean propios de sólo el evento de Cristo. En la dinámica desde abajo (o ascendente) encontramos un hilo de texto davídico, uno sacerdotal y otro profético. Encontramos figuras de reyes, sacerdotes y profetas que tienden a asumir características siempre más elevadas, hasta adquirir una propiedad casi divina. En la dinámica desde arriba (o descendente), se nos presentan figuras celestes, quienes actúan en la creación y tienden a asumir características humanas. Son las figuras de mediadores celestes como podemos ver en el Ángel de JHWH, en la Sabiduría, en la Palabra, en el Hijo del hombre.

El Antiguo Testamento no profundiza en ninguna de las dos dinámicas: nunca se dice que el Verbo de Dios se hace carne, porque esta revelación es propia del Nuevo Testamento y representa, en el fondo, su propio núcleo y síntesis. Entre los diversos textos que nos podrían iluminar sobre la presencia de estas dos dinámicas en el Nuevo Testamento, escogeremos dos antiquísimos himnos cristológicos, presentes en el Evangelio según San Juan y en la Carta a los Filipenses.

El prólogo de Juan (Jn 1, 1-18) es un himno al eterno *Logos* divino, que se encarna en Jesús de Nazaret (cf. el v. 14 con el v. 17). He aquí el texto:

---

[8] J. Ratzinger, *Un canto nuevo para el Señor*, p. 8.

¹ En el principio existía la Palabra y la Palabra estaba con Dios, y la Palabra era Dios.
² Ella estaba en el principio con Dios.
³ Todo se hizo por ella y sin ella no se hizo nada de cuanto existe.
⁴ En ella estaba la vida y la vida era la luz de los hombres,
⁵ y la luz brilla en las tinieblas, y las tinieblas no la vencieron.
⁶ Hubo un hombre, enviado por Dios: se llamaba Juan.
⁷ Este vino para un testimonio, para dar testimonio de la luz, para que todos creyeran por él.
⁸ No era él la luz, sino quien debía dar testimonio de la luz.
⁹ La Palabra era la luz verdadera que ilumina a todo hombre que viene a este mundo.
¹⁰ En el mundo estaba, y el mundo fue hecho por ella, y el mundo no la conoció.
¹¹ Vino a su casa, y los suyos no la recibieron.
¹² Pero a todos los que la recibieron les dio poder de hacerse hijos de Dios, a los que creen en su nombre;
¹³ la cual no nació de sangre, ni de deseo de hombre, sino que nació de Dios.
¹⁴ Y la Palabra se hizo carne, y puso su Morada entre nosotros, y hemos contemplado su gloria, gloria que recibe del Padre como Hijo único, lleno de gracia y de verdad.
¹⁵ Juan da testimonio de él y clama: «Este era del que yo dije: El que viene detrás de mí se ha puesto delante de mí, porque existía antes que yo.»
¹⁶ Pues de su plenitud hemos recibido todos, y gracia por gracia.
¹⁷ Porque la Ley fue dada por medio de Moisés; la gracia y la verdad nos han llegado por Jesucristo.
¹⁸ A Dios nadie le ha visto jamás: el Hijo único, que está en el seno del Padre, él lo ha contado.

El himno, que está estructurado en base a motivos sapienciales del Antiguo Testamento —recordemos lo que ya hemos señalado anteriormente sobre la Sabiduría como figura representativa de la dinámica descendente— expresa la dinámica desde arriba, por la cual el *Logos* divino desciende hacia nosotros y pone su morada en la tierra. Según algunos estudiosos, este texto presenta el descenso del *Logos* hacia nosotros en tres fases sucesivas: en la creación (cf. vv. 3-5), en la revelación del Antiguo Testamento (cf. vv. 9-11) y, finalmente, en la Encarnación (cf. v. 14). Otros, al contrario, sugieren que todo el pasaje hace referencia sólo al misterio de la Encarnación. De cualquier forma, observamos aquí la primera dinámica fundamental de la Encarnación: Dios, desde lo alto de su eternidad, desciende al mundo de los hombres y se hace él mismo hombre.

El antiguo himno cristológico de Flp 2, 6-11 es el segundo pasaje que queremos considerar. El texto dice:

> ⁵ Tened entre vosotros los mismos sentimientos que Cristo:
> ⁶ El cual, siendo de condición divina, no retuvo ávidamente el ser igual a Dios.
> ⁷ Sino que se despojó de sí mismo tomando condición de siervo haciéndose semejante a los hombres y apareciendo en su porte como hombre;
> ⁸ y se humilló a sí mismo, obedeciendo hasta la muerte y muerte de cruz.
> ⁹ Por lo cual Dios le exaltó y le otorgó el Nombre, que está sobre todo nombre.
> ¹⁰ Para que al nombre de Jesús toda rodilla se doble en los cielos, en la tierra y en los abismos,
> ¹¹ y toda lengua confiese que Cristo Jesús es SEÑOR para gloria de Dios Padre.

Como en el caso del himno de Juan, estamos ante un texto riquísimo desde el punto de vista teológico, que ha sido desde siempre objeto de meditación espiritual y del estudio de los especialistas. En este himno, que San Pablo cita por motivos parenéticos (cf. v. 5), es decir, para exhortar a la comunidad a un recto comportamiento, están presentes ambas dinámicas. En los vv. 6-8, se comienza con la dinámica descendente: Jesús, a pesar de su "condición divina", aceptó hacerse semejante a nosotros y asumir la "condición de siervo". Es la misma dinámica de la Encarnación presente en el prólogo de Juan, aunque expresada en términos de otro tenor. En los siguientes vv. 9-11, encontramos la segunda dinámica, aquella de la exaltación desde abajo hacia arriba: Cristo, que desciende hasta la muerte más infame, la muerte en Cruz, reemprende ahora su curso en sentido opuesto, hacia el cielo, donde es "exaltado sobre" y se le da el nombre de Señor, estando sobre todo nombre. El himno termina invitando a todo el cosmos al culto de adoración de Cristo, ¡una solemnísima liturgia cósmica!

Estos dos textos muestran la coexistencia, en el misterio cristológico de la Encarnación, de la dinámica descendente y la ascendente. La Encarnación se nos muestra como un evento que se realiza en un momento determinado (Jn 1), y al mismo tiempo, se despliega a lo largo del arco entero de la existencia de Cristo: desde su concepción en el seno de la Virgen María de Nazaret, hasta su abajamiento "hasta la muerte y una muerte de cruz", y resurrección y glorificación a la derecha del Padre (Flp 2). Por esto se puede aplicar a la Encarnación —sobre todo en esta segunda óptica— el esquema filosófico procliano de la *manenza* del *exitus* y del *reditus*, es decir, de la "salida" y del "retorno"[9]. En Cristo se cumple tanto la salida del Hijo del mundo divino, para encarnarse en el tiempo, como el retorno/elevación de la humanidad a Dios. Naturalmente, ni la salida ni el retorno implican alguna mutación en el Verbo en cuanto que es Dios. Asimismo, al salir no deja el seno de la Trinidad; y cuando regresa, no nos abandona. Es diferente, en cambio, para la humanidad por Él asumida, humanidad que antes no existía —comienza a existir en el momento de la Encarnación— conociendo después la novedad

---

[9] Proclo, apoyándose en la filosofía de Plotino, hablaba de un proceso tríadico de emanación de la realidad del Uno, compuesto por tres momentos: 1) emanación; 2) procesión o salida; 3) retorno. Santo Tomás de Aquino lo utilizó como esquema de base para la estructuración de la *Summa Theologiae*: Parte I: Dios; Parte II: el hombre; Parte III: hombre-Dios, Jesucristo. O sea: *manenza* (eternidad/preexistencia), *exitus* (creación y revelación) y *reditus* (redención y escatología). He aquí la descripción del mismo autor: «El objetivo principal de esta doctrina sagrada es llevar al conocimiento de Dios, y no sólo como ser, sino también como principio y fin de las cosas, especialmente de las criaturas racionales según ha quedado demostrado [...], en nuestro intento de exponer dicha doctrina trataremos lo siguiente: I) de Dios; II) del movimiento de la criatura racional hacia Dios; III) de Cristo, el cual, en cuanto hombre, es para nosotros camino en el ascenso hacia Dios»: Tomás de Aquino, *Summa Theologiae*, I, 2, *praef.* Comentando la estructuración tomista de la exposición teológica, Juan de Sto. Tomás, *Cursus theologicus,* Desclée, Paris, 1931, I, p. 146, escribe: «Y de esta manera, desde Dios en sí mismo y en su esencia, a través de Dios como causa eficiente final y salvífica, el retorno se hace hacia Dios como objeto de felicidad en la última gloria de la resurrección». La diferencia entre la perspectiva filosófica neoplatónica y su uso cristiano reside en el hecho de que, para los neoplatónicos, el proceso tríadico es inmanente, mientras en el cristianismo, que se funda sobre la Escritura, el *exitus* y el *reditus* ocurren en el tiempo, aunque no implica ninguna mutación en Dios.

del ingreso en la gloria, experiencia por la que ningún hombre nunca antes había pasado, a causa del pecado de Adán[10].

Con esto recordamos que hay otro aspecto importantísimo a señalar en la dinámica desde abajo. La Encarnación se realiza porque, por una parte, Dios desciende hacia nosotros, y por la otra, la humanidad se ofrece a Dios mediante el "sí" de María. Sin su *fiat*, tanto la dinámica descendente como la ascendente serían exclusivamente obras de Dios, el cual efectuaría el *exitus* y el *reditus* sin el consenso de la creatura. La dinámica desde abajo, que puede realizarse siempre y únicamente por la acción de Dios en el mundo, requiere de parte de la creatura racional la libre ofrenda de sí misma, su disposición y orientación hacia Dios que, recorriendo la dinámica descendente, viene a nuestro encuentro. En este sentido, María es la garantía de nuestra libertad con respecto al plan divino de salvación.

Con estas alusiones, hemos dado una mirada sintética al fundamento escriturístico y cristológico de las dos dinámicas fundamentales de la liturgia eucarística. También en la celebración del sacramento del altar, encontramos al Dios que desciende hacia nosotros y nosotros que nos ofrecemos a Él que viene, para ser elevados y transformados, y alcanzar la condición gloriosa. En la liturgia eucarística, el hombre prepara la ofrenda –el pan y el vino, frutos de la tierra y del trabajo del hombre– que sólo Dios puede transformar. El acento está en la gracia, pero ésta actúa sólo si la naturaleza se le ofrece libremente[11]. Y está claro que en la Misa se

---

[10] Cf. Concilio Vaticano II, *Gaudium et spes*, nn. 18 e 22: EV 1, 132; 1385-1390. Sobre la interpretación del importante pasaje de *Gaudium et spes* n. 22 en clave cristológica adamítica, cfr. M. Gagliardi, «La corretta interpretazione di *Gaudium et spes* 22 e le sue conseguenze per l'antropologia e l'azione della Chiesa nell'Europa contemporanea», en: Id. (ed.), *Il mistero dell'incarnazione e il mistero dell'uomo. Alla luce di* Gaudium et spes 22, LEV, Ciudad del Vaticano, 2009, pp. 99-113. Más general, sobre el tema de la relación Adán-Cristo, cf. M. Gagliardi, *La cristologia adamítica. Tentativo di recupero del suo significato originario*, PUG, Roma, 2002; J. García, «Soteriología adamítica y pecado original», en: P. Barrajón – T. D. Williams (ed.), *Il peccato originale. Una prospettiva interdisciplinare*, LEV, Ciudad del Vaticano, 2009, pp. 83-101.

[11] Para la doctrina católica, tal acto de libertad humana está, por lo tanto, bajo la influencia de la gracia divina, so pena de caer en el pelagianismo.

ofrecen el pan y el vino, pero es también el hombre mismo que debe ofrecerse al Señor para ser "transubstanciado" espiritualmente por Él. Esto es esencialmente lo que San Pablo dice en el pasaje de Rm 12,1-2 que ya hemos citado:

> «Os exhorto, pues, hermanos, por la misericordia de Dios, a que ofrezcáis vuestros cuerpos como una víctima viva, santa, agradable a Dios: tal será vuestro culto espiritual. Y no os acomodéis al mundo presente, antes bien transformaos mediante la renovación de vuestra mente, de forma que podáis distinguir cuál es la voluntad de Dios: lo bueno, lo agradable, lo perfecto».

El apóstol invita a los creyentes a ofrecerse a sí mismos como un "sacrificio vivo", en griego *thysian zosan*. *Thysia* es uno de los términos utilizados por los Padres de la Iglesia para indicar la Misa como sacrificio. Exhortando a hacer esta ofrenda, Pablo se refiere precisamente a la ofrenda del propio cuerpo *(somata),* otro término que el mismo apóstol emplea para las palabras de la institución eucarística: «Esto es mi Cuerpo *[soma]*, que se entrega por vosotros» (1 Co 11, 24). En fin, él dice que éste es el culto espiritual *[latreian logiken]* del cristiano, que implica también su «transformación». El momento culmen del «culto espiritual» del cristiano es la Eucaristía, en la cual los creyentes, junto con el pan y el vino, están llamados a ofrecerse a sí mismos a Cristo y al Padre, para ser transformados. En este sentido, el carmelita Thomas Netter († 1430) escribió: «La Iglesia es el cuerpo místico de Cristo, en el cual cada cristiano, por la recepción del bautismo y de la sagrada Eucaristía, se transubstancia»[12].

Esclarecido el fondo cristológico, se comprenderá ahora más fácilmente la disposición litúrgica de la Misa en sus dos partes fundamentales. Consideramos primero, por ejemplo, la disposición de la «forma ordinaria» de la liturgia romana, comúnmente llamada Misa de Pablo VI[13].

---

[12] Thomas Netter da Walden (Waldensis), *Dottrinale antiquitatum fidei catholicae ecclesiae*, I, 2, 16: *aquí* según la edición publicada por B. Blanciotti, Bassanese, Venecia, 1757, I, p. 319.

[13] *Institutio Generalis Missalis Romani,* caput II/III: *De singulis Missae partibus,* en: *Institutio Generalis Missalis Romani.* Excerptum ex

Ritus initiales
Introitus
Salutatio altaris et populi congregati
Actus paenitentialis
Kyrie, eleison
Gloria in excelsis
Collecta

Liturgia verbi
(Silentium)
Lectiones biblicae
Psalmus responsorius
Acclamatio ante lectionem Evangelii
Homilia
Professio fidei
Oratio universalis

Liturgia eucharistica
Preparatio donorum
Oratio super oblata
Prex eucharistica
Ritus Communionis
Oratio dominica
Ritus pacis
Fractio panis
Communio

Ritus conclusionis

Añadimos ahora la estructura de la «forma extraordinaria» del rito romano, o Misa de San Pío V, según la disposición conferida por las rúbricas del Misal de 1962[14]:

De psalmo *Iudica me, Deus,* confessione et altaris incensatione
De hymno *Gloria in excelsis*
De orationibus

---

editione typica tertia emendata Missalis Romani, LEV, Ciudad del Vaticano, 2008, pp. 14-23 (nn. 46-90).

[14] Cfr. *Rubricae generales Missalis Romani,* caput VIII: *De diversis Missae partibus:* en la reproducción anastática del *Missale Romanum 1962,* Roman Catholic Books, Fort Collins (CO), 1996, pp. xxvi-xxx.

De lectionibus et aliis usque ad Evangelium
De symbolo

De antiphona ad offertorium et de orationibus secretis
De praefatione
De canone Missae et aliis usque ad postcommunionem

De conclusione Missae

Más allá de las diferencias, ambas Misas están estructuradas en torno a dos grandes pilares: la *liturgia de la palabra* y *la liturgia eucarística*, o en terminología catequética menos reciente, la *Misa didáctica* (o «de los catecúmenos») y la *Misa sacrificial* (o «de los fieles»)[15]. Esto corresponde ya sea al mensaje bíblico[16], como a la teología arriba delineada de las dos dinámicas cristológicas. En la liturgia de la Palabra, Dios nos habla, se revela desde lo alto, y así, encontramos la dinámica descendente: Dios nos habla mediante la Sagrada Escritura y la enseñanza del ministro de la Iglesia (homilía). Pero, al mismo tiempo, en la misma liturgia de la palabra también encontramos la dinámica ascendente: nosotros respondemos a las palabras del Señor profesando nuestra fe (Credo) y elevándole nuestras súplicas (plegaria

---

[15] No estamos en condición de compartir las opiniones que expresa C. Giraudo, «La liturgia nel solco della tradizione. Riflessioni in margine al motu proprio "Summorum Pontificum"», *Rassegna di Teologia* 48 (2000), pp. 805-822, el cual sugiere –con una referencia a San Justino– que la estructura de la Misa de Pablo VI destaca mucho mejor que la de San Pío V los dos pilares de la Misa: la liturgia de la palabra y la liturgia eucarística. Sin entrar en una discusión detallada del interesante artículo del P. Giraudo, hay que preguntarse cómo es que los padres del Vaticano II pudieron enseñar que «Las dos partes de que consta la Misa, a saber: la Liturgia de la palabra y la Eucaristía, están tan íntimamente unidas que constituyen un solo acto de culto» (SC 56: EV 1, 96). Evidentemente, eso estaba ya claro en la Misa hoy llamada de «forma extraordinaria», la única que los padres conciliares podían entonces conocer.

[16] Cfr. el episodio de los discípulos de Emaús: Lc 24, en el cual Cristo primero instruye, explicando la Escritura, y luego parte el pan. El hecho de que el relato tiene una «estructura eucarística» no implica necesariamente que Cristo celebrara la Eucaristía para los dos discípulos; cfr. M. Gagliardi, *Introduzione al Mistero eucaristico*, pp. 59-62.

de los fieles). Asimismo, en la liturgia eucarística se entrelazan ambos movimientos: desde abajo presentamos el fruto de la tierra (las oblatas), y de lo alto desciende el Espíritu Santo que lo transforma en el cuerpo y sangre de Cristo. Es, sin embargo, cierto que la dinámica fundamental de la liturgia de la palabra es descendente y la de la liturgia eucarística es ascendente. Toda reflexión o decisión en materia litúrgica debe tener presente este fundamento. No existe liturgia cristiana si todo está centrado solamente en la acción de Dios que viene al hombre; pero menos aún hay veracidad de signos litúrgicos si, en la celebración de la Eucaristía, la comunidad se cierra en sí misma y no se vuelve hacia Dios en movimiento ascensional.

Sacrificio y banquete

Otro importantísimo aspecto teológico de la liturgia eucarística se refiere a su esencia: ¿Qué es la Misa en su profundidad? La palabra Eucaristía significa acción de gracias. La Misa es una solemnísima acción de gracias a Dios Padre, a través de Jesucristo *(per Christum)* en el Espíritu Santo. ¿Quién la lleva a cabo? Según la definición general de liturgia, es Cristo mismo, el *Christus totus* cabeza y miembros, que realiza la Eucaristía. Esta acción de gracias eucarística es el acto sacerdotal del sumo sacerdote Jesús, que une a sí, en su Eucaristía al Padre, también a los miembros de su cuerpo místico. Este acto sacerdotal de Cristo —asociándonos al cual hace de todos los bautizados sacerdotes— consiste en la ofrenda que hace de sí mismo al Padre por nosotros. Como dice el Nuevo Testamento, siempre vivo para interceder por nosotros (cf. Heb 7, 25). Así pues, la Misa se concibe ante todo como el sacrificio de Cristo que se entrega por nosotros, para nuestra salvación y se ofrece a sí mismo en acto de amor y de obediencia al Padre. Es necesario resaltar con énfasis que la ofrenda que Cristo Sacerdote hace de sí —ofrenda que habilita a todos los fieles a desempeñar el propio sacerdocio bautismal, ofreciéndose ellos mismos junto con la Víctima divina— en la Eucaristía, se efectúa siempre y exclusivamente a través del sacerdocio ministerial. El solo sacerdocio común de los bautizados no está en grado de ofrecer una válida celebración sacramental de la Eucaristía. Cristo se ofrece a sí mismo en la Eucaristía a través de los ministros ordenados, y éstos, a su vez, celebran la Misa en la persona de Cristo Sacerdote y Víctima.

Por tanto, el concilio de Trento ha enseñado que:

«El Dios y Señor nuestro [...], como, sin embargo, no había de extinguirse su sacerdocio por la muerte, en la última Cena –[...] para dejar a la Iglesia, *un sacrificio visible* [...] *por el que se representara aquel suyo sangriento que había una sola vez de consumarse en la cruz*, y su memoria permaneciera hasta el fin de los siglos, y su eficacia saludable se aplicara para la remisión de los pecados que diariamente cometemos– Él por tanto [...] ofreció a Dios Padre su cuerpo y su sangre bajo las especies de pan y de vino y bajo los símbolos de esas mismas cosas, los entregó [...], a sus Apóstoles, a quienes entonces constituía sacerdotes del Nuevo Testamento, y a ellos y a sus sucesores en el sacerdocio les mandó [...] que los ofrecieran. Porque celebrada la antigua Pascua, [...] instituyó una Pascua nueva, *que era Él mismo, que había de ser inmolado por la Iglesia por ministerio de los sacerdotes bajo signos visibles*».

«Y porque en este divino sacrificio, que en la Misa se realiza, se contiene e incruentamente se inmola aquel mismo Cristo que una sola vez se ofreció Él mismo cruentamente en el altar de la cruz; enseña el santo Concilio que este sacrificio es verdaderamente propiciatorio [...]. Pues aplacado el Señor por la oblación de este sacrificio, concediendo la gracia y el don de la penitencia, perdona los crímenes y pecados, por grandes que sean. Una sola y la misma es, en efecto, la víctima, y el que ahora se ofrece por el ministerio de los sacerdotes, es el mismo que entonces se ofreció a sí mismo en la cruz, siendo sólo distinta la manera de ofrecerse. Los frutos de esta oblación suya (de la cruenta, decimos), ubérrimamente se perciben por medio de esta incruenta: tan lejos está que aquélla se menoscabe por ésta en manera alguna»[17].

Aquí no es posible ilustrar todo el trasfondo bíblico y patrístico de la Eucaristía entendida como sacrificio. Por eso, cito sólo unos pocos hechos concretos que muestran que para el *sensus fidelium* de la Iglesia ha estado siempre claro el carácter eminentemente sacrificial de la Misa.

---

[17] Concilio de Trento, *Sessio XXII: Dottrina et canones de ss. Missae sacrificio*, cap. 1-2: DS 1740-1743.

a) Ante todo, el lugar donde se celebra la Eucaristía se llama altar, es decir, *alta ara*. Una ara no es una mesa para cenar, sino una piedra sacrificial sobre la cual se inmolan las víctimas (esto vale también en las religiones extra bíblicas, como en el culto del templo de Jerusalén en el Antiguo Testamento).

b) Los textos litúrgicos, sobre todo en la forma extraordinaria del rito romano, y también en la ordinaria, insisten mucho sobre el tema del sacrificio de la Misa, en pleno acuerdo con la Escritura así como con los Padres y los Doctores. El sacerdote, presentando la hostia consagrada al pueblo, dice: «Éste es el Cordero de Dios», una expresión claramente sacrificial.

c) La misma palabra «hostia», con que se indica la partícula del pan eucarístico, proviene del latín *hostia* que significa víctima. Cabe notar que, si bien hayan otras maneras de llamarla (por ejemplo forma, pan consagrado, comunión), este término sigue siendo el preferido actualmente por la mayoría de los fieles, a pesar de que la predicación y la catequesis acentúen, hoy más que en el pasado, el aspecto convivial de la Eucaristía y que el rito ordinario, especialmente en sus formas celebrativas concretas, resalte más ampliamente la cordialidad y la fraternidad.

Es cierto que la Eucaristía tiene también una dimensión convivial. Esto se ve, por ejemplo, por el hecho de que, en el culto cristiano, se extiende sobre el altar (lugar de inmolación de las víctimas) un mantel, que indica la presencia de un alimento[18]. Cristo mismo llama a la Eucaristía el pan del cielo, el pan verdadero (cf. Jn 6, 32) y en el cenáculo dijo: tomad y comed, tomad y bebed (cf. Mt 26, 26-27). Por lo tanto, la Eucaristía es tanto sacrificio como banquete, y se debe dar la debida importancia al uno y al otro. En este sentido, es necesario preguntarse si uno de los dos aspectos prevalezca sobre el otro o si, por el contrario, ambos tengan igual valor. Hasta Lutero, nunca hubo ninguna duda. La Eucaristía es un sacrificio y, en ello, hay una participación convivial que siempre debe entenderse como un

---

[18] Aunque también ha sido en el pasado interpretada por algún autor en el sentido de sacrificio: el mantel del altar recordaría la sábana que envolvió el cuerpo de Cristo, que murió para expiar los pecados. Eso explicaría la longitud del mantel desbordante del altar (muy largo, como la sábana santa), llegando al suelo y que lo diferencia de un mantel de comida normal.

banquete *sagrado*. Así pues, en la tradición de la Iglesia, siempre la Misa ha sido sobre todo un sacrificio y, luego, también un banquete. Lutero, en cambio, que consideraba que la noción de Misa como sacrificio amenazaba la unicidad salvífica del sacrificio de la cruz, negó el carácter sacrificial de la Eucaristía a favor del sólo aspecto convivial. Desde este momento se desarrolla la idea de construir los altares en forma de mesas y de hacer que el sacerdote celebre de cara al pueblo y en lengua vernácula. Para Lutero, la Misa debe ser un encuentro fraterno[19].

La Iglesia católica se opuso enérgicamente a esta idea hasta el postconcilio. El Vaticano II no ha hablado en ningún texto de construir nuevos altares, de separarlos del muro, de hacerlos en forma de mesa ni de celebrar hacia el pueblo. En el post-concilio, poco a poco se ha difundido esta tendencia después de la normativa establecida, y hoy muchísimos altares tienen la forma de mesa y a menudo se les llama "mesa", incluso también en los textos oficiales[20]. No sólo a causa de

---

[19] Cfr. M. Luther, *Deutsche Messe und Ordnung des Gottesdienstes* (anno 1526); en el cap. III dice: «Los ornamentos de la Misa, los altares, las luces pueden mantenerse hasta que todos se cambien por el curso de la evolución natural, o no nos plazca reemplazarlos: sin embargo, si alguno asumiese un comportamiento diferente en esta materia, nosotros no interferiremos. Pero, en la Misa verdadera, entre los cristianos auténticos, el altar no debe permanecer como está, y el ministro siempre se debe volver hacia el pueblo, ya que, sin duda, lo hizo Cristo en la Última Cena. Pero esto puede requerir tiempo». En efecto, esta idea de Lutero se aplicó sólo progresivamente y no en todas las iglesias nacidas de su Reforma. A este propósito, cf. K. Gamber, «Die Zelebration "versus populum". Eine Erfindigung und Forderung Martin Luthers», *Anzeiger für die katholische Geistlichkeit* 79 (1970) pp. 355-359. Hay que decir que Lutero se figuraba la Última Cena según los esquemas difundidos entre los artistas a partir del siglo XIV: Cristo sentado en el centro de una mesa rectangular, rodeado de los apóstoles. En realidad, la costumbre al tiempo de Cristo era muy diversa, como lo testimonian, entre otras cosas, los mosaicos y frescos de la época: la mesa tenía la forma de sigma y el sitio de mayor deferencia no estaba en el centro, sino *in cornu dextro*. Además, los comensales siempre dejaban la parte anterior de la mesa libre para facilitar el servicio. Por eso la motivación de Lutero, además de ser «arqueológicamente», estaba históricamente errada.

[20] Naturalmente, no es un error teológico llamar al altar también mesa (cf. 1 Co 10, 21); sin embargo, habría que hacerlo acentuando la

ello, sino que gracias a esto, se nota un fuerte descenso en la comprensión del hecho de que la liturgia eucarística es, sobre todo, el sacrificio de Cristo y luego, también, una mesa convivial, un banquete fraterno donde nos alimentamos con su cuerpo y sangre. Olvidando este dato dogmático fundamental se corre el riesgo de asemejar le cena cristiana a las comidas griegas, en las que se festejaban –incluso con abundancia de vino embriagante– a los dioses paganos, a los cuales se les imaginaba quedarse con los comensales para comer y beber y hacer la fiesta con ellos; pero en realidad se trataba de un ritual puramente humano. No se puede negar que en este momento muchas predicaciones y catequesis van de modo excesivo en esta dirección, por ejemplo insistiendo repetidamente en el hecho de que, en la Misa, el Cristo resucitado viene y se queda para la fiesta con nosotros, o de que la Misa es nuestro encuentro semanal, el encuentro de la comunidad. Todo eso es verdad, pero se olvida de señalar el punto que realmente la califica, esto es, que Cristo viene a quedarse entre nosotros no sólo con su presencia espiritual y de gracia, sino con su presencia real, producida por la transubstanciación. En la Misa, Él es el Resucitado, el que, como Sumo Sacerdote, se entrega por nosotros al Padre en un sacrificio incruento, por medio de las manos de sus sacerdotes, renovando su único sacrificio en la cruz. Él está en medio de nosotros, por tanto, como el Crucificado resucitado.

Las consecuencias de la pérdida del sentido teológico de la liturgia eucarística son graves y tienen una incidencia especialmente sobre el concepto de la Misa como acto sagrado por excelencia, realizado principalmente por Cristo mismo y, luego, también por nosotros cristianos. La Misa, cuando se pierde de vista la raíz dogmática, pasa a ser el pasatiempo a disposición del sacerdote y/o de la comunidad, en el que cada uno se las puede arreglar como mejor le parezca. No es esta una opinión mía, sino del magisterio de Juan Pablo II, que escribió en la *Dominicae cenae* del 24 de febrero 1980:

> «El «Sacrum» de la Misa no es por tanto una «sacralización», es decir, una añadidura del hombre a la acción de Cristo en el cenáculo, ya que la Cena del Jueves Santo fue un rito sagrado, liturgia primaria y constitutiva [...]. *Ese «Sacrum» no puede tampoco ser instrumentalizado para otros fines. El*

---

terminología del altar que es también mesa, respetando el dato teológico tradicional de la prioridad del aspecto sacrificial sobre el convivial.

misterio eucarístico, desgajado de su propia naturaleza sacrificial y sacramental, deja simplemente de ser tal. [...] Esto hay que recordarlo siempre, y quizá sobre todo en nuestro tiempo en el que observamos una tendencia a borrar la distinción entre "sacrum" y "profanum" [...]. La sacralidad de la Eucaristía ha encontrado y encuentra siempre expresión en la terminología teológica y litúrgica. Este sentido de la sacralidad objetiva del Misterio eucarístico es tan constitutivo de la fe del Pueblo de Dios que con ella se ha enriquecido y robustecido. Los ministros de la Eucaristía deben por tanto, sobre todo en nuestros días, ser iluminados por la plenitud de esta fe viva, y a la luz de ella deben comprender y cumplir todo lo que forma parte de su ministerio sacerdotal»[21].

Por tanto, el mismo Papa afirma: «La Eucaristía es por encima de todo un sacrificio»[22]. En la *Mane nobiscum Domine*, del 7 de octubre 2004, escribió: «No hay duda de que el aspecto más evidente de la Eucaristía es el de banquete. [...] *Sin embargo, no se puede olvidar que el banquete eucarístico tiene también un sentido profunda y primordialmente* [penitus et in primus] *sacrificial*»[23].

Un año antes, en su última Encíclica *Ecclesia de Eucharistia*, constatando la interpretación errada post-conciliar de la Misa por parte de muchos, el Papa se lamenta del hecho de que:

«Se nota a veces una comprensión muy limitada del Misterio eucarístico. Privado de su valor sacrificial, se vive como si no tuviera otro significado y valor que el de un encuentro convival fraterno. [...] ¿Cómo no manifestar profundo dolor por todo esto? La Eucaristía es un don demasiado grande para admitir ambigüedades y reducciones»[24].

Por supuesto, no se trata de llegar hasta negar el aspecto convivial para recuperar el sacrificial, sino más bien de restablecer las cosas según el orden justo y con el propio valor. Apreciando el aspecto convivial de la Misa, Juan Pablo II hizo la siguiente aclaración:

---

[21] Juan Pablo II, *Dominicae cenae*, n. 8: EV 7, 185-187.189 (cursiva mía).
[22] *Ibid.*, n. 9: EV 7, 190.
[23] Juan Pablo II, *Mane nobiscum Domine*, n. 15: EV 22, 3053-3054 (cursiva mía).
[24] Juan Pablo II, *Ecclesia de Eucharistia*, n. 10: EE 8, 2610.

«Aunque la lógica del "convite" inspire *familiaridad*, la Iglesia no ha cedido nunca a la tentación de banalizar esta "cordialidad" con su Esposo, olvidando que Él es también su Señor y que el "banquete" sigue siendo siempre, después de todo, un banquete sacrificial, marcado por la sangre derramada en el Gólgota. *El banquete eucarístico es verdaderamente un banquete "sagrado"* [*sacer*], en el que la sencillez de los signos contiene el abismo de la santidad de Dios [...]. En el contexto de este elevado sentido del misterio [*sublimem mysterii sensum*], se entiende cómo la fe de la Iglesia en el Misterio eucarístico se haya expresado en la historia no sólo mediante la exigencia de una actitud interior de devoción, sino también *a través de una serie de expresiones externas*, orientadas a evocar y subrayar la magnitud del acontecimiento que se celebra»[25].

Asombro eucarístico

En este capítulo, he tocado, sin desarrollarlos debidamente, sólo algunos puntos fundamentales, dejando de lado otros que, no obstante, ya habíamos encontrado anteriormente, tal como el «memorial» o el valor cósmico de la Eucaristía. Se podrían también desarrollar el aspecto pascual y escatológico de la Misa, pero no es posible aquí. Habría podido profundizar en el tema de las palabras consagratorias y en el de la presencia real producida por la transubstanciación. Todo ello es de la máxima importancia, pero desborda los límites de este libro. Concluimos, por tanto, este primer capítulo dedicado a la liturgia eucarística con una ilustración breve de la expresión «asombro eucarístico» que encontramos en el magisterio de Juan Pablo II, la cual representa un modo concreto para abordar el tema de la transubstanciación y de la presencia real así como el de la orientación escatológica de la Misa. El recordado pontífice escribía:

«"¡*Mysterium fidei*!– ¡Misterio de la fe!". Cuando el sacerdote pronuncia o canta estas palabras, los presentes aclaman: «Anunciamos tu muerte, proclamamos tu resurrección, ¡ven Señor Jesús!». Con éstas o parecidas palabras, la Iglesia, a la vez que se refiere a Cristo en el misterio de su Pasión, *revela también su propio misterio: Ecclesia de Eucharistia*. Si con el don del Espíritu Santo en Pentecostés la Iglesia nace y se encamina por las vías del mundo, un momento decisivo de su formación es ciertamente la institución de la Eucaristía en el Cenáculo. Su fundamento y su hontanar

---

[25] *Ibid.*, n. 48-49: EE 8, 2663-2664.

es todo el *Triduum paschale*, pero éste está como incluido, anticipado, y "concentrado" [*consummatur*] para siempre en el don eucarístico. En este don, Jesucristo entregaba a la Iglesia la actualización perenne del misterio pascual. Con él instituyó una misteriosa "contemporaneidad" [*temporis concursum*] entre aquel *Triduum* y el transcurrir de todos los siglos. Este pensamiento nos lleva a sentimientos de gran asombro y gratitud. El acontecimiento pascual y la Eucaristía que lo actualiza a lo largo de los siglos tienen una "capacidad" [*capacitas*] verdaderamente enorme, en la que entra toda la historia como destinataria de la gracia de la redención. Este asombro ha de inundar siempre a la Iglesia, reunida en la celebración eucarística. Pero, de modo especial, debe acompañar al ministro de la Eucaristía. En efecto, es él quien, gracias a la facultad concedida por el sacramento del Orden sacerdotal, realiza la consagración. Con la potestad que le viene del Cristo del Cenáculo, dice: "Esto es mi cuerpo, que será entregado por vosotros... Éste es el cáliz de mi sangre, que será derramada por vosotros". El sacerdote pronuncia estas palabras o, más bien, *pone su boca y su voz a disposición de Aquél que las pronunció en el Cenáculo* y quiso que fueran repetidas de generación en generación por todos los que en la Iglesia participan ministerialmente de su sacerdocio. Con la presente Carta Encíclica, deseo suscitar este "asombro" eucarístico»[26].

Del texto se desprende el deseo del Papa de reimpulsar el asombro eucarístico en la Iglesia católica, es decir, este sentido de adoración permanente que se deriva de la doctrina católica integral, sin reducciones, de la Eucaristía: transubstanciación, presencia real, sacrificio y banquete, dimensión cósmica, misterio y memorial pascual, orientación hacia el cumplimiento escatológico y su depósito. Si la liturgia eucarística se reduce al objeto de recreo de la comunidad convivial, ningún asombro es ya posible, y tampoco si el ministro se considera el *showman* o regente de una celebración del propio ingenio, para suscitar emociones. En este sentido, el Cardenal Ratzinger escribió:

> «Un párroco no es un *showman*, ni la liturgia es un espectáculo televisivo. Saldrá perjudicada en el caso que pretendiese ser una especie de tertulia amena. Podrá darse quizá todo esto a raíz de la liturgia dominical y desde unos encuentros que tienen su origen en ella. Pero la liturgia debe ser algo más [...] Debemos encontrar el justo medio entre

---

[26] *Ibid.*, nn. 5-6: EE 8, 2605-2606.

un ritualismo [...] y una manía de hacer todo fácil y al alcance de la mano que, en el fondo, reduce todo a una obra solamente humana, y la priva de la universalidad católica y de la objetividad del misterio»[27].

La liturgia eucarística no debe emocionar, debe asombrar, y eso es muy distinto. La Misa es el culto de adoración a Dios, no un espectáculo humano. Conviene citar a continuación otro pasaje de *Ecclesia de Eucharistia*:

> «La Eucaristía es un don demasiado grande para admitir ambigüedades y reducciones. Confío en que esta Carta Encíclica contribuya eficazmente a disipar las sombras de doctrinas y prácticas no aceptables, para que la Eucaristía siga resplandeciendo con todo el esplendor de su misterio»[28].

Recuperar el sentido del misterio, es decir el sentido de la presencia de Cristo en la liturgia, y de modo particular en la liturgia eucarística, es la gran tarea de nuestro tiempo y diría que es urgentísima la formación de los futuros sacerdotes respecto a este punto. Quisiera proponer una exégesis litúrgica de una perícopa del Antiguo Testamento, que a mi parecer puede ayudar a entender el sentido del misterio de la presencia. He aquí el texto bíblico:

> «El Señor le dijo: "Sal y quédate de pie en la montaña, delante del Señor". Y en ese momento el Señor pasaba. Sopló un viento huracanado que partía las montañas y resquebrajaba las rocas delante del Señor. Pero el Señor no estaba en el viento. Después del viento, hubo un terremoto. Pero el Señor no estaba en el terremoto. Después del terremoto, se encendió un fuego. Pero el Señor no estaba en el fuego. Después del fuego, se oyó el rumor de una brisa suave. Al oírla, Elías se cubrió el rostro con su manto, salió y se quedó de pie a la entrada de la gruta. Entonces le llegó una voz, que decía: "¿Qué haces aquí, Elías?". El respondió: "Me consumo de celo por el Señor, el Dios de los ejércitos, porque los israelitas abandonaron tu alianza, derribaron tus altares y mataron a tus profetas con la espada. He quedado yo solo y tratan de quitarme la vida"» (1 R 19, 11-14).

---

[27] J. Ratzinger, *Un canto nuevo para el Señor*, pp. 92-93 (con nuestras variantes en la traducción española).
[28] Juan Pablo II, *Ecclesia de Eucharistia*, n. 10: EE 8, 2610.

Quisiera señalar aquí la presencia de grandes signos cósmicos (viento huracanado, terremoto y fuego –¿tal vez un rayo?). El Señor no está en ninguno de éstos; al contrario, se presenta en una brisa sutilísima, como el susurro de una boca que habla en voz baja. Tal vez podríamos hacer una exégesis litúrgica, diciendo que el misterio divino no se encuentra allí donde hay grandes luces de colores, fuerte estruendo de tambores, o una celebración vociferada. Quizá la presencia del misterio de Dios se halla mucho mejor en el susurro de una voz que celebra dignamente en el altar. Pero ya sé que esta exégesis puede ser un poco arbitraria, pues existe un ejemplo de lo contrario en el Nuevo Testamento cuando el Espíritu Santo se manifiesta justamente como un viento impetuoso a los apóstoles (Hch 2, 1-4). En efecto, no cito el texto del Primer Libro de Reyes como una prueba, sino como una sugerencia con referencia a un texto de la tradición patrística que sin duda tiene un valor de argumento más fuerte:

> «Las palabras del que ora han de ser mesuradas y llenas de sosiego y respeto. Pensemos que estamos en la presencia de Dios. Debemos agradar a Dios con la actitud corporal y con la moderación de nuestra voz. Porque, así como es propio del falto de educación hablar a gritos, así, por el contrario, es propio del hombre respetuoso orar con un tono de voz moderado [...]. Y, cuando nos reunimos con los hermanos para celebrar los sagrados misterios, presididos por el sacerdote de Dios, no debemos olvidar este respeto y moderación ni ponernos a ventilar continuamente sin ton ni son nuestras peticiones, deshaciéndonos en un torrente de palabras, sino encomendarlas humildemente a Dios, ya que *Él escucha no las palabras, sino el corazón, ni hay que convencer a gritos a aquel que penetra nuestros pensamientos, como lo demuestran aquellas palabras suyas: ¿Por qué pensáis mal? Y en otro lugar: Así sabrán todas las Iglesias que yo soy él que escruta corazones y mentes.* [...] De este modo oraba Ana, como leemos en el primer libro de Samuel, ya que ella no rogaba a Dios a gritos, sino de un modo silencioso y respetuoso, en lo escondido de su corazón. Su oración era oculta, pero manifiesta su fe; hablaba no con la boca, sino con el corazón, porque sabía que así el Señor la escuchaba, y, de este modo, consiguió lo que pedía, porque lo pedía con fe. Esto nos recuerda la Escritura, cuando dice: "Hablaba para sí, y no se oía su voz, aunque movía los labios, y el Señor la escuchó" (cf. 1 S 1, 13). Leemos también en los salmos: Reflexionad en el silencio de vuestro lecho (cf. Sal 4, 5). Lo mismo nos sugiere y enseña el Espíritu Santo por boca de Jeremías,

con aquellas palabras: "Hay que adorarte en lo interior, Señor" (cf. Bar 6, 5). El que ora, hermanos muy amados, no debe ignorar cómo oraron el fariseo y el publicano en el templo. Este último, sin atreverse a levantar sus ojos al cielo, sin osar levantar sus manos, tanta era su humildad, se daba golpes de pecho y confesaba los pecados ocultos en su interior, implorando el auxilio de la divina misericordia, mientras que el fariseo oraba satisfecho de sí mismo; y fue justificado el publicano, porque, al orar, no puso la esperanza de la salvación en la convicción de su propia inocencia, ya que nadie es inocente, sino que oró confesando humildemente sus pecados, y aquel que perdona a los humildes escuchó su oración»[29].

El asombro eucarístico no se procura con el arte, por la invención de grandiosos signos en nuestras liturgias. Se fundamenta sobre la integridad de la doctrina dogmática de la Eucaristía y requiere, por otro lado, signos litúrgicos externos, determinados por la Iglesia y no por individuos, apropiados para expresarlo y cultivarlo. Veremos algunos de ellos en el capítulo siguiente.

---

[29] San Cipriano de Cartago, *De oratione dominica*, 4-6: PL 4, 538-540 (mis itálicos); trad. española de *La Liturgia de las horas*, III, Domingo XI del Tiempo Ordinario.

Capítulo 7

Liturgia eucarística

II. Aspectos particulares

En este capítulo, quisiera tocar algunos aspectos cuya consideración, a mi parecer, podrían ayudarnos a vivir la Eucaristía con mayor conciencia, desarrollando así la percepción del misterio sacramental, lo cual favorece el despertar del asombro eucarístico, y por tanto la participación activa del clero y fieles.

La orientación de la oración litúrgica

Estamos habituados a pensar que celebrar «hacia el pueblo» sea una de las novedades litúrgicas más significativas y evidentes, deseadas por el Vaticano II. Pero cuando se leen los textos conciliares, nos damos cuenta que sobre este punto no se ha escrito ni siquiera una palabra. La práctica actual ha sido introducida después del concilio y representa una piedra de escándalo. Para algunos se trata de una traición ya sea de la Constitución litúrgica, ya de una tradición inmemorable de la Iglesia. Para otros, en cambio, celebrar «hacia el pueblo» expresa el retorno a los orígenes y constituye, por tanto, un progreso significativo para la celebración.

Comenzamos la discusión de este tema con una antología breve de citas patrísticas:

> «Orar hacia el oriente nos fue «transmitido y encomendado por el Sacerdote principal y sus hijos [= Cristo y los apóstoles]»[1].

> «Es necesario que los presbíteros se coloquen en la parte oriental de la casa juntamente con el obispo; luego los seglares y, finalmente, las mujeres, de modo que, cuando nos levantemos para orar, los jefes de la

---

[1] Orígenes de Alejandría, *Homiliae in Numeros*, V, 1-4: SChr 415, 124-125.

asamblea se levanten los primeros, luego los hombres seglares y, por fin, las mujeres, porque la ley es que debemos orar hacia el este»[2].

«Los apóstoles enseñaron que se debe rezar hacia Oriente [...]. Por eso sabemos y comprendemos que Él aparecerá de repente por Oriente»[3].

«Invariablemente, todos de pie y mirando hacia el este [...], oren a Dios»[4].

«Vosotros que estáis sentados, levantaos [...] y volveos a Oriente»[5].

«¿Acaso no dice Dios: « Convertíos a mí»?– ¿Qué significa: «Volveos hacia mí?» Por supuesto, no significa que tú, vuelto hacia el occidente, te has de volver hacia el Oriente. Eso es demasiado fácil. ¡Ojalá hicieras lo mismo dentro de tí! Pero esto no es fácil. Vuelves el cuerpo de una dirección a otra; pues bien, dirige tu corazón de un amor a otro»[6].

«No por casualidad ni superficialmente oramos mirando hacia Oriente. Ya que estamos compuestos de naturaleza visible e invisible, o sea intelectual y sensible, presentamos al Creador también una veneración doble [...]. Por tanto, puesto que Dios es luz espiritual y en la Escritura Cristo es llamado "Sol de justicia" (Mal 3, 20) y también "Germen" (Zac 3, 8; 6), para darle culto nos volvemos hacia Oriente. En efecto, hemos de dedicar cada cosa hermosa a Dios, de quien provienen todas las cosas buenas [...]. Y añade la Escritura: "Dios plantó un jardín en Edén, al Oriente y allí colocó al hombre que había modelado" (Gen 2, 8); y cuando desobedeció su mandato lo expulsó y

---

[2] *Didascalia apostolorum*, 12, en: CSCO 407, 144.
[3] *Didascalia Addai*, can. 1, en: CSCO 367, 201.
[4] *Constitutiones apostolicae*, II, 57, 14: SC 320, 316.
[5] Monición del diácono al *Trisagio* en la liturgia egipcia de San Marcos, en: G. J. Cuming, *The Liturgy of St. Mark. Edited from the Manscripts with a Commentary*, PIO, Roma, 1990, pp. 36; 118.
[6] Agustín de Hipona, *Sermo «Dolbeau»*, 19, 12, en: *Augustin d'Hippone, Vingt-six sermons au Peuple d'Afrique retrouvés à Mayence*, Institut d'Études augustiniennes, París, 1996, p. 164. Más allá de la apariencia, aquí Agustín no critica el hecho de orar hacia el oriente; al contrario, lo da por descontado –de ahí el valor de testimonio de este pasaje– y desea que el corazón de las personas se vuelva hacia el Señor así como lo hacen los cuerpos durante la liturgia.

le hizo morar fuera del Paraíso, hacia occidente. Y así buscando la antigua patria y tendiendo hacia ella, damos culto a Dios. [...]. Por fin, el Señor en la cruz, miraba hacia occidente, y así nosotros nos postramos volviéndonos hacia Él. En su Ascensión a los cielos fue levantado hacia Oriente, y así fue adorado por sus apóstoles, y así vendrá, en el modo como le vieron ascender al Cielo, como el mismo Señor dijo: "Como el rayo que brilla desde Oriente hasta el ocaso, así será el regreso del Hijo del Hombre" (Mt 24, 27). Esperándole, nos postramos hacia Oriente. Se trata de una tradición no escrita, que viene de los apóstoles. Y así gran parte de la tradición que ha sido entregada a nosotros no está escrita»[7].

La oración hacia el oriente, es decir, la plegaria orientada, es tan antigua como la misma Iglesia, y aún más antigua que ésta. Por lo tanto, no es correcto decir que el modo originario de celebrar la Misa fuera aquél en el que el sacerdote celebraba mirando «hacia el pueblo». En la Antigüedad, por el contrario, se pensaba que la costumbre de la oración orientada era parte de la Tradición apostólica y, por consiguiente, que había sido revelada sobrenaturalmente, dado que la revelación se encuentra tanto en la Escritura como en la Tradición apostólica[8]. Retomemos la descripción sintética de un destacado especialista de los primeros siglos cristianos:

«El que reza se dirige hacia el oriente "de donde viene la verdadera luz" (Origenes, *De oratione*, 32, 1; Tertuliano, *Apologeticum*, 16, 10; Clemente de Alejandría, *Stromata*, VII, 43, 7). El oriente, precisaba Clemente de Alejandría, es el símbolo de aquel que es nuestro Día: del oriente se ha elevado la luz de la verdad que brilla sobre nuestras cabezas [...]. El mártir Ipparco había dibujado una cruz en el muro de su casa, delante del cual rezaba siete veces al día [...]. La iglesia más antigua se encuentra en Dura-Europos, a orillas del Éufrates [...]. Digno de notar es el hecho que el lugar del culto estuviera orientado hacia el oriente»[9].

Tomás de Aquino no habla de la oración hacia el oriente como una parte de la Tradición apostólica, pero la considera muy apropiada:

---

[7] Juan Damasceno, *De fide orthodoxa*, IV 12: PG 94, 1134-1135.

[8] Cfr. Concilio de Trento, *Sessio IV: Decretum de libris sacris et de traditionibus recipiendis*: DS 1501.

[9] A. G. Hamman, *La vita quotidiana dei primi cristiani*, pp. 264; 281.

«Por ciertas razones de conveniencia adoramos vueltos hacia oriente. En primer lugar, por el indicio de la majestad divina que se nos manifiesta en el movimiento del cielo desde el Oriente. En segundo lugar, por hallarse el paraíso situado al Oriente, como leemos en el Génesis, según la versión de los Setenta, como si buscásemos volver de nuevo a él. En tercer lugar, por Cristo, que es la luz del mundo, recibe el nombre de Oriente, y asciende sobre los cielos de los cielos hacia el Oriente [Sal 68,34 LXX]; e incluso se espera que vendrá de Oriente, según aquello de Mt 24,27: Como sale el relámpago del Oriente y brilla hasta el Occidente, así será la llegada del Hijo del hombre»[10].

La idea es que uno debe orar vuelto hacia el oriente, que simboliza a Cristo, *orientale Lumen*. También la liturgia eucarística debe celebrarse hacia el oriente, lo que significa –como veremos– hacia el Señor y no «hacia el pueblo».

El entonces teólogo Ratzinger ya fue partidario de la orientación en la oración litúrgica. En su libro *El espíritu de la liturgia*, dedicó algunas páginas a este tema, páginas que inmediatamente fueron las más criticadas por diversos liturgistas. Luego, como Papa, en el prefacio del primer volumen de su *Gesammelte Schriften*, Benedicto XVI recordó que las recensiones de su libro se concentraron casi exclusivamente sobre este punto y por otra parte citó «dos trabajos excelentes»: el libro del Padre Michael Lang, *Rivolti al Signore*, y un denso artículo de Stefan Heid publicado en alemán bajo el título *Gebetshaltung und Ostung in Frühchristlicher Zeit* (postura de la oración y orientación en los primeros tiempos del cristianismo). Seguimos ahora estas dos contribuciones.

Para M. Lang, la antigua costumbre de orar hacia el este se heredó de los hebreos:

«Tanto en la oración privada como en la oración litúrgica, los cristianos ya no se volvían hacia la Jerusalén terrena, sino hacia la nueva Jerusalén celestial [...]. El sol naciente [en el este] era considerado la expresión adecuada de esta esperanza escatológica»[11].

---

[10] Tomás de Aquino, *Summa Theologiae*, II-II, 84, 3, ad 3.
[11] U. M. Lang, *Rivolti al Signore. L'orientamento nella preghiera liturgica*, Cantagalli, Siena, 2006, p. 31. Desde ahora, daré las referencias de este libro en el cuerpo del texto. (Edición alemana: *"Conversi ad Dominum". Zu Geschichte und Theologie der christlichen Gebetsrichtung*, Johannes Verlag,

«Erik Peterson ha demostrado la estrecha relación entre la oración hacia el oriente y la Cruz, conexión evidente, a más tardar, para el período post-constantiniano. En las sinagogas de la época, la esquina de la hornacina para los rollos de la *Torá* indicaba la dirección de la oración *(qibla)* hacia Jerusalén [...]. Entre los cristianos se propaga el uso de indicar la dirección de la oración con una cruz en la pared oriental del ábside de la basílica, pero también en las habitaciones privadas, por ejemplo, en las celdas privadas de los monjes y ermitaños» (Lang, p. 32).

«Desde el siglo II, existe una fuerte evidencia de que la mayoría del mundo cristiano oraba hacia el oriente» (Lang, p. 32).

Como he dicho, la SC no habla ni de la celebración «hacia el pueblo» ni de la erección de nuevos altares (¡y menos aun de la demolición o desmantelamiento de los existentes!). Esta idea aparece por primera vez después del concilio, en la *Inter Oecumenici* del 26 de septiembre 1964 (es la primera de las cinco Instrucciones publicadas hasta entonces para la actuación de la reforma litúrgica deseada por el Vaticano II). La *Inter Oecumenici*, promulgada por el *Consilium ad exsequendam constitutionem de sacra liturgia*, dice en el n. 91: «Conviene que el altar mayor se construya separado de la pared, de modo que se pueda girar fácilmente en torno a él y celebrar de cara al pueblo». Citando un estudio de Jungmann, Lang llama la atención sobre el hecho de que esta disposición es facultativa y no obliga[12] y su motivo principal concierne a «posibles obstáculos o restricciones locales» (Jungmann). Según Lang, en la *Inter Oecumenici* la Iglesia por primera vez en la historia «permite celebrar de cara al pueblo, pero no lo prescribe» (Lang, p. 19). Lang señala que también en el rito de Pablo VI las rúbricas dicen que al *Orate fratres*, al *Pax Domini*, al *Ecce Agnus Dei* y en el *Ritus conclusiones*, el sacerdote se debe volver hacia los fieles. Eso presupone que al menos durante la liturgia eucarística, el

---

Einsiedeln, 2003; edición inglesa: *Turning Towards the Lord: Orientation in Liturgical Prayer*, Ignatius Press, San Francisco, 2006).

[12] He aquí el texto latino: «Praestat ut altare maius extruatur a pariete seiunctum, ut facile circumiri et in eo celebratio versus populum peragi possit»: EV 2, 301. Importa también la precisión «altar mayor». La instrucción barrunta en efecto otros altares laterales o menores (Cf. n. 93: EV 2, 303).

sacerdote y los fieles, incluso en el rito de Pablo VI, no están el uno frente al otro.

En la penúltima edición del Misal de Pablo VI, la tercera publicada bajo Juan Pablo II en 2002, ha introducido una adición respecto a la disposición de la *Inter Oecumenici* (disposición que entró en la Ordenación del Misal de 1969). Ahora, la nueva Ordenación dice:

> «El altar se ha de construir separado de la pared, de modo que se le pueda [*possit*] rodear fácilmente y celebrar *versus populum*, lo que conviene donde sea posible [*possibilis*]»[13].

El texto latino subraya dos veces la posibilidad: «possit», «possibilis», nunca la obligación. Sin embargo, uno podría pensar, como algunos lo han hecho, que la frase añadida expresa el deseo de la Iglesia que se celebre la Misa «hacia el pueblo» cada vez que sea posible. En cambio, la lectura correcta de dicha disposición es distinta. La frase «lo que conviene donde sea posible» no se refiere a la celebración «hacia el pueblo», sino a todo el parágrafo, y por tanto a la posibilidad de construir, donde sea posible, altares separados de la pared. Y de todos modos, sigue siendo una posibilidad según la preferencia y no una obligación. Si uno celebra sobre un altar adjunto a la pared y, como se dice vulgarmente, «de espaldas al pueblo», no va contra la disposiciones actuales de la Iglesia (basta con decir que muchos sacerdotes lo hacen cada mañana en la basílica Vaticana y que el mismo Benedicto XVI asume esta orientación cuando celebra la Eucaristía en la Capilla Sixtina).

Esta interpretación del texto citado de la Ordenación del Misal es oficial, dada la declaración de la Congregación para el Culto Divino en respuesta a una duda surgida al Cardenal de Viena, C. Schönborn. La respuesta, datada del 25 de septiembre 2000, dice:

---

[13] El texto se ha quedado sin cambios aún en la *editio typica tertio* del 2008: «Altare extruatur a pariete seiunctum, ut facile circumiri et in eo celebratio versus populum peragi possit, *quod expedit ubicumque possibile sit*» (*Institutio Generalis Missalis Romani*, n. 299; he puesto en cursiva la clausula añadida). Nótese también que ahora se habla sólo del altar y ya no de altar mayor.

«La palabra *expedit* ["conviene", que está en el texto citado de la Ordenación 2002] *no es una forma obligatoria, sino una sugerencia* de que se refiere tanto a la construcción del altar separado de la pared como a la celebración *versus populum*. La cláusula "donde sea posible" hace referencia a diversos factores como, por ejemplo, la topografía del sitio, la disponibilidad de espacio, la existencia de un altar antiguo con valor artístico, la sensibilidad de la comunidad a asistir a las celebraciones en la iglesia en cuestión, etc. *Se reitera que la posición con respecto a la Asamblea parece más conveniente, ya que facilita la comunicación* (véase el Editorial de *Notitiae* 29 [1993], pp. 245-249), *pero sin excluir la otra posibilidad*. Sin embargo, cualquiera que sea la posición del sacerdote celebrante, es evidente que el Sacrificio Eucarístico se ofrece al Dios Trino [...]. *Hay que distinguir la posición física*, especialmente en lo relativo a la comunicación entre los distintos miembros de la asamblea, y *la orientación espiritual* e interior de todos. *Sería un grave error imaginar que la orientación principal de la acción sacrificial sea la comunidad*. Si el sacerdote celebra *versus populum*, que es legítimo y a menudo aconsejable, su actitud espiritual debe ser siempre *versus Deum per Iesum Christum* [...]. Incluso la Iglesia, que se concreta en la asamblea que participa, está dirigida completamente *versus Deum* como primer movimiento espiritual»[14].

Dos argumentos esenciales se suelen adoptar en favor de la posición del celebrante «hacia el pueblo» durante la Eucaristía. Ante todo, se afirma que ésta fue la práctica de Iglesia en los comienzos [...]. En segundo lugar se sostiene que la participación activa de los fieles requiere la celebración «de cara al pueblo». Lang dice:

«La declaración ya citada de la Congregación para el Culto Divino ha demostrado que hablar de "celebrar hacia el pueblo" indica simplemente la posición del sacerdote ante la congregación durante determinadas partes de la liturgia, pero no se refiere a un concepto teológico. La expresión *versus (ad) populum* parece haber sido utilizado por primera vez por Johannes Burckard, maestro de ceremonias del Papa, en su *Ordo Missae* de 1502 y retomado en el *Ritus servandus in celebracione Missae* de la *Missale Romanum* publicado por el Papa San Pío V en 1570. El *Ritus servandus* trata del caso en que el altar está dirigido hacia el oriente y, simultáneamente, al pueblo [...]. Y esta es la condición de las grandes basílicas romanas, con la entrada

---

[14] Congregación para el Culto Divino y la Disciplina de los Sacramentos, «Responsa ad quaestiones de nova Institutione Generali Missalis Romani», *Communicationes* 32 (2000), pp. 171-172 (cursiva mía).

dirigida hacia el oriente y el ábside hacia el oeste. En este caso, *versus populum* se considera simplemente una aposición explicativa [...]. Cuando estos textos utilizan la frase *versus populum*, ésta no significa necesariamente una conexión visual entre el pueblo y la acción sagrada que se realiza sobre el altar. Tal interpretación hubiera parecido extraña a la comprensión de la liturgia cristiana antigua y hasta bien entrada la Edad Media, y que se encuentra todavía en las Iglesias orientales. Por tanto, no sorprende descubrir que incluso con los altares *versus populum* el campo visual estaba bastante limitado, por ejemplo, por cortinas que se cerraban durante ciertas fases de la liturgia, o por la configuración arquitectónica de la iglesia» (Lang, pp. 23-24).

Lang cuida justamente de aclarar que la cuestión de la orientación no es una cuestión de «topografía», es decir, que concierna la mera posición del cuerpo:

«Volverse hacia el oriente en la celebración eucarística tiene un significado más profundo en la tradición cristiana. Si bien el significado intrínseco de este gesto litúrgico trasciende el hecho de simplemente volverse a uno de los puntos cardinales. En efecto, "la orientación litúrgica" en el sentido ideal puede incluso prescindir de un contexto geográfico limitado. Aquí se trata de la orientación común del sacerdote y de la asamblea en la oración litúrgica» (Lang, pp. 72-73).

«La antigüa práctica de la orientación común del sacerdote y del pueblo expresa la naturaleza de la Eucaristía como un acto común del culto de la Trinidad. Toda la Asamblea está unida en la orientación hacia el este, o sea en la orientación hacia el Señor» (Lang, p. 73).

«El carácter sacrificial de la Eucaristía se debe expresar de manera adecuada en el rito actual. Ni siquiera la mejor catequesis mistagógica [aunque necesaria] puede compensar el declive en la comprensión de la Misa entre los católicos, si la celebración litúrgica comunica signos contrarios» (Lang, p. 83).

El breve pero denso libro de Lang sugiere una serie de indicaciones y proporciona una cantidad de información que no podemos resumir aquí; y además, sus conclusiones me parecen difícilmente disputables. Lo que queda para profundizar al final de su investigación es, sobre todo, el tema de las iglesias no orientadas. Existen numerosas iglesias y basílicas con el ábside no hacia el este, sino hacia el oeste. Entre éstas se encuentran las basílicas romanas. ¿Qué postura asumía en ellas el celebrante? ¿Tal vez se volvía hacia el este, es decir, en este caso hacia la puerta de la basílica, y así se encontraba de cara a la asamblea reunida en la nave? Diversos liturgistas que mantienen la preferencia de la Misa «hacia el pueblo» citan el caso de las basílicas romanas como un argumento fuerte en su favor. El Padre Lang dice:

> «Aun suponiendo que sacerdote y fieles estaban cara a cara en las basílicas paleocristianas con la entrada orientada al este, podríamos, sin embargo, excluir cualquier contacto visual, al menos durante el canon, dado que todos rezaban con los brazos alzados, mirando hacia arriba. De todos modos, sobre el altar no había mucho que ver, porque los gestos rituales [...] se añadieron más tarde. [...] *La* celebratio versus populum, *en el sentido moderno, era desconocida en el cristianismo antiguo, y sería anacrónico ver el prototipo de ella en la liturgia eucarística de las primeras basílicas romanas*» (Lang, p. 62; Cursiva mía).

Él luego alude a la posibilidad de explicar la orientación común de la oración en estas basílicas, implicando las representaciones artísticas en éstas, pero precisa que estas hipótesis necesitan investigaciones más profundas (cf. Lang, pp. 61-62). Aquí se comprende la importancia del ensayo de Stefan Heid –el segundo libro citado por Benedicto XVI–, que completa el libro de Lang, proporcionando una demostración documentada del hecho que el arte sagrado de las basílicas paleocristianas tenía precisamente el objetivo de construir un oriente no topográfico sino litúrgico, al que todos pudieran mirar durante la oración.

Heid explica que la postura corporal del cristiano durante la oración proviene tanto de la costumbre hebraica como de la pagana, en lo que se refiere a orar con los brazos alzados. Pero añade que «con la elevación de las manos, todavía no estaba descrito de modo comprensivo la actitud de la oración en la antigüedad cristiana. De hecho, el orante elevaba no sólo los brazos sino también los ojos»[15]. En efecto, los cristianos compartían con el mundo antiguo la idea de que el cosmos tiene un «arriba» y un «abajo», en la parte superior están

---

[15] S. Heid, «Gebetshaltung und Ostung in frühchristlicher Zeit», *Rivista di Archeologia Christiana* 82 (2006), p. 352. En adelante, daré las referencias de este artículo directamente en el cuerpo del texto.

los dioses, y en la inferior los hombres. Luego, no obstante la polémica sobre la imagen correcta de Dios, dice Heid, había un consenso fundamental respecto al hecho de que la oración era una conversación con Dios.

> «La Iglesia orante esperaba con anhelo la venida de Cristo desde el oriente. Obviamente, orando hacia el oriente, la Iglesia miraba a Cristo sentado en el trono [...] celestial. El estar libre y consciente ante Dios con los brazos abiertos, las manos y los ojos hacia arriba, es para los cristianos expresión de su ser imagen de Dios. Adoran al Creador del cielo y la tierra, que no les ha humillado ni esclavizado, sino que les permite existir en libertad» (Heid, p. 354).

En cuanto al símbolo del sol, «el hombre antiguo, en todos los casos, asociaba el sol y sus rayos a la pureza, y más precisamente a la pureza de la divinidad. Esto se desarrolló especialmente en el judaísmo» pero también «los cristianos lo consideraban del mismo modo». «En el fondo se contiene la idea de que los cristianos debían alzar las manos puras hacia el cielo; Cristo, el Sol de justicia, gira en torno a los corazones puros y luminosos» (Heid, pp. 364-365). Naturalmente, orar con las manos alzadas y, sobre todo, con los ojos mirando hacia el cielo, se adecua a los lugares al aire libre. Por eso es sorprendente que «la misma postura se observara también en lugares cerrados. Incluso si aquí no se veían ni el cielo ni el sol, éstos estaban, por así decir, presentes en la iglesia. Por eso también en la iglesia se elevaban las manos "hacia el cielo"». Por tanto, «los cristianos seguramente han mantenido la misma postura de oración dentro de las iglesias también durante la oración común de clero y fieles» (Heid, pp. 366-368). Y, por otra parte, «la iglesia constantiniana facilitaba la mirada hacia lo alto». «Las paredes fueron desmaterializadas mediante un gran número de procedimientos: renuncia a la decoración arquitectónica, en lugar de la cual se construían paredes planas decoradas con acoples de mármol y mosaicos policromados; elevación de las paredes y aperturas con grandes ventanas; adelgazamiento de las paredes exteriores de las ventanas, dando a la construcción un aspecto menos macizo; construcción de columnas unidas por arcos» (Heid, pp. 368-369).

Todo eso se entiende bien, teniendo en cuenta que, durante la liturgia, las moniciones y las fórmulas del rito invitaban varias veces a alzar los corazones, es decir, a mirar también físicamente hacia arriba. Y esto no podía no traer consecuencias acerca del enriquecimiento de las aulas litúrgicas mediante figuras. Por otra parte, la inserción del ábside, con su forma circular, símbolo de la eternidad, atraía la atención de quien miraba hacia arriba, evocando la eternidad de la condición del Cristo glorioso, sentado sobre su trono celeste. Por lo tanto, el autor escribe: «Si se nos pregunta hacia dónde miraban el sacerdote y los fieles durante la oración, la respuesta sería: ¡hacia arriba, hacia la bóveda absidal! La comunidad orante, durante la oración, no miraba, de hecho, adelante, al altar o al púlpito, sino que elevaba las manos y los ojos. Así, el ábside representaba el elemento más importante de la decoración de la iglesia, en el momento más íntimo y santo de la liturgia, la oración» (Heid, p. 369). Por consiguiente, cuando se encuentra en el ábside una imagen de Cristo entre los apóstoles y mártires, no se trata sólo de una representación, sino de su epifanía ante la comunidad orante. La comunidad entonces «elevaba las manos y los ojos "al cielo", miraba concretamente a Cristo, en el mosaico absidal, hablaba con Él dirigiéndole sus oraciones. Evidentemente, de esta manera Cristo estaba directamente presente en la imagen. Puesto que, la bóveda absidal era el punto de convergencia de la mirada orante, el arte cuidaba de proporcionar al orante lo que necesitaba: el cielo, de donde el Hijo de Dios aparecía ante la comunidad como sobre una tribuna [*Bühne*]. Para expresar en forma artística la presencia de Cristo, se escogían, más que motivos bíblicos, imágenes ideales, las cuales representaban una indefinida eternidad (*"Legisdatio/Traditio legis"* y otras). El fondo representaba un paisaje paradisiaco o la Jerusalén celeste. Era indispensable que se les concediera una visión del cielo. Precisamente por eso, la bóveda absidal se presentaba como la cúpula celeste» (Heid, pp. 370-371). Por lo tanto, «para los cristianos de la antigüedad tardía, orar y mirar forman una unidad. El orante deseaba no sólo hablar sino también esperaba ver. Si, en el ábside, se mostraban de modo maravilloso una cruz celestial o al Cristo en su gloria celeste, entonces, por esto mismo, el orante que miraba arriba podía ver exactamente esto: que el cielo se abría para él y que Cristo se le mostraba» (Heid, p. 374).

También Heid analiza el tema de la orientación, diferenciando los términos de una orientación ideal y real. Él recuerda que la orientación era una parte integrante de la postura de la oración de los antiguos cristianos y, como en el caso de rezar con las manos y los ojos alzados, también aquí se trata de una herencia común con los hebreos y los paganos. Pero, a la luz de lo que ya ha expuesto, Heid reconoce que, para los cristianos, la cuestión de una orientación entendida en sentido topográfico está en un segundo plano, porque la verdadera orientación de la oración cristiana no coincide necesariamente con la oración hacia el sol de este mundo, sino hacia el Sol de justicia, Cristo. En este sentido, orar y mirar hacia arriba eran más relevantes, porque indicaban la orientación hacia el cielo donde está el trono de Cristo glorioso. Y en este punto completa el trabajo ya excelente de Lang, porque resuelve el tema de la oración orientada en el interior de edificios litúrgicos no orientados: ¿Se volvían acaso sacerdotes y fieles hacia el este, fuera donde fuera que éste estuviere? Para Heid no es así, y el arte sacro lo indica con claridad. Él afirma que los textos patrísticos que hablan del volverse hacia oriente se refieren a la oración hecha al aire libre y no en el interior de las iglesias.

> «El este no era simplemente una dirección del cielo, sino una dimensión teológicamente rica y estrechamente vinculada con la adoración a Cristo, dimensión que la oración protocristiana no podía abandonar. Pero, ¿siempre se realizaba en un sentido geográfico o no se debía introducir más bien el concepto complementario de una orientación "ideal"? Estas y otras preguntas se aclaran rápidamente cuando se incluyen en el pensamiento la actitud de oración, la arquitectura y las imágenes decorativas. De esto se deduce una:
> *Primera regla fundamental*: el aula basílical presentaba de por sí una dirección [...]. El ábside fue sin duda un punto importante de orientación del evento litúrgico [...]. La comunidad, durante todo el servicio litúrgico y por supuesto también durante las oraciones, se encontraba en la dirección del ábside. Esto era también válido para el celebrante, ya que él y la comunidad oraban en la misma dirección y no uno enfrente del otro [...].
> *Segunda regla fundamental*: una regla férrea en la construcción de las iglesias afirmaba que el altar debía ubicarse transversalmente al eje principal del aula litúrgica; no se encontraba nunca oblicuamente en la nave, ni tampoco en modo alineado exactamente con la dirección este-oeste [...]. Es impensable y no se ha visto en ningún lugar, que convocados por el diácono, los fieles se volvieran para la plegaria eucarística a la derecha o a la izquierda hacia el verdadero oriente, mientras que los actores más importantes, a saber, el sacerdote y los

concelebrantes, no hubieran podido rezar hacia el este. Por el contrario, los fieles, en las iglesias que estaban dirigidas sólo de modo impreciso hacia el oriente, miraban hacia el ábside, de la misma manera que los celebrantes [...]. *Por lo tanto, incluso en las iglesias que estaban orientadas imprecisamente, se escogía como orientación ideal el ábside, de manera que el sacerdote y los fieles se dispusieran en la misma dirección* [...]. *Decisivo fue la orientación ideal hacia Cristo, el Sol de la justicia* [...].

Tercera *regla fundamental*: en una iglesia occidentalizada o no orientada, que presentaba un mosaico en el ábside, éste último regulaba la dirección de la oración. La decoración del ábside protocristiano adquirió por esa misma razón su significado propio, sirviendo como un punto de referencia de la oración» (Heid, pp. 379-381; cursiva mía).

Me he limitado a presentar sólo las conclusiones principales tanto del libro de M. Lang como del artículo de S. Heid, pasando por encima la documentación de apoyo, que los interesados pueden encontrar en los dos textos citados[16]. Con este panorama, sin embargo, la cuestión de la orientación en la oración litúrgica me parece suficientemente esclarecida, por lo cual verdaderamente no tiene sentido hablar de una Misa «hacia el pueblo». La idea de que el sacerdote y los fieles deberían mirarse recíprocamente ha nacido sólo en el cristianismo moderno y es completamente ajena a la mentalidad antigua y medieval. En la religión cristiana no se reza nunca el uno hacia el otro, sino siempre hacia el Señor[17]. Por lo tanto, la orientación en la oración litúrgica consiste en que todos miren en la misma dirección: o hacia oriente, entendido como símbolo cósmico del Señor Jesús que viene, o, cuando esto no fuese posible, hacia una imagen de Cristo en la bóveda absidal, hacia un crucifijo[18], o simplemente hacia el cielo. En todo caso, no estamos llamados a mirarnos unos a otros, excepto en los pocos momentos de diálogo entre el sacerdote y los fieles, previstos ya por la liturgia. La orientación física y sobre todo espiritual manifiesta y confirma la

---

[16] Véase, en particular, las observaciones de Heid sobre el caso específico de la Basílica de San Pedro, tras la reconstrucción del presbiterio realizada por San Gregorio Magno.

[17] Esto también es válido para los monjes en el coro.

[18] Sobre este punto, véase mi artículo «"Guarderanno a Colui che hanno trafitto". La centralità del Crocifisso nella celebrazione liturgica», *L'Osservatore Romano*, 9-10 marzo 2009.

esencia del culto divino de la Iglesia: no hablamos los unos con los otros como en un círculo cerrado, sino que estamos todos vueltos hacia el Señor, *conversi ad Dominum*.

La lengua de la liturgia

La primera lengua de la liturgia fue con mucha probabilidad el arameo, porque Jesús la debió haber utilizado para la institución de la Eucaristía, así como los apóstoles en las primeras celebraciones de la naciente comunidad cristiana. En Roma, la liturgia se celebraba en griego durante los primeros siglos (hoy en día ha permanecido el uso sólo del *Kyrie eleison*). Luego se pasó al latín: bajo el pontificado del Papa Dámaso († 384) el cambio de una lengua a otra ya se había efectuado[19]. El latín es la lengua más longeva de la liturgia del rito romano, pues se utiliza desde hace más de dieciséis siglos.

Partiendo de esta observación, hay que decir que no existe una única lengua para la liturgia (recuérdese que existen muchos ritos en la Iglesia católica, que se celebran en diversas lenguas). Por lo tanto, no hay una lengua particular que se deba utilizar necesariamente para la validez de la celebración litúrgica. No se puede decir que la liturgia sea católica, o romana, sólo cuando es celebrada exclusivamente en latín.

Por otro lado, cabe decir que el latín sigue siendo la lengua oficial de la Iglesia católica, y no sólo de la Iglesia occidental. Es decir, el latín es la lengua oficial también de los católicos de otros ritos que celebran la liturgia en otras lenguas. Para el rito romano, que en efecto se celebra hoy día en todas las lenguas modernas, la *editio typica* se publica siempre en latín. Además, el Código de derecho Canónico, en su can. 928, dice: «La celebración eucarística hágase en lengua latina,

---

[19] Para más información sobre el paso del griego al latín, cf. el artículo sintético pero excelente de U. M. Lang, «Il latino, vincolo di unità fra popoli e culture», *L'Osservatore Romano*, 15 de noviembre 2009, donde el autor escribe, entre otras cosas, que «esto no fue una adopción de la lengua "vernácula" en la liturgia, ya que el rito latino del Canon Romano, de las colectas y de los prefacios de la misa, se quitó del idioma de la gente común. Ésta era una lengua muy estilizada que el cristiano ordinario de la Roma de la antigüedad tardía difícilmente habría entendido [...]. El latín litúrgico fue desde el principio una lengua sagrada distinta de la lengua del pueblo».

o en otra lengua con tal que los textos litúrgicos hayan sido legítimamente aprobados». Por lo tanto, de por sí la Misa debe celebrarse en latín (también en la «forma ordinaria» o de Pablo VI), pero se concede la facultad de celebrar en otras lenguas si previamente los libros litúrgicos han sido aprobados por la Iglesia.

En los años sesenta, el latín ya declinaba notablemente en la Iglesia. El beato Juan XXIII publicó la Constitución apostólica *Veterum Sapientia* (22 de febrero 1962), intentando así corregir esta tendencia. En este documento, él exaltaba las características excelentes del latín y ordenaba que «el antiguo e ininterrumpido uso de la lengua latina sea conservado y donde hubiera caído casi en desuso, sea absolutamente restablecido»[20]. El Papa Roncalli se refería no principalmente a la liturgia, sino a la enseñanza de la teología en los seminarios. Sus exhortaciones, sin embargo, no fueron escuchadas.

El concilio Vaticano II nunca ha abolido el latín como lengua propia de los ritos que reciben su nombre de ella. Al contrario, el n. 36 de la SC establece, como principio, que:

«Se conserve el uso de la lengua latina en los ritos latinos, salvo derecho particular»[21].

Por otra parte, la Constitución sobre la liturgia –retomando la instrucción de Pío XII en la *Mediator Dei* y otros textos– admite la posibilidad de introducir lenguas vernáculas, aunque el texto se refiere sobre todo a la liturgia de la Palabra. Así pues, es difícil atribuir a los padres conciliares la voluntad de transformar toda la liturgia en lengua vernácula. Menos aún auspiciaban ellos una celebración efectuada *ubique*, s*emper et ab ómnibus* en las lenguas nacionales. Es decir, que el concilio no excluye la posibilidad de celebrar toda la Misa en lengua

---

[20] Juan XXIII, *Veterum Sapientia*: AAS 54 (1962), p. 132.

[21] SC 36 § 1: EV 1, 61. También para el Oficio: «De acuerdo con la tradición secular del rito latino, en el Oficio divino se ha de conservar para los clérigos la lengua latina» (SC 101 § 1: EV 1, 180). Sin embargo, el texto añade, inmediatamente después, que los ordinarios pueden conceder el uso del idioma nacional «en casos particulares» a aquellos clérigos a quienes el uso del latín represente un grave impedimento.

vernácula, pero éste no es su objetivo de mira. No quiso decir que las Misas se deben celebrar siempre, completamente, en lengua vernácula como de hecho ocurre hoy día[22]. Es verdad, sin embargo, que el texto de la Constitución sobre la liturgia no impide la praxis que se difundió después del concilio. En efecto, leemos: «Si en algún sitio parece oportuno el uso más amplio de la lengua vernácula, cúmplase lo prescrito en el artículo 40 de esta Constitución»[23]. Notamos que los padres dicen: «Si en algún sitio [*sicubi*]»; eso es una hipótesis reservada a casos peculiares. Se habla de un «uso más amplio [*amplior uso*]», no de una traducción completa a la lengua vernácula. Sin embargo, este texto en sí mismo no impide llegar a la praxis actual de una Misa celebrada (casi) siempre y toda en la lengua nacional. Efectivamente, el texto delega la valoración de los casos a la competente autoridad eclesiástica territorial (éste es el sentido de la referencia al n. 40, que a su vez se refiere al n. 22 § 2). Sin entrar aquí en los detalles, la autoridad territorial coincide en la práctica con la Conferencia Episcopal nacional. De por sí, ateniéndose al texto, la Conferencia Episcopal puede considerar como un bien para los propios fieles traducir toda la liturgia a la lengua vernácula, efectuar la traducción y obtener de la Santa Sede la debida *recognitio*, que en este aspecto– es necesario reconocerlo– ha siempre sido no demasiado difícil de obtener, aun también cuando se presentaban traducciones objetivamente inadecuadas. En resumen, este es el estado de la situación:

---

[22] Cf. SC 36 §§ 1-3; 54. La intención de los padres se manifiesta de modo especial en el n. 54: «En las Misas celebradas con asistencia del pueblo puede [*possit*] darse un espacio conveniente a la lengua vernácula, especialmente en las lecturas y en la "oración común" [= oración de los fieles] y, según las circunstancias del lugar, también en las partes que corresponden al pueblo [...]. Procúrese, sin embargo, que los fieles sean capaces también de recitar o cantar juntos en latín las partes del ordinario de la Misa que les corresponde» (EV 1, 91-92). Nótese que no se habla de introducir la lengua vernácula, por ejemplo, en el Canon, y que se recomienda que los fieles sepan de todos modos responder en latín. Hoy, esta última recomendación ha caído en el olvido por completo.

[23] SC 54: EV 1, 93.

a) El concilio no ha mandado la abrogación del latín en la liturgia; al contrario, ha recomendado que se mantenga.
b) En continuidad con el magisterio anterior, ha admitido la posibilidad de que determinadas partes de la liturgia puedan ser leídas en la lengua nacional[24].
c) Los padres no deseaban una liturgia toda ella en lengua vernácula, pero el texto de la SC en sí mismo, si bien no la recomienda ni la indica, no excluye que se puede llegar a esta posibilidad, aunque se contempla más bien para casos particulares.
d) Aunque la edición oficial *(typica)* de los libros litúrgicos aún siguen siendo hasta hoy publicados en latín, de hecho en el período posconciliar todas las Conferencias Episcopales se han empleado en la traducción integral a la lengua nacional de los libros litúrgicos, que de hecho son los que siempre y en todas partes se utilizan en el culto de las comunidades católicas (salvo excepciones).

Siendo éstos los datos objetivos, no nos sorprende que un cierto número de católicos –y por tanto no cismáticos– no se sienta a gusto con una liturgia que siempre y exclusivamente se celebra en lengua vernácula. Juan Pablo II fue sensible con respecto a este tema, relevando la decepción de una parte de los fieles católicos que han permanecido vinculados al latín. Así, escribió:

> «No faltan, sin embargo, quienes, educados según la antigua liturgia en latín, sienten la falta de esta «lengua única», que ha sido en todo el mundo una expresión de la unidad de la Iglesia y que con su dignidad ha suscitado un profundo sentido del Misterio Eucarístico. Hay que demostrar, pues, no solamente comprensión, sino también pleno respeto hacia estos sentimientos y deseos y, en cuanto sea posible, ir a su encuentro [...]. La Iglesia romana tiene especiales deberes para con el latín, espléndida lengua de la antigua Roma, y debe manifestarlo siempre que se presente la ocasión»[25].

---

[24] Recuérdese que antes del concilio ya era permitido leer las lecturas de la Misa en lengua vernácula (en la única forma del rito romano entonces vigente).

[25] Juan Pablo II, *Dominicae cenae*, n. 10: EV 9, 200.

Además, Juan Pablo II encargó a la Sagrada Congregación para el Culto Divino la publicación de la carta *Quattuor abhinc annos* (el 3 de octubre 1984), con la cual ofreció a los obispos diocesanos la posibilidad de conceder el indulto para la celebración de la Misa tridentina, que se celebra sólo en latín.

Por otro lado, Benedicto XVI ha dado dos directivas respecto a la liturgia en latín. La primera está en la *Sacramentum caritatis*:

> «En particular, pienso en las celebraciones que tienen lugar durante encuentros internacionales, hoy cada vez más frecuentes. Éstas han de ser valorizadas debidamente. Para expresar mejor la unidad y universalidad de la Iglesia quisiera recomendar lo que ha sugerido el Sínodo de los Obispos, en sintonía con las normas del Concilio Vaticano II: *exceptuadas las lecturas, la homilía y la oración de los fieles, sería bueno que dichas celebraciones fueran en latín*; también se podrían rezar en latín las oraciones más conocidas de la tradición de la Iglesia y, eventualmente, utilizar cantos gregorianos. *Más en general, pido que los futuros sacerdotes, desde el tiempo del seminario, se preparen para comprender y celebrar la santa Misa en latín*, además de utilizar textos latinos y cantar en gregoriano; se procurará que los mismos fieles conozcan las oraciones más comunes en latín y que canten en gregoriano algunas partes de la liturgia»[26].

En segundo lugar, el Papa ha emitido el Motu proprio *Summorum pontificium* (el 7 de julio 2007), que supera el régimen del indulto establecido por su predecesor y reconoce a los sacerdotes la facultad ordinaria de celebrar la Misa de San Pío V como «forma extraordinaria» del rito romano. Dado que los sacerdotes ya no tienen que obtener un permiso del propio obispo para celebrar con el Misal preparado por el beato Juan XXIII en 1962, es lógico que el número de Misas celebradas en latín esté aumentando. Recordemos, sin embargo, que si la Misa de San Pío V se celebra sólo en latín, la Misa de Pablo VI (dicha «forma ordinaria») puede y debería ser celebrada más a menudo en latín, o al menos algunas partes, como la liturgia eucarística, o al menos el Canon.

---

[26] Benedicto XVI, *Sacramentum caritatis*, n. 62: AAS 99 (2007) 151-152 (cursiva mía).

Hemos examinado la situación de la normativa que concierne más o menos directamente al uso del latín en la liturgia. Sin embargo, es necesario preguntarse: ¿el latín es realmente útil para la liturgia? ¿No es mejor utilizar la lengua nacional que todos entienden y que permite una mejor participación de los fieles? Hablando con personas ancianas, quienes durante muchos años –antes de la reforma litúrgica– participaban sólo en la Misa tridentina en latín, sucede que se oye decir: «Antes, ¡no se entendía nada!». Este dato no puede ser descuidado. Sin embargo, también es verdad que el dato de la sensibilidad popular sólo no es suficiente para responder a las cuestiones de carácter teológico y litúrgico, ya que la sensibilidad es variable e influenciable; y mientras que a veces expresa la sabiduría del pueblo de Dios, en otras ocasiones ha de ser purificada y elevada, de visiones reductoras o incluso de las suscitadas por la propia comodidad (nos referimos principalmente a los casos de moral), a una visión superior. Debemos reconocer que el latín es muy útil porque es la lengua sagrada por excelencia, ratificada por un uso constante de dieciséis siglos, pues con su precisión y casi invariabilidad es una defensa formidable en el marco litúrgico del dogma y de su traducción eucológica; porque transmite un sentimiento de majestad y grandeza; porque es oportuno que en el santuario resuene una voz diversa del lenguaje de la calle. El latín es de grande utilidad para ayudar al sacerdote y a los fieles a comprender que, durante el desarrollo de la liturgia, se introducen en un tiempo sagrado. Es útil para comprender que la liturgia es un momento sagrado, de encuentro con Dios, que se realiza en un espacio sagrado. Por eso, se habla de una lengua sagrada; ésta obviamente no posee una sacralidad propia, sino que transmite el sentido íntimo de la sacralidad del tiempo y del espacio en los cuales se desarrollan los ritos sagrados.

Pablo VI ha definido el latín como «fuente fecundísima de la civilización cristiana y riquísimo tesoro de piedad» en la Carta apostólica del 15 de agosto 1966, con la cual rechazó la petición de algunos religiosos que pedían pasar del Oficio en latín al de lengua vernácula. Entre los muchos motivos aducidos para apoyar su rechazo, el Papa Montini presenta el siguiente:

> «Si ya no resuena la lengua antigua y originaria de las oraciones, junto con el canto lleno de gravedad y belleza, ¿entrarán aún así de numerosos

en vuestros templos los hombres deseosos de oír las oraciones sagradas?»²⁷.

El hombre tiene necesidad de ayudas externas para elevar su espíritu hacia Dios y la Iglesia se las proporciona. El latín constituye una de estas ayudas. No porque sea una lengua hoy incomprensible para la mayoría (bastaría para eso celebrar la Misa en una lengua distinta de la del país en que uno se encuentra), sino porque es la lengua sagrada que ha formado a la Iglesia, su teología, su derecho y su santidad durante siglos. El latín comunica la majestad del misterio de Dios y manifiesta la catolicidad, es decir, el carácter universal de la Iglesia. Aunque no se entiendan las distintas palabras, el sentido profundo del misterio se transmite igualmente. Por el contrario, se puede correr el riesgo de entenderlo todo, palabra por palabra, y de no percibir nada interiormente, de no advertir la presencia del misterio. Para remediar entonces las dificultades que de la liturgia en latín pueden surgir no faltan, sobre todo en nuestro tiempo, la sensibilidad para una formación litúrgica adecuada de los fieles y la posibilidad de dar subsidios apropiados que ayuden a participar mejor en la celebración.

Por otro lado, hay algo de verdad en lo que dicen algunos fieles: «Es mejor ahora que la Misa se celebra en nuestra lengua porque antes no se entendía nada». En efecto, la liturgia tridentina era demasiado

---

²⁷ Pablo VI, *Sacrificium laudis*: EV 2, 917. Esta Carta apostólica toda entera merece ser leída y meditada. Cuatro años después, en 1970, el mismo pontífice promulgó la Constitución apostólica *Laudis canticum*, con la cual promulgaba el nuevo libro de la Liturgia de las Horas, y prescribía: «Correrá a cargo de las conferencias episcopales hacer preparar las ediciones en lengua vernácula y, tras la aprobación o confirmación de la Santa Sede, establezcan el día preciso en que tales versiones puedan o deban comenzar a utilizarse. Desde el día en que se deba utilizar estas versiones para las celebraciones en lengua vulgar, incluso aquellos que deseen continuar utilizando la lengua latina, deberán usar únicamente el texto renovado de la Liturgia de las Horas» (EV 3, 2825). Por tanto, también en el caso de una decisión a este propósito por parte de una conferencia episcopal, permanecía la libertad de seguir celebrando la Liturgia de las Horas en latín. Ahora el Motu proprio *Summorum pontificum* de Benedicto XVI ha restituido a los sacerdotes la facultad de rezar el breviario publicado por el Beato Juan XXIII.

cerrada pues se había concebido en función anti-protestante. Contra la herejía luterana, que no reconocía en el sacerdocio ministerial una diferencia verdadera de esencia respecto al sacerdocio común, el concilio de Trento, así como la sucesiva reforma litúrgica, tuvieron el deber de insistir en la función central e insustituible del ministro ordenado en la acción litúrgica. El latín y también la recitación en voz baja de diversas partes de la Misa, en particular del Canon, ponían de manifiesto el hecho de que es el sacerdote quien habla a Dios en nombre de toda la Iglesia. Quedaba claro así que la plegaria eucarística, en particular, es un acto propio del sacerdote ministro. Sin embargo también las lecturas bíblicas vinieron a ser como cosa privada del sacerdote, ya que ordinariamente las leía vuelto hacia el crucifijo, es decir, manteniendo la orientación corporal hacia el Señor, que es una postura muy apropiada para la liturgia eucarística, pero no tanto así para la liturgia de la Palabra. Mi opinión es que la liturgia de la Palabra debería ser celebrada por norma hacia la asamblea y en la lengua nacional. Dios en la Biblia habla la lengua que es entendida por el que lo escucha (hebreo o arameo en el Antiguo Testamento, griego en el Nuevo). En la Antigua Alianza, Dios habla en hebreo con Moisés, la lengua que todos podían comprender; sin embargo, después ordena que sólo los sacerdotes, y no todos, entren en la parte más interior del templo, y que únicamente el Sumo sacerdote acceda al Santo de los santos. Así hace también Jesús cuando establece con nosotros la Nueva Alianza: en el Evangelio, el Señor habla de modo que todos le puedan entender, pero sólo a los apóstoles reunidos para la última cena en la intimidad del cenáculo dice: «Haced esto en memoria mía».

En conclusión diría que no se puede hablar de la necesidad de utilizar sólo una lengua en el culto divino: esto no ha sido nunca una costumbre de la Iglesia, pero es necesario decir que el actual desafecto respecto al latín no es un signo de una buena salud del espíritu litúrgico de los sacerdotes y de los fieles. No es éste el lugar para ofrecer sugerencias concretas e indicaciones detalladas, sólo podemos repetir las directivas dadas por el Vaticano II, que han permitido un uso más amplio de las lenguas nacionales, pero de ningún modo han querido llevar a sacerdotes y fieles a ignorar la lengua latina y descuidarla por completo en la práctica litúrgica. Los sacerdotes de hoy han de comprender que el uso del latín en la liturgia no pone en peligro la participación activa de los fieles en el culto divino. A nivel concreto se podrán encontrar diversas soluciones para reintroducir de modo efectivo la lengua sagrada en los ritos latinos. Es esencial, sin embargo, superar el prejuicio negativo contra ella.

La comunión en la boca y de rodillas

En la Iglesia antigua era uso común recibir la comunión en la palma de la mano. Siendo la comunidad mucho menos numerosa que en los siglos sucesivos, debía ser más fácil mantener alto el sentido y la actitud de veneración por las especies eucarísticas, aunque la comunión se recibiese con un gesto que en sí mismo no favorece el sentido de la adoración por la presencia real de Cristo en la hostia consagrada[28]. Leamos un texto de Orígenes, en que se destaca la exhortación al pueblo a recibir respetuosamente el Cuerpo de Cristo en la mano:

> «Vosotros que asistís habitualmente a los divinos misterios, sabéis con cuánta respetuosa cautela custodiáis el Cuerpo del Señor cuando se os da, por temor de que alguna partícula o de que una parte del tesoro consagrado se pierda. Puesto que os consideraríais culpables –y en esto tenéis razón– si por vuestra negligencia se perdiese alguna cosa»[29].

Se pueden citar también textos sucesivos en que resuena el eco de las llamadas de la Iglesia para que el gesto con que se recibe la comunión sobre la palma de la mano se haga con gran reverencia[30]. Esto significa que, también cuando la Iglesia practicaba la costumbre de distribuir la comunión en la mano, siempre se ha preocupado tanto del sumo respeto debido a las especies sacramentales, como del peligro de profanación. Pero bien pronto el sentido del respeto debido empezó a disminuir, debido al número creciente de las comunidades y de las condiciones nuevas. Además, probablemente muchos cristianos comenzaron a comulgar con poca o insuficiente

---

[28] Cf. E. Zoffoli, *Comunione nella mano? Riflessioni d'indole storica, teologica e liturgica*, pro manuscripto, Roma, 1990⁴, pp. 16-19; 27-30; 63-69.

[29] Orígenes de Alejandría, In *Exodum Homiliae* XIII, 3: CCL 2, 1043.

[30] Cf. Teodoro de Mopsuestia, *Homilia XVI*, 27; Cesario de Arles, *Sermo CCXXVII*; *Synodes Autissiodorensis* (hacia 585), can. 36 y 42.

consideración de la presencia real de Cristo. Señal de ello son algunos reclamos de los Padres:

> «Sufrimos cuando, por desgracia, sucede que algo del cáliz o del pan consagrado se cae por tierra»[31].

> «Cada cual esté atento [...] que algún fragmento no vaya a caer y perderse, porque es el cuerpo de Cristo que debe ser comido por los fieles y no se debe despreciar»[32].

> «No te acerques, pues, con las palmas de las manos extendidas ni con los dedos separados, sino que, poniendo la mano izquierda bajo la derecha a modo de trono que ha de recibir al Rey, y poniendo la palma en forma cóncava, recibe el cuerpo de Cristo, respondiendo: «Amén». Súmelo a continuación cuidando de que nada se pierda de él, santificando los ojos con el contacto del santo cuerpo, porque si se perdiese, sería como si tú sufrieras la pérdida de un miembro de tu cuerpo. Pues, dime, si alguien te hubiese dado limaduras de oro, ¿no las cogerías con sumo cuidado y diligencia, prestando atención de que nada se te perdiese y resultases perjudicado? ¿No vigilarás, por tanto, con mucho mayor cuidado sobre lo que es más precioso que el oro y que las piedras preciosas, para que no se caiga ni siquiera una partícula?»[33].

Incluso cuando en los primeros siglos la comunión se recibía en la mano, se ha tenido siempre una conciencia clara de deber nutrir un sumo respeto y veneración al cuerpo eucarístico de Cristo, incluso hasta en los fragmentos más pequeños[34]. En efecto, más aún que el

---

[31] Tertuliano de Cartago, *De Corona* 3: PL 2, 79.

[32] *Traditio apostolica* 32, 2 (numeración Dix): aquí según la edición más reciente Hippolytus, *On The Apostolic Tradition* (A. Stewart-Sykes, ed.), St. Vladimir's Seminary, Crestwood (NY), 2001, p. 57 (n. 37).

[33] Cirilo de Jerusalén, *Catecheses mystagogicae*, V, 21: en PG 33, 1125. Las discusiones especializadas sobre la paternidad y otros aspectos pertinentes a este texto no quitan nada al valor de las afirmaciones que contienen ni su antigüedad (véase también las notas críticas en la edición SC 126, 170).

[34] Esto vale, obviamente, no sólo para los fieles, sino también para los ministros sagrados. Éstos deben prestar toda atención, evitando sin embargo el escrúpulo, en la purificación de los dedos y de los vasos sagrados. Cf. S. Roscelletti, «La purificazione dei vasi liturgici», *Sacerdos* 11, enero-febrero 2006, pp. 27-29.

temor de profanación, lo que ha llevado a la Iglesia a cambiar el modo de distribuir la comunión ha sido la conciencia progresiva de la grandeza del sacramento, el cual contiene la presencia real de Cristo. Consciente de la importancia del momento de la sagrada comunión eucarística, la Iglesia ha buscado el modo de encontrar una expresión ritual que pudiera testimoniar de la mejor manera su fe, su amor y el respeto hacia las especies eucarísticas. Esto se ha verificado a partir al menos del siglo VI, cuando la Iglesia comenzó a adoptar la modalidad de distribuir la comunión directamente en la boca. El sínodo de Córdoba, del 839, condenó la secta de los «casianos» porque rechazaron la modalidad de recibir la sagrada comunión directamente en la boca. El sínodo de Rouen, en el año 878, confirmó la norma vigente de la distribución del cuerpo del Señor en la boca, amenazando a los ministros sagrados con la suspensión de su oficio si hubieran distribuido a los laicos la comunión sobre las manos[35]. En el mismo siglo IX, el paso del uso de pan fermentado al pan ázimo representó un incentivo ulterior, dado que las partículas del pan ázimo se adhieren más fácilmente a la lengua de los que comulgan.

Se ve, entonces, que la práctica general de distribuir la comunión en la boca no llega a madurar en el medioevo-tardío. Sin embargo, es ya defendida como praxis establecida y común como mínimo desde el siglo IX. Finalmente, en el siglo XIII, Santo Tomás sostiene que según la norma nadie que no sea el sacerdote, debería tocar el cuerpo de Cristo:

> «Corresponde al sacerdote la administración del cuerpo de Cristo por tres razones: [...] Tercera, porque por respeto a este sacramento ninguna cosa lo toca que no sea consagrada, por lo tanto los corporales como el cáliz se consagran, lo mismo que las manos del sacerdote, para poder

---

[35] «[Presbyter] illud etiam attendat ut eos [fieles] propria manu communicet, nulli autem laico aut foeminae Eucharistiam in manibus ponat, sed tantum in os eius cum his verbis ponat: "Corpus Domini et sanguis prosit tibi in remissionem peccatorum et ad vitam aeternam". Si quis haec transgressas fuerit, quia Deum omnipotentem contemnit, et quantum in ipso est inhonorat, ab altari removeatur», J. D. Mansi (ed.), *Sacrorum Conciliorum noua et amplissima collectio*, 54 vol. Welter, París, 1901-1927 (reed. anastatica: Akademische Druck- u. Verlagsanstalt, Graz, 1960-1962), X, 1099-1100.

tocar este sacramento. Por eso, a nadie le está permitido tocarlo, fuera de un caso de necesidad, como si, por ejemplo, estuviese por caer al suelo o cualquier otro caso semejante»[36].

Más allá de los incontestables datos históricos, debemos decir que no cuenta tanto *cuándo* la Iglesia adoptó esta praxis, cuanto sobre todo reflexionar sobre *el hecho* de que consideró oportuno recomendar este uso en vez de la costumbre de los primeros siglos. Esta evolución se puede considerar, en efecto, como uno de los frutos de la espiritualidad y de la devoción eucarística de los Padres de la Iglesia. Ya en el primer milenio, debido al carácter sumamente sagrado del pan eucarístico, la Iglesia ha ido percibiendo progresivamente tanto en Occidente como en Oriente, la gran oportunidad de distribuir la sagrada comunión directamente en la boca. La comunión en la boca no es una traición de la praxis litúrgica antigua, sino que es la realización del anhelo de los Padres, esto es, que la hostia sea venerada y respetada lo máximo posible. Por esta razón un obispo argentino ha escrito que «la comunión en la mano es el modo de comulgar que tuvieron los Santos Padres pero la comunión en la boca es el modo que hubieran deseado tener»[37]. Más recientemente, un obispo del Kazakstán ha afirmado lo siguiente: «Esta evolución orgánica [de una práctica a otra en la distribución de la comunión] se puede considerar como *un fruto de la espiritualidad y de la devoción eucarística del tiempo de los Padres de la Iglesia*»[38]. Lo ilustro con algunas otras citas, que manifiestan el celo, en la época patrística, de la salvaguarda de los fragmentos:

> «Jesús llenó el pan de sí mismo y del Espíritu Santo, y lo llamó su cuerpo vivo. Lo que ahora os he dado, dijo, no lo consideráis pan, ni tampoco piséis sus fragmentos. El mínimo fragmento de este pan puede santificar a una multitud de hombres y basta para dar la vida a todos los que lo comen»[39].

---

[36] Tomás de Aquino, *Summa Theologiae* III, 82, 3.

[37] J. R. Laise, *Comunión en la mano. Documentos e historia*, Vórtice, Buenos Aires, 2005[4,] p. 70.

[38] A. Schneider, *Dominus est. Riflessioni di un vescovo dell'Asia Centrale sulla sacra Comunione*, LEV, Ciudad del Vaticano, 2008, p. 25.

[39] Efrén Siríaco, *Sermones in hebdomada sancta*, 4, 4: en T. J. Lamy (ed.), *Sancti Ephraem Syri hymni et sermones*, 2 vol., H. Dessain, Mechelen 1882-1886, I, p. 96.

«No hay ninguna diferencia entre las partes mayores o menores de la Eucaristía, incluso aquellas más pequeñas que se pueden percibir con la agudeza de la vista; éstas merecen la misma veneración y poseen la misma dignidad que el pan entero»[40].

«¡Dios no lo quiera! ¡Qué ninguna de las perlas [= las hostias] o de los fragmentos consagrados adhiera a los dedos o caiga en tierra!»[41].

Abordando el tema de la comunión en la mano, como en cualquier otro tema litúrgico, es necesario evitar la tendencia arqueologista que no reconoce, en el desarrollo verificado en el interior de la Iglesia, un enriquecimiento, sino por el contrario un empobrecimiento, y que por esto va en busca de ritos y costumbres que puedan jactarse de mayor antigüedad[42]. La liturgia se enriquece con el crecimiento de la tradición eclesial, y las necesarias reformas no pueden ignorar o desvalorizar cuanto de mejor la tradición ha desarrollado[43]. Por eso precisamente, como ya he sugerido, más que preguntarnos cómo se distribuía la comunión en la Iglesia de los primeros siglos, deberíamos

---

[40] *Collectiones canonum Copticae*, en H. Denzinger (ed.), *Ritus orientalium, coptorum, syrorum et armenorum in administrandis sacramentis,* Stahel, Wurzburgo, 1863, I, p. 96.

[41] *Ibid.*, p. 95. Las pp. 94-98 presentan un gran número de *caveat* de las liturgias orientales, que reclaman el máximo cuidado también hacia los fragmentos minúsculos de las especies eucarísticas.

[42] Nótese que el arqueologismo no consiste simplemente en preferir lo que es precedente a lo que es sucesivo. Consiste más bien en buscar lo que es más antiguo, o sea «originario», es decir, las costumbres vigentes en los primeros tres siglos del cristianismo, antes de la era constantiniana. Aquí no podemos explicar los motivos de esta elección precisa que, a mi parecer, están bastante claros. Pío XII, como ya hemos visto, rehusando el «arqueologismo», utiliza la expresión *antiquitatum cupido*, codicia de las antigüedades (Cf. *Mediator Dei* I, 5: EE 6, 490). Está claro, por tanto, que lo que enseña en este pasaje de su Encíclica sobre la liturgia se entiende con referencia a la precisión aducida aquí.

[43] Es así –o sea como un progreso– como la Instrucción de la Sagrada Congregación para el Culto Divino, *Memoriale Domini*, interpreta la introducción de la comunión exclusivamente en la boca; cf. EV 3, 1275-1278.

preguntarnos por qué la Iglesia ha cambiado su antigua praxis en favor de otra.

Y los motivos del cambio son diversos, algunos vinculados a aspectos de orden práctico, como la imposibilidad de controlar la limpieza de las manos de los fieles[44], la voluntad de evitar la dispersión de los fragmentos, o peor aún el hurto de las partículas; otros de carácter devocional, porque la comunión en la boca favorece el sentido de reverencia de los fieles hacia la Eucaristía y de adoración por la presencia real de Cristo, e incluso el sentimiento filial hacia la Madre Iglesia que pone en la boca de sus hijos el pan de vida eterna. A nivel teológico, la actitud más adecuada ante el don de recibir la comunión es la actitud de la receptividad, de la humildad, del dejarse nutrir, la actitud del niño. La palabra de Cristo que nos invita a acoger el Reino de Dios como los niños (cf. Lc 18, 17), puede encontrar su ilustración de modo muy sugestivo en el gesto de recibir el pan eucarístico directamente en la boca y tal vez también de rodillas[45]. La actitud del niño es la más verdadera y profunda actitud de un cristiano ante su Salvador, que lo nutre con su cuerpo y su sangre según las siguientes conmovedoras expresiones patrísticas:

> «El Logos lo es todo para el niño: padre, madre, pedagogo y nodriza. "Comed mi carne, dice Él, y bebed mi sangre" [...] ¡O increíble misterio!»[46]

---

[44] Sobre el tema de las exigencias de higiene, cf. E. Zoffoli, *Comunione sulla mano?*, pp. 93-95.

[45] La rúbrica de la *editio typico tertio emendata* (2008) del Misal Romano establece (n. 160): «Los fieles comulgan estando de rodillas o de pie, según lo haya determinado la Conferencia de Obispos. Cuando comulgan de pie, se recomienda que, antes de recibir el Sacramento, hagan la debida reverencia, la cual debe ser determinada por las mismas normas». Por lo tanto, está claro que la comunión de rodillas es una posibilidad prevista también por el actual Orden del Misal; más aún, por el tenor del texto parecería que sigue siendo la manera preferida y considerada la mejor. Incluso allí donde las conferencias episcopales han establecido que la comunión se reciba normalmente de pie, no se puede negar la comunión a los que desean recibirla de rodillas: Cf. Congregación para el Culto Divino e la Disciplina de los Sacramentos, *Redemptionis sacramentum*, n. 91: EV 22, 2277.

[46] Clemente de Alejandría, *Pedagogus*, I, 6, 42, 3: SC 70, 186-188.

«Con este misterio eucarístico, Cristo se une a cada fiel; y a los que ha generado, los nutre de sí mismo y no los confía a otro. ¿No veis con cuánto impulso los recién nacidos acercan sus labios al pecho de la madre? Ahora bien, acerquémonos con el mismo ardor a esta sagrada Mesa y al pecho de esta bebida espiritual; ¡más aún, con un ardor mayor que el de los niños!»[47].

Se comprende cómo la comunión en la boca (y de rodillas) sea mejor –bajo diversos aspectos– que su recepción de pie y, sobre todo, en la palma de la mano. Un alimento cualquiera lo tomamos solos[48], pero el alimento que Dios nos da, el ministro de la Iglesia nos lo pone en la boca. Eso requiere humildad. Hay que sentirse siempre «niños», más que católicos «adultos»[49]. El hecho de que hoy en día no se venere más la Eucaristía como se debería no es debido sólo a que cada uno

---

[47] Juan Crisóstomo, *In Ioannem Homiliae*, LXXXII, 5: citado en A. Schneider, *Dominus est*, pp. 29-30.

[48] Es verdad que la forma viene de todos modos distribuida por el ministro, también cuando la comunión se da en la mano. En este sentido, no se puede decir que los fieles toman el pan eucarístico por sí mismos. Sin embargo, sigue siendo verdad que en el fondo ellos auto-comulgan, llevando la hostia con la mano a su boca. El gesto entonces –¡perdonen la comparación!– puede ser comparado instintivamente en la mente de los fieles con la adquisición de un género alimenticio de inmediato consumo: no lo toma con su propia mano, porque el encargado para la venta nos lo da; sin embargo, luego nosotros lo llevamos a la boca para consumirlo. Enrico Zoffoli escribe: «La Comunión "dada en la mano" reduce notablemente el sentido de la grandeza de Dios, rebajándola al nivel de la banal función nutritiva, e incluso en creyentes más reflexivos y avisados el *elemento sensible* con frecuencia, al final, prevalece sobre el *Misterio de la Presencia Real*», *Comunione sulla mano?*, p. 63.

[49] Recientemente un periodista italiano publicó una guía sobre las maneras de celebrar la Misa en Italia, en la que afirma que recibir la comunión en la mano *representa* «la soberbia del catolicismo adulto»: C. Langone, *Guida alle Messe. Quelle da non perdere: dove e perché*, Mondadori, Milano, 2009, p. 41. Mientras esta afirmación se puede aceptar, no es posible hacerlo así con otras expresiones que utiliza el autor, tal como: tomar la hostia «con las zarpas» (p. 49), o agarrarla «con las manazas» (p. 58). Entre tantos motivos, muy válidos, por los que los fieles no deberían recibir la comunión en la mano, no puede incluirse el desprecio hacia sus manos.

manipula la hostia santa según su antojo –y la muestra de ejemplos a aducir, algunos de los cuales incluso grotescos, sería verdaderamente amplia–, pero ciertamente la actual praxis no ayuda a desarrollar la conciencia del misterio tremendo con el que entramos en contacto a través de la comunión sacramental.

Llegados a este punto nos podemos preguntar: si la Iglesia por más de mil años ha distribuido la comunión sólo en la boca y no en la mano, y si este progreso de la tradición litúrgica se considera mejor, ya sea desde el punto de vista litúrgico (por el principio de la verdad de los signos y de los gestos), ya sea desde el punto de vista espiritual (por la mayor reverencia que inspira) y teologal (por el estímulo que representa para la fe en la presencia real), ¿cómo es posible que hoy en día esté vigente la praxis contraria? Se sabe que el Vaticano II no ha dicho ni una palabra sobre un posible cambio en la modalidad de distribución de la comunión. ¿De dónde viene esta posibilidad nueva?

Históricamente hablando, la reintroducción de la comunión en la mano no es debida, ni tampoco hasta hoy lo es, a una decisión positiva de la Santa Sede, sino a un número enorme de concesiones. Esta práctica empezó, como un verdadero y propio abuso, entre los años cincuenta y sesenta, sobre todo en los países con una fuerte presencia protestante (algunos protestantes comulgaban ya entonces de este modo). En razón de la solicitud de algunos obispos y teólogos, que pedían que se recuperara esta costumbre antigua también en la Iglesia católica, Pablo VI ordenó que se hiciera una consulta general al episcopado latino. La gran mayoría de los obispos del mundo entero dio una respuesta negativa a la posibilidad de reintroducir el uso antiguo de la comunión en la mano. Por esto, la Instrucción *Memoriale Domini*, del 29 de mayo 1969, dice:

> «El Sumo Pontífice ha decidido no cambiar el modo hace mucho tiempo recibido de administrar a los fieles la Sagrada Comunión. En consecuencia, la Sede Apostólica exhorta calurosamente a los obispos, sacerdotes y fieles que se conformen diligentemente a la ley vigente y nuevamente confirmada»[50].

---

[50] Sagrada Congregación para el Culto Divino, *Memoriale Domini*: EV 3, 1281.

Por extraño que pueda parecer, esta decisión de Pablo VI está todavía vigente, ya que nunca ha sido modificada por ningún pontífice sucesivo. La norma general hoy en vigor es que la santa comunión se recibe sólo en la boca, y que está prohibido recibirla en la mano. Entonces, ¿cómo es posible que las cosas se hagan de modo distinto? Es posible porque, justo después, la *Memoriale Domini* añadía:

> «Pero si el uso contrario, es decir, el de poner la Santa Comunión en las manos, hubiere arraigado *ya* en algún lugar, la misma Sede Apostólica, con el fin de ayudar a las Conferencias Episcopales a cumplir el oficio pastoral, […] confía a las mismas Conferencias el encargo y el deber de examinar las circunstancias peculiares […]. Ahora bien, en tales casos, para la debida ordenación del mencionado uso, las Conferencias Episcopales, previo estudio prudente, tomarán los oportunos acuerdos, en votación secreta y por mayoría de dos tercios de los votos; acuerdos que luego han de presentar a la Santa Sede, para su necesaria confirmación […]. *La Santa Sede ponderará cuidadosamente cada caso*»[51].

Así pues, la Instrucción, por un lado prohíbe la comunión en la mano, pero por otro, para ayudar a algunos obispados que encontraban difícil la extirpación del abuso *ya* existente y enraizado, abre a la posibilidad de pedir –tras un discernimiento atento– un indulto para los casos particulares. En cierto sentido, se podría decir que se rencuentra aquí la misma dinámica con la que nos hemos topado en la SC respecto al latín y a la lengua vernácula. Al nivel de principio, se da una directiva clara, pero luego la valoración de los casos particulares se confía a las Conferencias de los obispos. No obstante, el caso de la comunión en la mano se diferencia del otro porque, respecto de la lengua, las Conferencias Episcopales han aplicado al grado máximo las posibilidades previstas por la Constitución litúrgica, mientras que en este caso se ha ido mucho más allá de la *Memoriale Domini*. Ésta, en efecto, preveía la posibilidad del indulto a la regla general sólo para casos particulares, donde el abuso de la comunión en las manos fuera ya practicado y arraigado, y resultara difícil o peligroso, para el bien de los fieles, el extirparlo. En cambio, después de la publicación de la Instrucción, una detrás de otra casi todas las Conferencias Episcopales han pedido y obtenido el

---

[51] *Ibid.*: EV 3, 1282-1283 (cursiva mía).

indulto. Hay que reconocer, honestamente, que la Instrucción aseguraba que la Santa Sede, antes de conceder el indulto, iba a evaluar cuidadosamente los diversos casos. Pero, de hecho, el indulto se concedió a todas las Conferencias Episcopales, por el solo hecho de haberlo pedido.

Nos encontramos, por lo tanto, en una situación paradójica: para la norma universal *vigente*, está prohibido en la Iglesia católica recibir la comunión en la mano; pero por el régimen del indulto, casi universal, igualmente vigente, prácticamente en todo lugar se recibe la comunión en la mano. La situación es paradójica precisamente porque el indulto ha llegado a ser de hecho universal, o sea la excepción prevista para casos particulares −excepción que, por definición, confirma la regla−, en este caso ha llegado a ser la regla (aunque sólo *de facto*, absolutamente no *de iure*)[52].

Por tanto, hay que aplaudir el uso recientemente introducido por el Papa Benedicto XVI en la liturgia pontificia, en la cual los fieles que reciban la comunión de la mano del Santo Padre podrán hacerlo sólo de rodillas y en la boca.

He dedicado este capítulo al desarrollo de tres aspectos particulares que, si se cuidan de modo adecuado, son de gran ayuda para una digna celebración y para aumentar la participación activa del clero y de los fieles en la liturgia. Me parece oportuno, para concluir,

---

[52] En este sentido, es obvio que la Instrucción *Redemptionis sacramentum*, publicada el 26 de marzo 2009 por la Congregación para el Culto Divino y la Disciplina de los Sacramentos −teniendo en cuenta la situación de hecho− diga en el n. 92: «Aunque todo fiel tiene siempre derecho a elegir si desea recibir la sagrada Comunión en la boca, si el que va a comulgar, en los lugares donde la Conferencia de Obispos lo haya permitido, con la confirmación de la Sede Apostólica, quiere recibir en la mano el Sacramento, se le debe administrar la sagrada hostia»: EV 22, 2298. Seguidamente después, la Instrucción confirma un pronunciamiento precedente de la misma Congregación (cf. *Notitiae* 36 [1999], pp. 160-161) para la cual «si existe peligro de profanación, no se distribuya a los fieles la Comunión en la mano». Pero se recuerda que no sólo viola las normas actuales quien habitualmente rehúsa dar la comunión en la mano, sino también quien obliga a los fieles a recibirla únicamente de este modo, rehusando ponerla en la lengua de los fieles que lo desean. Cfr. EV 18, 856.

citar otra vez el pasaje del Concilio de Trento, ya presentado en el capítulo primero:

> «Como la naturaleza humana es tal que sin los apoyos externos no puede fácilmente levantarse a la meditación de las cosas divinas, por eso la piadosa madre Iglesia instituyó determinados ritos, [...] con el fin de encarecer la majestad de tan grande sacrificio y excitar las mentes de los fieles, por estos signos visibles de religión y piedad, a la contemplación de las altísimas realidades que en este sacrificio están ocultas»[53].

La lengua, pero sobre todo la orientación de la oración y el modo de distribuir la santa comunión forman parte de los signos que la iglesia debe presentar a sus propios fieles y, en general, a todos los hombres para manifestar, y al mismo tiempo hacer crecer, la percepción de la presencia de Dios en la liturgia.

---

[53] Concilio de Trento, *Sessio XXII: Doctrina et canones de ss. Missae sacrificio*, cap. 5: DS 1746.

Capítulo 8

La belleza de la Liturgia

Dediquémonos ahora a un tema por el título sin duda cautivador, pero que puede también resultar ambiguo: la belleza de la liturgia. ¿Qué se entiende con esta expresión? ¿Se refiere tal vez a los ardides necesarios para embellecer la liturgia? Y, en este caso, ¿cómo hay que hacer para que la liturgia sea realmente bella? Por otra parte, en nuestros días, caracterizados por una cultura pluralista, si no relativista, ¿existe un concepto unívoco de la belleza con el que estén de acuerdo todos los que participan en el rito sagrado?

Comenzamos a analizar este tema con una cita de la *Sacramentum caritatis* de Benedicto XVI:

> «La relación entre misterio creído y celebrado se manifiesta de modo peculiar en el valor teológico y litúrgico de la belleza. En efecto, la liturgia, como también la Revelación cristiana, está vinculada intrínsecamente con la belleza: es *veritatis splendor*. En la liturgia resplandece el misterio pascual mediante el cual Cristo mismo nos atrae hacia Sí y nos llama a la comunión. En Jesús, como solía decir san Buenaventura, contemplamos la belleza y el fulgor de los orígenes. Este atributo al que nos referimos no es mero esteticismo sino el modo en que nos llega, nos fascina y nos cautiva la verdad del amor de Dios en Cristo, haciéndonos salir de nosotros mismos y atrayéndonos así hacia nuestra verdadera vocación: el amor. Ya en la creación, Dios se deja entrever en la belleza y la armonía del cosmos (cf. Sb 13,5; Rm 1,19-20). Encontramos después en el Antiguo Testamento grandes signos del esplendor de la potencia de Dios, que se manifiesta con su gloria a través de los prodigios hechos en el pueblo elegido (cf. Ex 14; 16,10; 24,12-18; Nm 14,20-23). En el Nuevo Testamento se llega definitivamente a esta epifanía de belleza en la revelación de Dios en Jesucristo. Él es la plena manifestación de la gloria divina. En la glorificación del Hijo resplandece y se comunica la gloria del Padre (cf. Jn 1,14; 8,54; 12,28; 17,1). Sin embargo, esta belleza no es una simple armonía de formas; "el más bello de los hombres" (Sal 45[44] ,33) es también, misteriosamente, quien no tiene "aspecto atrayente, despreciado y evitado por los hombres [...], ante el cual se ocultan los rostros" (Is 53,2). Jesucristo nos enseña cómo la

verdad del amor sabe también transfigurar el misterio oscuro de la muerte en la luz radiante de la resurrección. Aquí el resplandor de la gloria de Dios supera toda belleza mundana. *La verdadera belleza es el amor de Dios que se ha revelado definitivamente en el Misterio pascual.*

La belleza de la liturgia es parte de este misterio; es expresión eminente de la gloria de Dios y, en cierto sentido, un asomarse del Cielo sobre la tierra. El memorial del sacrificio redentor lleva en sí mismo los rasgos de aquel resplandor de Jesús del cual nos han dado testimonio Pedro, Santiago y Juan cuando el Maestro, de camino hacia Jerusalén, quiso transfigurarse ante ellos (cf. Mc 9,2). *La belleza, por tanto, no es un elemento decorativo de la acción litúrgica; es más bien un elemento constitutivo, ya que es un atributo de Dios mismo y de su revelación. Conscientes de todo esto, hemos de poner gran atención para que la acción litúrgica resplandezca según su propia naturaleza*»[1].

Benedicto XVI aclara que la belleza de la liturgia no es un factor extrínseco, un accidente, algo que el hombre añade de vez en cuando. La liturgia posee en sí misma una belleza propia. Ésta consiste en el hecho de que la liturgia es «un asomarse del cielo sobre la tierra», es contemplar a Cristo en la luz de su gloria y quedarse asombrado como los apóstoles en el monte Tabor. Este Dios, que es y se muestra bello, hace bella la liturgia. El Papa nota, inmediatamente que, en la liturgia, Cristo, el más bello entre los hijos del hombre, se presenta también con su rostro desfigurado por los golpes sufridos en la Pasión: el Cristo resucitado no excluye al Cristo que sufre. Ambos rostros de Cristo se nos presentan en la liturgia, y ambos son bellos, porque el amor nos permite vislumbrar la belleza en cualquier forma que se nos presente.

Así, el amor por la Persona de Cristo embellece la liturgia. Cuando eso se comprende y se vive, es decir, cuando nos damos cuenta de que la liturgia es bella cuando existe un amor verdadero por Cristo y no con las decoraciones producidas por nuestra inventiva, entonces se hará concreto todo lo que está en nuestra posibilidad para manifestar con signos y gestos adecuados la naturaleza propia de la liturgia. En este caso, el amor por la liturgia no consistirá en un «estetismo» sin fundamento teológico y espiritual, sino en el cuidado de un misterio percibido en su valor y, por consiguiente, en su belleza

---

[1] Benedicto XVI, *Sacramentum caritatis*, n. 35: AAS 99 (2007), pp. 133-134 (cursiva mía).

profunda. También en este caso, sin una adecuada *lex credendi*, no puede existir una buena *lex orandi*.

La sacralidad de la liturgia como percepción de la Presencia

La *Plegaria eucarística II* del Misal de Pablo VI, inmediatamente después de la consagración, reza con las palabras siguientes:

> «Así, pues, Padre, al celebrar ahora el memorial de la muerte y resurrección de tu Hijo, te ofrecemos el pan de vida y el cáliz de salvación, y te damos gracias porque nos haces dignos de servirte en tu presencia»[2].

Se desprende que la liturgia se realiza en presencia de Dios. El sacerdote y los fieles dan gracias a Dios por haberlos acogido en su presencia para desempeñar el ministerio sacerdotal propio (y distinto). En la liturgia, tanto el sacerdote como los bautizados con el propio sacerdocio común, están en presencia de Dios porque Él lo permite, porque Dios los admite. Se trata de la idea sugerida por el Papa Benedicto, de que la liturgia es «un asomarse del cielo sobre la tierra», es Dios que se hace presente y nos admite ante su majestad. Lo cual nos hace recordar el pasaje de Pío XII, ya citado, acerca de la Liturgia de las Horas, y retomado en la SC 83:

> «El Verbo de Dios, al tomar la naturaleza humana, introdujo en el destierro terreno el himno que se canta en el cielo por toda la eternidad. Él une a Sí a toda la comunidad humana y se la asocia en el canto de este himno de alabanza»[3].

Es el Verbo encarnado quien nos permite celebrar la liturgia; es el cielo que se abre el que permite a la tierra responder. Por eso, la liturgia no es principalmente *congregatio fidelium*, ni un círculo cerrado en que nosotros decidimos encontrarnos tal vez para animarnos mutuamente, y sentirnos los protagonistas de la fiesta al menos una vez por semana en medio de la monotonía de lo cotidiano. La liturgia es la convocación por parte de Dios a estar en su presencia. Percibir la presencia de Dios en la liturgia es el elemento más importante, tanto

---

[2] *Misal romano* (2002), «Plegaria Eucarística II».
[3] Pío XII, *Mediator Dei*, III: EE 6, 567.

para el *ars celebrandi* como para la *actuosa participatio*. El arte de la celebración no consiste en enfatizar los gestos, ni en la pronunciación teatral de las palabras; y la participación activa de los fieles no consiste necesariamente en participar de algún modo en primera persona en la representación que tiene lugar. En ambos aspectos es esencial darse cuenta de que se actúa ante Dios, que todos –ministro y fieles– están ante el Señor que está presente. Esto es, en el fondo, el aspecto sagrado de la liturgia y, si falta éste, la liturgia se degrada a una iniciativa humana.

Pablo VI, en su Encíclica *Mysterium fidei*, retoma la doctrina de la presencia litúrgica presentada por Pío XII y por el Vaticano II, y la explica ampliamente. No puedo exponerla de manera detallada, pero me place transcribir un pasaje patrístico que el Papa Montini cita en este contexto:

> «Quiero añadir una cosa verdaderamente maravillosa, pero no os extrañéis ni turbéis. ¿Qué es? La oblación es la misma, cualquiera que sea el oferente, Pablo o Pedro; es la misma que Cristo confió a sus discípulos, y que ahora realizan los sacerdotes; ésta no es, en realidad, menor que aquélla, porque *no son los hombres quienes la hacen santa, sino Aquel que la santificó*. Porque así como las palabras que Dios pronunció son las mismas que el sacerdote dice ahora, así la oblación es la misma»[4].

Este texto nos ayuda a comprender que la belleza de la liturgia no depende de nosotros. Que la celebre Pedro o Pablo da lo mismo. No hace falta buscar a un sacerdote que celebre la Misa «bellamente» o celebre un «bello» bautismo, porque Pedro o Pablo, o el último de los sacerdotes, hacen lo mismo. No somos nosotros los que santificamos la liturgia con nuestros esfuerzos; al contrario, debemos aprender a reconocer la belleza intrínseca de su santidad. Pablo VI desarrolla el tema de la presencia como la consecuencia directa del hecho de que la Misa es un sacrificio verdadero. Y eso supone, de nuevo, que sin la recta doctrina teológica no se puede tener una recta comprensión de la liturgia.

En este punto, quisiera recordar la parábola evangélica del fariseo y del publicano que se dirigen al templo para orar (cf. Lc 18, 9-14). El

---

[4] Juan Crisóstomo, *In Epistulam 77 ad Timotheum*, 2, 4, citado en: Pablo VI, *Mysterium fidei* n. 39: EE 7, 882 (cursiva mía).

fariseo se adentra en el atrio interior, atrio de los israelitas, tal vez hasta llegar junto al santuario, es decir, a la parte reservada a los sacerdotes. Ya que se considera justo, puede tratar con Dios con cierta familiaridad. El fariseo comienza su elenco de méritos, poniendo ante Dios toda su capacidad y ardor. Su oración consiste en presentar ante Dios el repertorio de las cosas buenas que ha hecho por el Omnipotente, y falta poco para que llegue a pedir a Dios que le dé las gracias por tantos buenos servicios. El publicano, al contrario: permanece a distancia, porque no se siente digno de acercarse a la morada, al tabernáculo, donde justamente sólo los sacerdotes consagrados al Señor tienen acceso. Se siente como un mendigo mal tolerado en la casa de Dios y ni siquiera sueña con ponerse al mismo nivel que el Señor, ni con echarle en cara sus pocos méritos. Simplemente, golpeándose el pecho, implora perdón por sus pecados. San Agustín ha expresado el significado de todo esto:

> «¿Qué es lo que le pide a Dios? Buscad en sus palabras, y encontraréis que no pide nada. Subió al templo, digamos que para orar; pero no pide nada a Dios, sólo se alaba. E incluso es demasiado poco para él el no pedir nada a Dios y alabarse, sino que, además, insulta al que ora a su lado: ¡es el colmo! El publicano, "en cambio, se quedó atrás" y, sin embargo, se acercó a Dios; lo que se reprochaba en su corazón parecía alejarle, pero su amor le acercó a Dios. Este publicano se mantuvo a distancia, pero el Señor se acercó a él para escucharle. "El Señor es sublime, se fija en el humilde», mientras que «de lejos conoce al soberbio", como el fariseo (Sal 137,6) [...]. Escuchad más: "Se golpeaba el pecho". Por sí mismo cree que merece un castigo; por eso Dios perdona la culpa a este hombre que confiesa su falta. "¡Oh Dios!, ten compasión de este pecador": ¡he aquí alguien que ora!»[5].

Podemos decir que para el fariseo la presencia de Dios es casi accesoria; para él importa realizar con perfección todo lo que se ha propuesto, es decir enumerar con orden sus méritos y al tiempo despreciar a quien no está en grado de hacer como él. Si Dios

---

[5] Agustín de Hipona, *Sermo* CXV, 2: según la edición italiana S. Agostino, *Discorsi*, II/2: *(86-116) Sul Nuovo Testamento* (L. Carozzi, ed.), Città Nuova, Roma, 1983, pp. 481; 483. Agustín se expresa con términos parecidos en los *Sermones* XVI/B, 4 y CCXC, 6, 6, así como en *Enarrationes in psalmos*, LXXIV, 10 y en otros muchos pasajes de sus obras.

verdaderamente está allí para escuchar o no, esto no es lo decisivo; lo importante es el sentimiento de orgullo y de satisfacción que el fariseo saca de esta práctica. El caso del publicano es totalmente distinto. Para él es cierto que Dios está allí. En efecto, el publicano no se permite a sí mismo acercarse demasiado, ni siquiera levantar los ojos hacia el tabernáculo. Sabe que Dios está allí: a pesar de ser pecador, percibe su presencia y pide perdón. Jesús concluye la parábola asegurando que lo obtuvo.

La oración cristiana o se vive como experiencia de presencia, o es vacía e inútil. El punto decisivo es el de la interioridad (cf. Jn 4, 23). La liturgia es el momento supremo en que los cristianos, tanto la comunidad como el individuo, pueden crecer en la interiorización del misterio de Dios y de su presencia entre nosotros. Por eso, también las actividades exteriores y visibles de la liturgia han de tener siempre un valor simbólico profundo, de referencia, conforme al carácter sacramental de la liturgia. Cuando se descuida este hecho fundamental, se concentra uno sólo en la actividad, las palabras, los gestos exteriores, considerando que éstos se deben siempre reinventar con creatividad, de otra manera aburren. Así, hoy día se ha generado un concepto de liturgia como un «escenificar los papeles». Pero la liturgia en realidad es lo opuesto; ésta debe despojar al hombre de su «papel», es decir, de algo que, en la vida cotidiana, debe desempeñar, y lo debe poner de nuevo al desnudo (como en el Edén, antes del pecado), ante Dios y ante sus hermanos en la fe. Desempeñar un papel no coincide con el comunicarse de persona a persona, que es lo que precisamente la liturgia se propone favorecer. La oración comunitaria litúrgica es una oración pensada en orden a orar verdaderamente, es decir, no para conversar el uno con el otro superficialmente, sino para hablar con Dios y, consiguientemente, también entre nosotros de un modo más profundo.

Todo ello implica que la liturgia es una verdadera mistagogia, una entrada en el mundo de Dios y de la Iglesia. No se puede entrar y salir de ella como se va a una fiesta o se sale de un acontecimiento mundano. La participación en la liturgia no se agota en el desarrollo del rito; sino que se requiere una preparación y una prosecución que implican la repetición. Y gracias a la solemne repetición, la liturgia educa el espíritu humano para que perciba la presencia de Dios. Lo cual, por cierto, hace inútiles tantas moniciones orientadas a explicar cada vez por qué algo se hace o se dice durante el rito. El rito mismo contiene signos elocuentes que, por la repetición, se interiorizan cada vez más. Entre estos signos están: el silencio, los gestos corporales, los ornamentos litúrgicos, pero también los vasos y otros objetos sagrados, la música y el canto sagrado, e incluso los edificios y las decoraciones sagradas. Bajo todos estos aspectos resplandece –debe resplandecer– la belleza de la liturgia. Antes de tratar más directamente acerca de estos signos, añadamos algunas reflexiones ulteriores sobre el arte de celebrar y de participar en la liturgia.

Ars celebrandi y *actuosa participatio*

Un primer punto concierne al modo concreto en que el sacerdote celebra la liturgia y, en particular, la liturgia eucarística. Nótese, sobre todo, la necesaria observación de las rúbricas litúrgicas. Cabe insistir que las normas litúrgicas se deben seguir con gran atención y fidelidad. Esto es una señal positiva de obediencia a la Iglesia, que las ha establecido con su autoridad, y también señal de un espíritu verdaderamente católico, o sea universal: si cada ministro se atuviese a las normas establecidas por el rito, sería posible a los fieles encontrar la misma celebración en todas las partes del mundo donde está en vigor este rito, y por consiguiente sentirse como en propia casa. Por lo tanto, el ministro debe atenerse a estas normas, incluso si le pareciera que algunas debieran ser revisadas. Si así fuera de hecho, él no debe arrogarse el derecho de cambiar las normas vigentes según su propio sentir o gusto, sino que hará conocer sus perplejidades a la autoridad competente, la cual podrá evaluar los cambios oportunos; mientras tanto, él tendrá que atenerse a la regla común.

El magisterio de la Iglesia recientemente ha recordado varias veces la necesidad, para una verdadera *ars celebrandi*, de seguir las normas litúrgicas oficiales. He aquí algunos ejemplos:

> «Las nuevas normas litúrgicas se conciben con una cierta flexibilidad que permite la adaptación y, consiguientemente, una mayor eficacia pastoral. *Esto no significa que cada sacerdote pueda actuar libremente y reestructurar a su manera los ritos sagrados de la Iglesia.* Ante todo, se ha de ver claro a quién la Iglesia ha dado la facultad de realizar esta adaptación y, segundo, por el contenido de las disposiciones, hasta qué punto la adaptación se extiende [...]. *Cesen los proyectos personales, destructivos y no concluyentes, no*

bendecidos por Dios y por lo tanto condenados al fracaso, que dañan la piedad de los fieles y frenan la renovación sana y santa [...]. *Para nadie es lícito hacer "experimentos", sin la autorización expresa*»[6].

«En la celebración de la Misa, hay que observar fielmente las normas de la Iglesia. A excepción de la suprema autoridad de la Iglesia, y según el derecho, a excepción del Obispo y de las Conferencias Episcopales, a nadie le es permitido, ni siquiera al sacerdote, añadir, quitar o cambiar nada por propia iniciativa en la liturgia, particularmente en la celebración de la Eucaristía. Por tanto, *los presbíteros se esfuercen por presidir la celebración de la Eucaristía, de modo que los fieles tengan conciencia de participar no en un rito determinado por una autoridad privada, sino en el culto público de la Iglesia*, cuya dirección fue confiada por el mismo Cristo a sus Apóstoles y a sus sucesores»[7].

«No podemos, ni siquiera por un instante, olvidar que la Eucaristía es un bien peculiar de toda la Iglesia. Es el *don más grande* que, en el orden de la gracia y del sacramento, el divino Esposo ha ofrecido y ofrece sin cesar a su Esposa. Y, precisamente porque se trata de tal don, todos debemos, con espíritu de fe profunda, dejarnos guiar por el sentido de una responsabilidad verdaderamente cristiana. Un don nos obliga tanto más profundamente porque nos habla, no con la fuerza de un rígido derecho, sino con la fuerza de la confianza personal, y así -sin obligaciones legales- *exige correspondencia y gratitud*. La Eucaristía es verdaderamente tal don, es tal bien. Debemos permanecer fieles en los pormenores a lo que ella expresa en sí y a lo que nos pide, o sea la acción de gracias [...].

El sacerdote como ministro, como celebrante, como quien preside la asamblea eucarística de los fieles, debe poseer un particular *sentido del bien común* de la Iglesia, que él mismo representa mediante su ministerio, pero al que debe también subordinarse, según una recta disciplina de la fe. *Él no puede considerarse como "propietario", que libremente dispone del texto litúrgico y del sagrado rito como de un bien propio, de manera que pueda darle un estilo personal y arbitrario. Esto puede a veces parecer de mayor efecto; puede también corresponder mayormente a una piedad subjetiva; sin embargo, objetivamente, es siempre una*

---

[6] Consilium ad exsequendam constitutionem de sacra liturgia, *Lettre circulaire aux Présidents des Conférences Episcopales «Le renouveau liturgique»*, 30 de junio 1965, nn. 1; 3; 4, en: *Notitiae* 1 (1965) pp. 257-264 (cursiva mía).

[7] Sagrada Congregación de Ritos, *Eucharisticum mysterium*, n. 45: EV 2, 1345 (cursiva mía).

traición a aquella unión que, de modo especial, debe encontrar la propia expresión en el sacramento de la unidad.

Todo sacerdote, cuando ofrece el Santo Sacrificio, debe recordar que, durante este Sacrificio, no es únicamente él con su comunidad quien ora, sino que ora la Iglesia entera, expresando así también con el uso del texto litúrgico aprobado, su unidad espiritual en este sacramento. Si alguien quisiera tachar de "uniformidad" tal postura, esto comprobaría sólo la ignorancia de las exigencias objetivas de la auténtica unidad y sería un síntoma de dañoso individualismo»[8].

«Se comprende [...] la gran responsabilidad que en la celebración eucarística tienen principalmente los sacerdotes, a quienes compete presidirla *in persona Christi*, dando un testimonio y un servicio de comunión, no sólo a la comunidad que participa directamente en la celebración, sino también a la Iglesia universal, a la cual la Eucaristía hace siempre referencia. *Por desgracia, es de lamentar que, sobre todo a partir de los años de la reforma litúrgica postconciliar, por un malentendido sentido de creatividad y de adaptación, no hayan faltado abusos, que para muchos han sido causa de malestar.* Una cierta reacción al "formalismo" ha llevado a algunos, especialmente en ciertas regiones, a considerar como no obligatorias las "formas" adoptadas por la gran tradición litúrgica de la Iglesia y su Magisterio, y a introducir innovaciones no autorizadas y con frecuencia del todo inconvenientes.

Por tanto, siento el deber de hacer una acuciante llamada de atención para *que se observen con gran fidelidad las normas litúrgicas en la celebración eucarística. Son una expresión concreta de la auténtica eclesialidad de la Eucaristía;* éste es su sentido más profundo. La liturgia nunca es propiedad privada de alguien, ni del celebrante ni de la comunidad en que se celebran los Misterios. El apóstol Pablo tuvo que dirigir duras palabras a la comunidad de Corinto a causa de faltas graves en su celebración eucarística, que llevaron a divisiones (*skísmata*) y a la formación de facciones (*airéseis*) (cf. 1 Co 11,17-34). También en nuestros tiempos, *la obediencia a las normas litúrgicas debería ser redescubierta y valorada como reflejo y testimonio de la Iglesia una y universal,* que se hace presente en cada celebración de la Eucaristía. *El sacerdote que celebra fielmente la Misa según las normas litúrgicas y la comunidad que se adecua a ellas, demuestran de manera silenciosa pero elocuente su amor por la Iglesia* [...]. A nadie le está permitido infravalorar el Misterio confiado a nuestras manos: éste es demasiado

---

[8] Juan Pablo II, *Dominicae cenae*, n. 12: EV 7, 216.220-21 (cursiva mía).

grande para que alguien pueda permitirse tratarlo a su arbitrio personal, lo que no respetaría ni su carácter sagrado ni su dimensión universal»[9].

«En los trabajos sinodales se ha insistido varias veces en la necesidad de superar cualquier posible separación entre el *ars celebrandi*, es decir, el arte de celebrar rectamente, y la participación plena, activa y fructuosa de todos los fieles. Efectivamente, *el primer modo con el que se favorece la participación del Pueblo de Dios en el Rito sagrado es la adecuada celebración del Rito mismo*. El *ars celebrandi* es la mejor premisa para la *actuosa participatio*. El *ars celebrandi proviene de la obediencia fiel a las normas litúrgicas en su plenitud*, pues es precisamente este modo de celebrar lo que asegura desde hace dos mil años la vida de fe de todos los creyentes, los cuales están llamados a vivir la celebración como Pueblo de Dios, sacerdocio real, nación santa (cf. 1 P 2,4-5.9)»[10].

En la celebración litúrgica, toda arbitrariedad debe ser superada porque genera confusión y no garantiza el carácter universal y eclesial de la liturgia, cerrándose en un horizonte eclesiológico que pone en el centro a la comunidad particular. Ésta celebraría a su manera, respecto de la comunidad universal que, al contrario, celebra en todos los lugares y todos los tiempos el mismo indivisible misterio. Las rúbricas se han de observar con fidelidad porque son una ayuda notable para la adquisición y la conservación de la conciencia creyente. Sirven para evitar el riesgo de la improvisación y de la creatividad, que son siempre dañinas porque no están orientadas hacia a la objetividad de lo sagrado, sino que se derivan de situaciones y estados de ánimo circunstanciales. La improvisación y la creatividad se deben evitar también porque representan lo exactamente contrario del discernimiento prudente, y por tanto lento, de la Iglesia en materia de cambios litúrgicos.

Naturalmente, aun cuando la observancia de las rúbricas es importantísima, no lo es todo. De hecho, tal observancia podría ser perfecta y escrupulosa, pero cristalizaría en una ejecución fría si no es acompañada por el corazón que percibe la presencia de Dios.

---

[9] Juan Pablo II, *Ecclesia de Eucharistia*, n. 52: EE 8, 2670-2671.
[10] Benedicto XVI, *Sacramentum caritatis*, n. 38: AAS 99 (2007), p. 136 (cursiva mía).

«Para fomentar el orden debido en la celebración sagrada y la participación activa de los fieles, los ministros no sólo han de desempeñar su función rectamente según las normas de las leyes litúrgicas, sino actuar de tal modo, que inculquen el sentido de lo sagrado»[11].

No basta observar con fidelidad las rúbricas para celebrar bien. La celebración litúrgica no puede ser una ejecución fría, por más perfecta que sea, de gestos rituales que no son inspirados por el corazón. Se sabe que es requerida la intención del celebrante para la validez de los sacramentos, pero aquí no se trata de la intención que el ministro debe tener, en el momento de celebrar, de hacer lo que hace la Iglesia cuando celebra el sacramento. Tal intención, si existe, en efecto da al sacramento su validez, aun en la ausencia de devoción personal del ministro, aun incluso en el caso extremo de falta de fe de su parte; estamos hablando, en cambio, de la participación subjetiva del sacerdote en la liturgia. ¿Qué sería de una celebración, perfecta desde el punto de vista organizativo y en la que el sacerdote efectúa todo con precisión, pero no participa en ella con todo su corazón? Existen cosas que se intuyen incluso sin ser teólogos o liturgistas, y el pueblo de Dios advierte cuando un sacerdote celebra con devoción o no. Los sacerdotes deberían preguntarse: Durante la liturgia, especialmente en la celebración de la Misa, ¿hablo con Dios? Después de la consagración, ¿hablo con Cristo que está ahí, realmente presente sobre el altar, tan cerca de mis ojos y de mi espíritu? A veces parece que algún sacerdote no tenga ni idea de que, durante la celebración, no se dirige principalmente al pueblo, sino que se dirige sobre todo a Dios. De aquí que, al recitar las diversas partes, por ejemplo, de la Misa, no se da cuenta de que esas palabras las está diciendo a Dios en nombre de la Iglesia. Y si no las dirige al Señor, ¿a quién las dirige? ¿Tal vez al pueblo? Pero, ¿cómo podría dirigir al pueblo fórmulas que empiezan diciendo: «Oh Dios,...», «Oh Padre,...»? Por lo tanto, el espíritu del celebrante que no sabe a quién está hablando, se pierde en la letra de las palabras, que pronuncia de manera distraída, ausente, o incluso vacía y apresurada. Un antiguo dicho monástico advierte:

---

[11] Sagrada Congregación de Ritos, *Eucharisticum mysterium*, n. 20: EV 2, 1320.

«Ante Deum stantes non sitis corde vagantes.
Si cor non orat, invanum lingua laborat».

No se puede por tanto concebir que la celebración litúrgica, que es verdadero encuentro con Cristo, un hecho de fe y de intimidad espiritual, llegue a ser un ritual frío, al que el sacerdote y los fieles asisten con distracción y superficialidad. Es verdad que, en los casos en que esto sucediera, objetivamente no se le quitaría nada de validez al sacramento, pero sufriría, ciertamente, la vida espiritual.

Un corazón sacerdotal, que participa íntimamente a las palabras que pronuncia y a los gestos que realiza, se expresa con claridad. Entonces, el *ars celebrandi* será una manifestación de lo que está en el corazón y no una especie de normativa litúrgica, por la que prestar obsequio a la formalidad. El avanzar en procesión hacia el altar y cualquier otro movimiento se realizará de forma viril, pero modesta al tiempo. La voz será clara pero no sensacionalista. Las palabras pronunciadas en la homilía explicarán la Palabra del Señor de modo sencillo y profundo, evitando tanto los lugares comunes como la originalidad a todo costo, y persiguiendo la doble finalidad de la homilía: catequética y parenética[12]. El amor al sacramento se manifestará, durante la Misa, también en la manera de manejar las especies consagradas, así como en la purificación atenta de los vasos sagrados, punto en que los Padres -como ya hemos visto- insistían con palabras fervientes. En esta perspectiva se coloca san Agustín cuando asegura: «Nadie come de esta carne sin antes adorarla [...], pecaríamos si no la adoráramos»[13].

Lo que hemos dicho hasta aquí se aplica también a la llamada *ars participandi*, es decir, al arte de los fieles de participar dignamente a la celebración eucarística y que generalmente se conoce como *actuosa participatio*. El papel de los fieles se diferencia claramente del papel del sacerdote. Ellos, sin embargo, son verdaderos «actores» en la liturgia porque, a través del ejercicio de su sacerdocio bautismal o común, ofrecen «sacrificios espirituales, agradables a Dios por Jesucristo» (1 P 2, 5), y por tanto participan plenamente, conforme a su condición, en el culto de la Iglesia. El debilitamiento de esta conciencia es uno

---

[12] Cf. Benedicto XVI, *Sacramentum caritatis*, n. 46.
[13] Agustín de Hipona, *Enarrationes in psalmos* XCVIII, 9: CCL 39, 1385.

de los motivos de la separación entre liturgia y devoción, así como entre el pensamiento y la práctica, de tantos cristianos. Por el contrario, los fieles deben ser instruidos sobre la función que ejercen en la liturgia. Una celebración que refleje las exigencias arriba recordadas, transmitirá a los fieles la mejor catequesis mistagógica sobre el *ars participandi*. Si a menudo los fieles no «se comportan bien» durante la liturgia, esto no se puede atribuir sólo a la mala formación o a la mala voluntad. Las causas se encuentran también en una celebración realizada de un modo tal que no transmite a los participantes el sentido del misterio y, por ello, no los forma en una correcta *ars participandi*. No hay ningún «asombro» sagrado allí donde se hacen espectáculos y se aplaude a quien los protagoniza; a lo más, puede haber una sensación de exaltación. Pero esto no corresponde al santo misterio que se está celebrando, sino al reconocimiento de la habilidad del actor, o simplemente al afecto o a la simpatía por él.

Está claro que en la vida de una comunidad cristiana, deben existir momentos de encuentro, útiles para crear o consolidar las relaciones fraternas, pero hay que organizarlos fuera de la celebración litúrgica, ya que, en ella, la Iglesia está «constituida» en un sentido mucho más objetivo y misterioso que lo que la mentalidad de hoy en día a menudo pueda concebir. No es raro que, cuando en una comunidad la liturgia se convierte en un mero instrumento de agregación, falla también la verdadera cohesión entre los miembros del grupo. De hecho, sólo el Señor puede mantenernos unidos entre nosotros y, si lo perdemos de vista, si en la liturgia ya no lo miramos más a Él, es decir: no oramos ni adoramos verdaderamente, entonces nuestro círculo cerrado llega a ser artificioso y asfixiante. Con frecuencia, en una liturgia así de malentendida, se reúnen grupos de fieles que están allí sólo porque con ocasión de la liturgia pueden hacer algo y sentirse protagonistas. Ningún profesional célebre soñaría con acudir allá para bailar o para hacer otros entretenimientos de tipo diverso, y por eso la liturgia, así de mal comprendida, acaba siendo la válvula de escape de la frustración de los «vencidos» de la sociedad. Quien no tiene éxito, quien no es apreciado, quien nada sabe hacer, al menos se siente considerado porque el domingo el párroco le da algo que hacer durante la Misa. Así, bajo este perfil, la liturgia es alterada profundamente: del culto de Dios se pasa al culto de sí mismo.

La verdadera participación activa, tal como la concebía el Vaticano II, no es ni puede ser esto. No es la auto-exaltación de los individuos o de la comunidad particular. No es el «hacer cualquier cosa», sino que consiste en percibir, en el espíritu, la presencia viva de Cristo a través de los santos signos y de los ritos solemnemente repetidos.

Los signos de la belleza litúrgica

Cuenta la leyenda que el príncipe Vladimir de Kiev mandó, en 987, a sus emisarios en búsqueda del mejor culto, para adoptarlo en su propia nación. Los emisarios se quedaron tan asombrados ante la liturgia celebrada solemnemente en la basílica de *Hagia Sofía* en Constantinopla, que atestiguaron:

«No sabíamos si estábamos en el cielo o en la tierra, porque sobre la tierra no se encuentra belleza semejante [...]. Sólo sabemos que el Señor está allí presente entre los hombres, y el servicio que le rinden es más luminoso que las ceremonias de las otras naciones»[14].

La liturgia cristiana ha desarrollado, a lo largo de los siglos, los signos para manifestar y cultivar el asombro ante la presencia de Dios. Precisamente estos signos entraron en crisis con la época moderna, marcada por un fuerte racionalismo, incapaz de comprender el valor de los símbolos. Por tanto, debemos redescubrir su valor y reintroducirlos inteligentemente en el pueblo de Dios.

I. - El primero de estos santos signos es el *silencio*. Escribía Juan Pablo II:

> «Un aspecto que es preciso cultivar con más esmero en nuestras comunidades es *la experiencia del silencio*. Resulta necesario "para lograr la plena resonancia de la voz del Espíritu Santo en los corazones y para unir más estrechamente la oración personal con la palabra de Dios y la voz pública de la Iglesia" [*Institutio generalis Liturgiae Horarum*, n. 213]. En una sociedad que vive de manera cada vez más frenética, a menudo aturdida por ruidos y dispersa en lo efímero, es vital redescubrir el valor del silencio. No es casualidad que, también más allá del culto cristiano, se difundan prácticas de meditación que dan importancia al

---

[14] Cf. N. Bux, *La riforma di Benedetto XVI*, pp. 91-92; S. Piccolo Paci, *Storia delle vesti liturgiche. Forma, immagine e funzione*, Ancora, Milano, 2008, p. 61.

recogimiento. ¿Por qué no emprender, con audacia pedagógica, una educación específica en el silencio dentro de las coordenadas propias de la experiencia cristiana? Debemos tener ante nuestros ojos el ejemplo de Jesús, el cual "salió de casa y se fue a un lugar desierto, y allí oraba" (Mc 1, 35). La liturgia, entre sus diversos momentos y signos, no puede descuidar el del silencio»[15].

No sorprende hoy que este silencio esté tan descuidado, dada la actual incapacidad de quedarse, incluso por pocos minutos, a solas con el Señor y con la propia alma. La falta actual de silencio se debe ante todo a un fenómeno cultural: estamos siendo constantemente bombardeados con mensajes e información de todo género y ya no estamos habituados a leer ni el mundo interior, ni el valor simbólico del mundo visible. En segundo lugar, la supresión del silencio litúrgico resulta de una comprensión errónea de la liturgia, entendida principalmente como un evento de una comunidad reunida que celebra una fiesta; y, por consiguiente, la oración personal e íntima durante la liturgia ya no tiene mucho sentido, representando una especie de individualismo. Por el contrario, la celebración debe entenderse como camino compartido para interiorizar la palabra y el signo que, en ella, nos son presentados. Las rúbricas de la Misa de Pablo VI prevén el silencio en al menos cuatro ocasiones: en el acto penitencial, entre el *oremos* y la colecta correspondiente, después de la homilía y después de la comunión. Por otra parte, están las oraciones secretas del sacerdote, que también establecen momentos de silencio en la realización del rito. Así, leemos en la *Ordenación General del Misal Romano*:

> «También como parte de la celebración ha de guardarse, en sus tiempos, el silencio sagrado. La naturaleza de este silencio depende del momento en que se observa durante la Misa; por ejemplo, en el acto penitencial y después de una invitación a orar, los presentes se concentran en sí mismos: al terminarse la lectura o la homilía, reflexionan brevemente sobre lo que han oído; después de la comunión alaban a Dios y oran en su corazón. También antes de comenzar la celebración, es loable observar el silencio en el templo, la sacristía y sus alrededores,

---

[15] Juan Pablo II, Carta apostólica *Spiritus et sponsa*, en el XL aniversario de la Constitución *Sacrosanctum concilium* sobre la sagrada liturgia, 4 de diciembre 2003, n. 13: EV 22, 1269.

para que todos se dispongan para los ritos, ya por comenzar, en una manera digna y apropiada»[16].

«La liturgia de la Palabra debe ser celebrada de tal manera que favorezca la meditación, por eso se debe evitar absolutamente toda forma de apresuramiento que impida el recogimiento. En ella son convenientes también unos breves espacios de silencio, acomodados a la asamblea reunida, en los cuales, con la ayuda del Espíritu Santo, se perciba con el corazón la Palabra de Dios y se prepare la respuesta por la oración. Estos momentos de silencio se pueden guardar oportunamente, por ejemplo, antes de que se inicie la misma liturgia de la Palabra, después de la primera y la segunda lectura, y terminada la homilía»[17].

A menudo los sacerdotes descuidan estos silencios, tal vez porque desde el punto de vista pastoral los consideran poco fructíferos y, queriendo evitar la distracción y el aburrimiento de los fieles, no dejan ninguna pausa en el rito. A ellos hay que recordar que el silencio no es un momento vacío, sino lleno de sentido, porque es un momento de oración. La Constitución conciliar sobre la liturgia indica que el silencio fomenta la participación del los fieles en la liturgia[18], y la Instrucción *Musicam sacram*, del 5 de marzo 1967, explica más ampliamente lo que el Vaticano II quería decir:

«Se observará también, en su momento, un silencio sagrado, durante el cual, en efecto, no se debe pensar que los fieles participen en la acción litúrgica como espectadores mudos y extraños, sino que son asociados más íntimamente al misterio que se celebra, en virtud de la disposición interior»[19].

La Misa de san Pío V valora mucho el silencio, con diversas oraciones secretas del sacerdote, así como la gran oración del Canon[20].

---

[16] *Institutio Generalis Missalis Romani. Excerptum ex editione typica tertia emendata,* n. 45, pp. 13-14.
[17] *Ibid.*, n. 56, p. 16.
[18] Cf. SC 30: EV n. 49.
[19] Sagrada Congregación de Ritos, *Musicam sacram*, n. 17: EV 2, 983.
[20] Es éste el motivo por el cual el silencio de por sí no está prescrito como parte de la celebración en este Misal. El rito antiguo, de hecho, ordena efectivamente al sacerdote rezar en secreto en diversos momentos y esto

Tal vez, en un futuro, se podrían crear las condiciones para una revisión de este aspecto, para que la «forma extraordinaria» del rito romano no sea una liturgia demasiado silenciosa. Sin embargo, la intuición de fondo es justa: el canon –y la liturgia en general– no son anuncio y catequesis. La liturgia de la palabra es una proclamación (las lecturas) y una catequesis (la homilía), y por tanto deben ser claramente audibles. La oración, en cambio, comporta palabras dirigidas a Dios, y por eso no es necesario que sean siempre y en todos los casos perceptibles al oído.

Una liturgia sin silencio, que es un sucederse continuo de palabra tras palabra y de sonidos que cubren los pocos momentos libres sin palabras, es una liturgia invasiva que no deja al alma libre para escuchar la resonancia interior de la palabra de Dios, que no le permite encontrarse ni consigo misma ni con Dios, que no hace crecer el deseo interior de las realidades celestiales. Es un río en crecida cargado de palabras, demasiado parecido a los noticieros y a los comicios, que no permiten la reflexión, sino que nos saturan con un torrente de sonidos. Las muchas palabras probablemente no dejan espacio a la Palabra, al *Logos*, que quiere hacerse presente al alma a través de la liturgia. Ratzinger ha escrito:

> «Nos damos cuenta, cada vez con mayor claridad, de que también el silencio forma parte de la liturgia. Al Dios que habla, le respondemos cantando y orando, pero el misterio más grande, que va más allá de cualquier palabra, nos invita también al silencio. Debe ser, naturalmente, más que una ausencia de palabras y acciones, un silencio lleno de contenido. De la liturgia esperamos precisamente esto, que nos ofrezca el silencio positivo en el que nos encontremos a nosotros mismos –el silencio que no es una simple pausa, en la que vienen a nosotros mil pensamientos y deseos, sino ese recogimiento que nos da la paz interior, que nos permite tomar aliento, que descubre lo que es verdaderamente importante–. Por esto mismo, no se puede «hacer» silencio, sin más, disponerlo como si fuera otra acción cualquiera. No es casual el hecho de que hoy se busquen por doquier ejercicios de introspección, una espiritualidad de vaciamiento: con ello se pone de relieve una necesidad

---

crea amplios intervalos de silencio –según algunos demasiado– y, por lo tanto, no es necesario establecer más, como en cambio tuvo que hacer el rito de Pablo VI, el cual redujo notablemente –según otros, redujo demasiado– los momentos en que el sacerdote reza en voz baja.

interior del hombre que, al parecer, en la forma actual de nuestra liturgia, no se ha terminado de hacer respetar en sus derechos»[21].

Así, vemos que el silencio es una necesidad, pero que sin embargo no se improvisa: se es verdaderamente capaz del silencio litúrgico si uno deja que se plasme, precisamente a partir de la liturgia, en el silencio cotidiano, por el ayuno de palabras inútiles y vanas. Por otra parte, se valoriza la preparación inmediata del sacerdote y de los fieles a la celebración. A este propósito, he aquí la reflexión de un gran santo, que encontramos en el libro de la Liturgia de las horas:

> «Algún otro se queja de que, cuando va a salmodiar o a celebrar la Misa, al momento le acuden a la mente mil cosas que lo distraen de Dios; pero éste, antes de ir al coro o a celebrar la Misa, ¿qué ha hecho en la sacristía, cómo se ha preparado; qué medios ha puesto en práctica para conservar el recogimiento? [...] Si administras los sacramentos, hermano, medita lo que haces; si celebras la Misa, medita lo que ofreces [...]. Así tendremos fuerza para dar a luz a Cristo en nosotros y en los demás»[22].

II. - El segundo signo que ayuda a vivir bien la liturgia es la *actitud del cuerpo y los gestos litúrgicos*, tal como el estar de pie o sentado, arrodillarse, golpearse el pecho, hacer la señal de la cruz. El signo fundamental es éste último, la señal de la cruz, que es una profesión de fe trinitaria y cristológica al mismo tiempo, hecha con el cuerpo además de con la boca. Signarse con el signo de la cruz significa ponerse bajo la protección de la cruz, tomarla como escudo propio en las batallas de cada día[23].

Estar de pie o sentado son dos posturas que, hoy día, se usan en la liturgia. En el Antiguo Testamento, la posición erecta es la postura más común para la oración. Para los primeros cristianos, indicaba ante todo la forma pascual de la oración y, por ello el canon XX del concilio de Nicea prescribió orar de pie (resucitado con el Resucitado)

---

[21] J. Ratzinger, *El espíritu de la liturgia*, pp. 241-242.

[22] Carlos Borromeo, *Sermón pronunciado en el último sínodo que convocó*, citado en: *Liturgia de las Horas*, Oficio de Lectura del 4 de noviembre.

[23] Un compendio útil, lleno de noticias, es el ensayo de M. Loconsole, *Il segno della croce. Storia e liturgia*, Progedit, Bari, 2009.

el domingo y durante el tiempo pascual, y no de rodillas[24]. El estar sentado no tiene ningún valor teológico propio; la postura se introdujo por motivos de costumbre y de practicidad, y ha sido desde hace ya tiempo acogida en algunas partes de la liturgia. En cambio, el baile nunca ha sido aceptado oficialmente, y sin embargo hoy existen también cursos de la llamada «danza litúrgica». Ahora no quisiera traer a colación el dicho, atribuido a San Juan Crisóstomo, «Ubi saltatio ibi diabolus»[25], pero hay que decir que en el cristianismo el baile no es un gesto litúrgico. En el Nuevo Testamento no se habla de ello y la tradición de la Iglesia nunca lo ha admitido. En el siglo III, círculos gnósticos y docetas intentaron introducirlo porque se esposaba bien con su idea de que Cristo no había sido crucificado en realidad, sino sólo en apariencia. Asimismo, el aplauso tampoco ha sido nunca introducido en la ordenación de la liturgia. Sobre esto Ratzinger ha escrito:

> «Cuando se aplauda por la obra humana dentro de la liturgia, nos encontramos ante un signo claro de que se ha perdido totalmente la esencia de la liturgia, y ha sido sustituida por una especie de entretenimiento de inspiración religiosa»[26].

Las manos se pueden utilizar de manera mucho mejor en la liturgia que con el aplauso. Por ejemplo, se las puede utilizar en el antiquísimo gesto de tener las palmas vueltas hacia Dios, en señal de súplica y de intercesión. Con este gesto, el hombre se abre a Dios y manifiesta su esperanza en Él: sabe que de Dios puede recibir. Los brazos extendidos son también como dos alas desplegadas, signo de que el hombre desea levantar el vuelo hacia Dios, dejándose llevar hacia lo alto por la oración. Evidentemente también nos recuerdan los brazos de Cristo abiertos sobre la cruz y nos hablan de dos cosas: respecto

---

[24] Cf. Concilio de Nicea, can. XX: en G. Alberigo et al., *Conciliorum Oecumenicorum Decreta* (EDB, Bologna, 1991), pp. 15-16.

[25] El pasaje sigue así: «Neque enim Deus dedit nobis pedes, ut lascive saltemus, sed ut cum angelis in caelo chorizemus», citado en: Pelbartus de Themeswar († 1504), *Sermo LVIII (in decollatione sancti Iohannis Baptistae)*, II, en *Sermones Pomerii de sanctis*, II: *Pars aestivalis*, Johann Otmar, Augsburg, 1502.

[26] J. Ratzinger, *El espíritu de la liturgia*, pp. 241-242.

al sacerdote en el altar, que él celebra *in persona Christi* ante el Padre; y, respecto a cada bautizado (incluso el sacerdote), que puede seguir a Cristo por el camino de la cruz y llegar a la misma gloria. Las manos juntas, en cambio, son un gesto litúrgico que apareció sólo en la Edad Media, particularmente en la sociedad feudal alemana, donde se hacía el gesto que aún hoy se hace en la ordenación sacerdotal: poner las manos juntas en las manos del obispo evoca el gesto del vasallo respecto al feudatario. Es un gesto de confianza y de lealtad. Finalmente, está la inclinación, que retoma el gesto del publicano que no osa levantar la mirada hacia Dios. Es un gesto de humildad, de confianza que, no obstante nuestra pequeñez, Dios nos perdonará y ayudará. Con ello llegamos al último gesto corporal, hoy día el menos practicado y más en crisis: arrodillarse.

Para los griegos y los romanos arrodillarse era un gesto que había que evitar, por ser un gesto de sumisión y de debilidad. En la Sagrada Escritura, en cambio, lo encontramos testimoniado más veces. Baste decir que Jesús mismo oró de rodillas (cf. Lc 22, 41), así como los santos Esteban, Pedro y Pablo (cf. Hch 7, 60; 9, 40; 20, 36). El himno cristológico de la Carta a los Filipenses –como ya hemos visto– dice que todo el cosmos debe doblar la rodilla ante Cristo (cf. Fil 2, 10). Tampoco olvidamos el Libro del Apocalipsis, el cual nos presenta la liturgia celeste: de las cincuenta y nueve recurrencias del verbo *proskynein* en el Nuevo Testamento, veinticuatro de ellas están en este libro, lo que muestra que ¡también en el cielo se ponen de rodillas! Sin embargo, hoy muchos dicen que este gesto no es adecuado al cristiano «adulto» y que debe evitar arrodillarse, porque Cristo nos ha hecho personas libres. Con ello se asume el concepto de libertad de las culturas paganas ya mencionadas, para las cuales ponerse de rodillas no era un gesto digno de una persona libre.

El verbo griego *proskynein* puede indicar tres actitudes: la *prostratio* (tenderse por tierra), el caer a los pies de alguien (como sucede en varias teofanías bíblicas, pero también cuando algunos, en el Evangelio, suplican a Jesús) y el arrodillarse. En la liturgia, hoy encontramos la *prostratio* en dos ocasiones: el Viernes Santo y durante el rito de las consagraciones al ministerio sacerdotal o a la vida religiosa. Ello indica el dolor de los propios pecados, la conciencia de la propia indignidad y la súplica de la ayuda divina.

La tercera forma de postración es el arrodillarse con una o ambas rodillas. En el Antiguo Testamento, las rodillas representan la fuerza y, por tanto, doblar las rodillas significa reconocer ante Dios que nuestra fuerza proviene de Él y que ninguna fuerza creada se le puede comparar. En el Nuevo Testamento, arrodillarse significa entrar en el modo de orar de Jesús. Así, desde los primeros tiempos, la oración de rodillas se ha hecho habitual en la Iglesia. Piénsese que Eusebio de Cesarea retoma esta tradición que se remonta a Egesipo (siglo II), según la cual, Santiago apóstol, primer obispo de Jerusalén, tenía en las rodillas una especie de piel de camello, es decir, una piel muy deteriorada y callosa, porque estaba continuamente de rodillas, pidiendo por el pueblo y adorando a Dios[27]. Hoy este gesto ha caído mucho en desuso, incluso entre los sacerdotes y consagrados en general. Incluso en la adoración del Santísimo Sacramento en las parroquias o en el seminario, quien no se arrodilla en la adoración, propiamente, es el párroco o los responsables de la formación: y ¿por qué los fieles y seminaristas debieran hacerlo? Es importante redescubrir el valor de estos gestos y de dar buen ejemplo. Por otra parte, también los demás gestos, especialmente los del sacerdote en el altar, deben uniformarse con la sagrada belleza de la liturgia. Sin necesidad de preparar artificialmente estos gestos ni perder nada de la virilidad propia del sacerdote, basta recogerse, entrando en el misterio que se celebra, y el cuerpo expresará naturalmente la actitud debida para moverse en el presbiterio, incluso teniendo presente la naturaleza de las diversas partes del rito.

III. - Otros signos de la belleza son los *ornamentos litúrgicos*. La finalidad de estos vestidos es la de manifestar que el sacerdote no está en el altar como una persona privada, sino que representa a Jesucristo sacerdote al vivo: «La dimensión particular, individual, debe desaparecer para dar cabida a Cristo»[28]. En este sentido, recordamos diversos textos de San Pablo, en los que el apóstol habla de la necesidad de «revestirse de Cristo» (cf. Gal 3, 27; Rm 13, 14; Ef 4, 24; Col 3, 10-11). En su contexto, esta expresión indica la transformación interior del cristiano por obra de la gracia de Cristo, una

---

[27] Cf. Eusebio de Cesarea, *Historia eclesiástica*, II, 23, 6.
[28] J. Ratzinger, *El espíritu de la liturgia*, p. 259.

transformación de orden moral, progresiva y dinámica. Pero en la liturgia, durante el tiempo del rito, tenemos a un hombre que, aunque todavía no haya realizado perfectamente en sí mismo esta transformación, incluso a veces es más pecador que los demás hermanos reunidos con él en la iglesia, puede, no obstante, afirmar plenamente: «no vivo yo, sino que es Cristo quien vive en mí» (Gal 2, 20), porque en este momento él es *alter Christus* y celebra *in persona Christi*. Esto lo testimonian, sobre todo, los ornamentos litúrgicos. Invitan a los fieles a no mirar a este hombre que está en el altar –cuyos defectos conocen tal vez demasiado bien– con los ojos de la carne, con la vista humana, sino con los ojos de la fe. En ese momento, deben ver en él al mismo Cristo, sumo y eterno Sacerdote.

La belleza de los vestidos recuerda también la abundancia extraordinaria de gracia que llega a la Iglesia mediante el servicio litúrgico sacerdotal. En este sentido, poseen además un aspecto escatológico, si recordamos el pasaje en el cual San Pablo dice que espera no el ser despojado en la muerte sino «revestido» (2 Co 5, 4). Los vestidos litúrgicos son entonces también una profecía de los vestidos de gloria que recibiremos en el cielo, cuando celebraremos la liturgia eterna de la Jerusalén escatológica.

IV. - Ciertamente, una de las actividades principales entre las que se ocupan los bienaventurados en el cielo, es la de cantar, uniéndose al trisagio de los ángeles (cf. Is 6, 3-4). Habiendo presentado ya en unos de mis ensayos anteriores la doctrina del magisterio reciente –a partir de San Pío X– respecto a la *música sacra*[29], me limito aquí a unas pocas indicaciones. La SC enseña:

> «En la Liturgia terrena pregustamos y tomamos parte en aquella Liturgia celestial, que se celebra en la santa ciudad de Jerusalén, hacia la cual nos dirigimos como peregrinos, y donde Cristo está sentado a la diestra de Dios como ministro del santuario y del tabernáculo verdadero, cantamos al Señor el himno de gloria con todo el ejército celestial; venerando la memoria de los santos, esperamos tener parte con ellos y gozar de su compañía; aguardamos al Salvador, Nuestro Señor

---

[29] Cf. M. Gagliardi, *Introduzione al Mistero eucaristico*, pp. 336-342.

Jesucristo, hasta que se manifieste Él, nuestra vida, y nosotros nos manifestemos también gloriosos con Él»[30].

Para nuestra fe, la música y el canto son muy importantes. La palabra «cantar», con sus derivaciones, es una de las más frecuentes en la Biblia. En el Antiguo Testamento aparece trescientas nueve veces y en el Nuevo treinta y siete. La expresión utilizada en los salmos para el término «cantar» indica un canto sostenido por instrumentos de cuerda (por ejemplo, la cítara de David). Se trataba de un canto vocal con, probablemente, pocas variaciones, tal vez al principio o al final de los versículos, como el canto gregoriano de los salmos. Los LXX tradujo el hebreo *zamir* por el griego *psallein*, tirar (= tensar o tocar, con referencia a las cuerdas de los instrumentos para producir los sonidos). Este verbo luego pasó a designar el modo de cantar judaico y, luego, cristiano. Del griego *psallein* se deriva el latín *psalterium* (instrumento de cuerda o libro de los salmos).

a) Puesto que es imposible trazar aquí una historia de la música litúrgica, vamos a extraer un primer principio básico de estos pocos elementos. En la música litúrgica, la palabra tiene la preeminencia sobre la música. La adhesión a la palabra es prioritaria y, por consiguiente, la música debe seguir al texto y no viceversa. Aquí también se ve el carácter profundamente lógico de la liturgia cristiana, porque el *Logos*, la Palabra racional e inteligible, prevalece sobre la armonía musical. Por eso, la música sagrada nunca puede ser entendida como una expresión de pura subjetividad. Está anclada en la objetividad de los textos bíblicos o de la tradición, que quiere celebrar y profesar del modo más solemne y doxológico.

b) Un segundo elemento que hay que recordar es que, para ser adoptados por la liturgia cristiana, la música y el canto han de tener ciertas características, porque no toda composición se puede usar en el culto divino. San Pío X precisó que la música sagrada debe tener las mismas cualidades que la liturgia como tal, o sea: santidad, bondad de las formas y universalidad[31]. El respeto de estas características permite a la música y al canto sagrado mantener íntegra su propia finalidad, la cual coincide con la santificación del hombre, es decir, con su elevación hacia Dios.

---

[30] SC 8: EV 1, 13. El texto está citado entero en CIC 1090.
[31] Cf. Pío X, *Tra le sollecitudini*, 22 de noviembre 1903, n. 2.

c) Un tercer elemento concierne directamente a los compositores de la música sagrada. Así como no toda composición es equivalente a otra, tampoco la cuestión del compositor es un asunto de segundo plano. El magisterio de la Iglesia requiere que la música y el canto sagrado sean compuestos por artistas de fe cristiana. El motivo es porque un compositor no cristiano, no obstante sus capacidades, no posee la experiencia del Dios cristiano y de la comunidad eclesial, y por tanto no puede, de un día para otro, introducirse de manera apropiada en el corazón de la fe y de la vida eclesial, o sea en el culto divino, para llevarle su arte propio. Por tanto, Pío XII escribió: «el artista que no profesa las verdades de la fe, o se halla lejos de Dios en su modo de pensar y de obrar, de ninguna manera debe ejercer el arte sagrado, pues no tiene, por así decirlo, ese ojo interior que le permita ver todo cuanto la majestad y el culto de Dios exigen»[32]. En continuidad con este pensamiento, Juan Pablo II, en su *Carta a los artistas*, escribió:

> «La Iglesia necesita también de los músicos. ¡Cuántas piezas sacras han compuesto a lo largo de los siglos personas profundamente imbuidas del sentido del misterio! Innumerables creyentes han alimentado su fe con las melodías surgidas del corazón de otros creyentes, que han pasado a formar parte de la liturgia o que, al menos, son de gran ayuda para el decoro de su celebración. En el canto, la fe se experimenta como exuberancia de alegría, de amor, de confiada espera en la intervención salvífica de Dios»[33].

De esta misma motivación deriva probablemente también la afirmación del Vaticano II:

> «La Iglesia reconoce el canto gregoriano como el propio de la liturgia romana; en igualdad de circunstancias, por tanto, hay que darle el primer lugar en las acciones litúrgicas»[34].

Finalmente, Benedicto XVI ha escrito:

---

[32] Pío XII, *Musicae sacrae disciplina*, 25 de diciembre 1955, II: EE 6, 1182.
[33] Juan Pablo II, *Personne mieux que vous*, 4 avril 1999, n. 12: EV 18, 439.
[34] SC 116: EV 1, 211. En el n. 121, la Constitución dice que los compositores de música sagrada deben estar «spiritu christiano imbuti».

«Ciertamente, no podemos decir que en la liturgia sirva cualquier canto [...]. Deseo, como han pedido los Padres sinodales, que se valore adecuadamente el canto gregoriano como canto propio de la liturgia romana»[35].

V. - Por último, no pudiendo aquí detenernos en los objetos litúrgicos, echamos una mirada al tema de la *arquitectura sagrada*. Ante todo, tenemos que preguntarnos: nosotros, cristianos, ¿tenemos verdaderamente necesidad de iglesias? ¿Acaso no dijo Jesús que ya no es necesario adorar a Dios en el templo, sino «en espíritu y en verdad» (Jn 4, 24)? ¿Y no es verdad que algunos Padres corroboraron que nosotros cristianos no necesitamos edificios para el culto? Por ejemplo:

«¿Porqué [los cristianos] no tienen ni templo ni altar? »[36].
«La comunidad misma es casa de oración y de culto»[37].
«La asamblea de los elegidos es el templo, más que ningún otro, adecuado, para dar cabida a la grandeza y a la dignidad de Dios [...]; el altar viene a ser la asamblea de los santos unidos en la voz y en el alma»[38].

Estos pasajes traducen, efectivamente, el citado dicho de Jesús (cf. Jn 4, 21-24), según el cual, propiamente hablando, el culto cristiano, incluso el litúrgico, no necesita en modo absoluto, un templo físicamente establecido, como al contrario -en diversos modos- en el judaísmo y en el paganismo. Pero tampoco se puede olvidar que Jesús mismo amaba quedarse en el templo y enseñar en él, y que los apóstoles, incluso después de la Resurrección, acudían al templo de Jerusalén para la oración. El culto cristiano es un culto espiritual pero el hombre no es un espíritu desencarnado. La existencia misma de su cuerpo implica la espacialidad, el estar situado en un lugar. Para orar juntos como comunidad, el día de Pentecostés, María y los apóstoles estaban todos «en el mismo lugar» (Hch 2, 1). Para cumplir el mandato de Cristo de celebrar la Eucaristía, los apóstoles y sus sucesores congregaban a la comunidad en un único lugar (al principio

---

[35] Benedetto XVI, *Sacramentum caritatis*, n. 42: AAS 99 (2007), p. 139.
[36] Marco Minucio Félix, *Octavius* X, 1: PL 3, 264A.
[37] Justino de Naplusa, *Diálogo con Trifón* 86: PL 6, 682C (traducción adaptada).
[38] Clemente de Alejandría, *Stromata* VII, 6: PG 9, 443

en las casas y luego en edificios dedicados al culto). Así pues, la religión del culto en Espíritu y en verdad no es una religión espiritualista, sino encarnada. Por supuesto, se puede celebrar el culto en cualquier lugar, incluso en una plaza o en una pradera, pero la comunidad necesita una casa de oración. En esta casa de oración encuentra todo lo necesario para el culto lógico, para levantar la mente y el corazón hacia el Señor en un acto de adoración. En particular, el núcleo en torno al cual se construye el edificio cristiano es el altar; éste es el centro de nuestro culto de adoración al Padre, por medio de Cristo Cabeza y Sacerdote, en el Espíritu Santo. En torno al altar se reúne la comunidad, bajo la guía del sacerdote ministro, para la celebración del santo sacrificio; en torno al altar se levantan los muros de la basílica.

Sin embargo, la edificación de lugares de culto no se justifica únicamente en base a las exigencias concretas de una comunidad visible, que necesita espacios reservados para la liturgia. Deriva además de la doctrina dogmática referente a la Eucaristía[39]. La doctrina de la transubstanciación y de la presencia real de Cristo en la Eucaristía no nos habla de una presencia local del Señor en las especies consagradas, sino de una presencia sacramental[40]. Ello impide pensar, erróneamente, que Cristo debe multiplicarse para poder estar presente en todos los tabernáculos de la tierra. Sin embargo, el hecho de que la presencia eucarística no es local, sino sacramental, no quita nada a su realidad profunda. Se trata verdaderamente de una presencia real y, aún más, Pablo VI afirma que la presencia eucarística es el grado más alto de la presencia de Cristo en su Iglesia[41]. Las especies eucarísticas contienen, por lo tanto, la presencia real de Cristo. Estas especies (pan y vino) están, en cuanto tales, localizadas y, por tanto, están situadas en el espacio, y pueden ser conservadas y adoradas en un lugar específico. La existencia de especies eucarísticas localizadas, que contienen la presencia real, no

---

[39] Por otro lado, el altar y el tabernáculo que custodia la eucaristía son inseparables: «Separar el tabernáculo del altar es separar dos cosas que deben permanecer unidas por su origen y su naturaleza», Pío XII, Alocución *Vous nous avez demandé*, 22 de septiembre 1956: AAS 48 (1956), p. 722.

[40] Cf. Tomás de Aquino, *Summa Theologiae* III, 96, 5; Pablo VI, *Mysterium fidei* n. 47.

[41] Cf. Pablo VI, *Mysterium fidei*, n. 40.

local, de Cristo, implica además la existencia de estos lugares sagrados, en los que puedan ser dignamente custodiadas. En este sentido, se muestra la Eucaristía como verdadera prolongación de la encarnación del Verbo que, siendo Dios, es infinito y no localizado (en el sentido que es omnipresente), pero que, en su carne humana, es finito y localizable. Este dato dogmático muestra que la institución por parte de Cristo de la Eucaristía, en el modo concreto que quiso, supone como consecuencia inevitable la construcción de los edificios sagrados, la delimitación de un espacio sagrado -la casa de Dios-, también en la religión cristiana. San Simeón de Tesalónica († 1429) expresó la presencia de ambos aspectos, cristológico y antropológico, en la simbología del templo cristiano, con las palabras siguientes:

> «El templo tiene una doble naturaleza, ya que contiene un lugar para el altar y otro exterior a éste. De este modo representa a Cristo, el que es a la vez Dios y hombre, que tiene una naturaleza visible y otra invisible. El templo representa también al hombre, compuesto de alma y cuerpo»[42].

La iglesia-edificio es, por tanto, la casa donde Dios encuentra a su pueblo y donde la Iglesia-comunidad proporciona a sus hijos medios visibles para elevar el alma al Invisible. Por eso, la estructura misma de la iglesia-edificio, con su repartición interna, las decoraciones -todo- tiene un sentido bien preciso, «lógico». Como la música sagrada, la edificación de la iglesia-edificio no se puede dejar a quien no conoce el lenguaje simbólico de la fe cristiana, porque no tiene la experiencia de la fe. Construir una iglesia, en efecto, nunca será demostrar, simplemente, la pericia técnica, sino sobre todo la transfusión de la vivencia de la fe en la materia que se plasma para gloria de Dios.

Cuando visitamos un lugar nuevo, y entramos en una iglesia, además de pensar en adorar a Cristo presente en el tabernáculo, espontáneamente decimos: «Entremos a ver lo que hay de bello». Instintivamente sabemos que la iglesia es un lugar en donde, con certeza, habrá belleza para contemplar. A eso estamos acostumbrados desde hace siglos. Hoy en día, desgraciadamente, prevalece un criterio diverso del de la belleza: el criterio de la utilidad del aula litúrgica. A este propósito, Klaus Gamber ha escrito:

---

[42] Simeón de Tesalónica, *Expositio de divino templo*, 4: PG 155, 273B.

«La mayoría de las construcciones [religiosas posteriores a la Segunda Guerra Mundial] son concebidas en un sentido puramente utilitario. Se ha evitado conscientemente de hacer de ellas obras de arte a pesar de que han costado millones. Desde el punto de vista técnico, no les falta nada: tienen una acústica buena y una ventilación perfecta [...] se puede ver el altar desde todos los lados. Por lo tanto, estas iglesias no son casas de Dios en el sentido propio, no son un espacio sagrado, un templo del Señor en el que uno puede entrar con gusto para adorar a Dios y presentarle las propias necesidades. Son salas en que la gente se reúne, donde no se entra salvo en los momentos en que se efectúan los oficios litúrgicos [...]. Otras iglesias recientes han sido pensadas expresamente como obras de arte. Modelo de las cuales es la capilla de peregrinaje de Ronchamp. Le Corbusier, el célebre arquitecto que la ha proyectado, era agnóstico y consiguió crear una obra-maestra de arquitectura. *Pero ello no ha hecho de este edificio una iglesia.* La construcción puede ser un lugar de oración personal que estimula la meditación, pero ¡nada más! En seguida, tal modelo de Ronchamp fue imitado. De este modo, la construcción de las iglesias se transformó en un campo experimental, en el cual podía liberarse toda la extravagancia subjetiva de los arquitectos. Esto ha venido a ser aún más fácil desde el momento en que se ha impuesto el principio según el cual no existen "espacios sagrados" opuestos a un "mundo profano"»[43].

Es urgente, en nuestros días, recuperar los criterios estéticos objetivos, que deben inspirar la edificación de las iglesias como casas de Dios, verdaderos lugares de culto y verdaderas obras de arte. Los criterios que deben inspirar el arte sagrado no pueden ser puramente funcionales. Al contrario, deben corresponder a la finalidad que posee este especial tipo de arte, es decir, ayudar a los fieles a elevar los espíritus hacia Dios. En este sentido –aun siendo permitido el uso de estilos, técnicas y materiales diversos– hay que tener presentes algunos elementos fundamentales, como la inteligibilidad del espacio sagrado, la centralidad del altar, del crucifijo y del tabernáculo, la proyección hacia arriba del presbiterio y del altar respecto de la nave (signo de la dinámica ascensional producida por la liturgia), etc. Por

---

[43] K. Gamber, *Zum Herrn hin! Fragen um Kirchenbau und Hinwendung beim Gebet nach Osten*; aquí, traducido del francés *Tournés vers le Seigneur!*, Sainte-Madeleine, Le Barroux, 1993, pp. 6-7.

otra parte –ayudará repetirlo una vez más–, aunque nuestra cultura actual con facilidad pueda encontrarse a disgusto ante esta indicación del magisterio, los arquitectos y proyectistas deben ser personas, al menos, arraigadas en la cultura cristiana o, mucho mejor, si son personas de fe práctica. No se debe olvidar que, en el Antiguo Testamento, el Señor no sólo dio indicaciones precisas a Moisés para la construcción del arca y de los objetos litúrgicos, sino también indicó los artistas a quienes Él había «infundido habilidad y pericia para saber realizar todos los trabajos en servicio del Santuario», y ellos por tanto «ejecutaron todo conforme había mandado el Señor» (Ex 36, 1). El artista sagrado no realiza simplemente una obra de su inspiración, sino que debe percibirse a sí mismo como el ejecutor del plan divino. Lo cual será difícilmente realizado allí donde se contraten sólo nombres prestigiosos, justamente reconocidos por su competencia técnica, pero que no tienen la experiencia del Dios cristiano y de su belleza y, por lo tanto, no la pueden comunicar a otros.

Capítulo 9

Ética, devoción, formación

En los capítulos precedentes hemos encontrado varias veces un criterio hermenéutico-teológico fundamental para entender la fe y la liturgia en general, y en particular el magisterio litúrgico del Vaticano II: la continuidad en el desarrollo. Hemos percibido también algún que otro punto débil en la práctica litúrgica actual, debido a iniciativas que no en todos los casos han respetado plenamente el sentido teológico de la liturgia y dicho criterio hermenéutico. Estas variantes, de mayor o menor gravedad, producen cierta confusión y, a veces, alejan de la percepción de la sacralidad propia del misterio litúrgico. En los capítulos anteriores, he intentado hacer emerger el criterio teológico que permitiría superar esta problemática. Ahora, quisiera mostrar –y debo por desgracia hacerlo muy brevemente– tres aspectos conexionados con la comprensión teológica de la liturgia, que pueden representar vías concretas para salir de la situación que se ha producido en la liturgia católica posconciliar. Son las vías de la ética, de la devoción y de la formación.

Liturgia y ética

Benedicto XVI ha invitado al pueblo de Dios a vivir de acuerdo a la «coherencia eucarística». «En efecto, el culto agradable a Dios no es nunca un acto meramente privado, sin consecuencias en nuestras relaciones sociales: éste requiere el testimonio público de la propia fe»[1]. La coherencia de la vida ética es requerida, naturalmente, de modo particular como consecuencia de la Eucaristía y por ello San Ignacio de Antioquía nos define a nosotros cristianos como los que «viven guardando el domingo»[2], es decir, aquellos cuyas vidas son transformadas por la participación en el rito dominical por excelencia, el rito eucarístico. ¿Cómo no recordar entonces la expresión que San

---

[1] Benedicto XVI, *Sacramentum caritatis*, n. 83: AAS 99 (2007), p. 169.
[2] «Iuxta dominicam viventes»: Ignacio de Antioquía, *Ad Magnesios,* 9, 1: PL 5, 670B.

Ireneo refirió, si bien dentro de su contexto, a un problema teológico particular: «¿Nuestro pensamiento se conforma plenamente con la Eucaristía y la Eucaristía confirma nuestro pensamiento?»[3]. La Eucaristía determina la forma moral de nuestra vida cristiana, pero está claro que toda la vida litúrgica nos empuja en esta dirección de transformación moral. En este punto tenemos que recordar una vez más el pasaje fundamental de Rm 12,1-2, en el que San Pablo habla del «culto lógico». Podemos valorar el significado de esta expresión paulina, cuyo sentido referente a la santificación de toda la vida, de la ofrenda de toda nuestra existencia, aprendemos a hacer de modo adecuado precisamente participando bien en el culto litúrgico. Es hermoso recordar la concepción patrística por la cual la vida moral cristiana consiste en vivir «*kata logon* –según el Logos»[4], razón por la que San Ireneo dice que los que poseen el Espíritu Santo «no son esclavos de los deseos de la carne, sino que se someten al Espíritu y viven en todo según la razón [*rationabiliter/logikos*]»[5]. La liturgia lógica nos enseña a vivir de modo lógico, es decir según el Logos divino que es razón y amor[6]. Por tanto, la ética sacramental no consiste principalmente en el esfuerzo humano, sino en la respuesta humana al don divino que es capaz de transformar toda la vida. Benedicto XVI escribe:

> «Esta referencia al valor moral del culto espiritual no se ha de interpretar en clave moralista. Es ante todo el gozoso descubrimiento del dinamismo del amor en el corazón que acoge el don del Señor, se abandona a Él y encuentra la verdadera libertad. La transformación moral que comporta el nuevo culto instituido por Cristo, es una tensión y un deseo cordial de corresponder al amor del Señor con todo el propio ser, no obstante la conciencia de la propia fragilidad»[7].

Nótese la estrecha correlación entre acto litúrgico y acto moral, propiamente por el hecho de que, así como no es el hombre el que crea con sus manos la liturgia, sino que ella resplandece en su propia

---

[3] Ireneo de Lyon, *Adversus haereses*, IV, 18, 5, p. 342.
[4] Cf. Justino de Naplusa, II *Apología*, 8, 2.
[5] Ireneo de Lyon, *Adversus haereses*, V, 8, 2, p. 424.
[6] Cf. Benedicto XVI, *Deus caritas est*, n. 10.
[7] Benedicto XVI, *Sacramentum caritatis*, n. 82: AAS 99 (2007), p. 168.

belleza cuando el hombre se deja agarrar por el misterio que actúa en ella, así también la vida moral del cristiano no consiste en el perfeccionismo de un acto voluntarista, sino en el dejarse transformar por el amor preveniente de Dios, y a éste corresponderle con un acto de verdadera libertad.

He ahí el porqué la correcta celebración y la participación litúrgica educan al cristiano en el verdadero concepto de la libertad. Que la libertad no signifique en absoluto hacer lo que uno quiera, el cristiano (sea sacerdote o laico) lo aprende precisamente al celebrar dignamente los sagrados misterios. Viviendo la liturgia, aprende que no puede determinar la propia vida según su gusto o según valores establecidos en base al consenso democrático, así como no puede decidir por sí solo, ni siquiera en consenso con otros, modificar el rito litúrgico. La Liturgia nos educa en el respeto a la objetividad y a su primacía sobre el instinto subjetivo: una educación similar es necesaria sobre todo en nuestros días.

Celebrar la liturgia como debe ser celebrada y no como *queremos* celebrarla, restituye a los cristianos también el sentido de la autoridad, puesto en crisis dramáticamente por los eventos del sesenta y ocho. Klaus Gamber ha escrito que la crisis de fe que experimentamos actualmente es también una crisis de autoridad[8]. Celebrar el rito según las normas rúbricas establecidas significa —además de cuanto ya se ha dicho— manifestar el debido respeto hacia la autoridad que las ha precisado. En cambio, celebrar el rito como si la liturgia fuera un gran contenedor casi vacío, el cual —salvo unos pocos elementos esenciales— el sacerdote y la comunidad pueden llenar a su gusto, implica un concepto de autoridad mucho más vago, que luego no puede no reflejarse en otros ámbitos de la vida personal y comunitaria. Y es bastante evidente que hoy no sólo en la sociedad, sino también en la Iglesia, el concepto de autoridad está en crisis. Esta crisis es generalmente más profunda del lado de los que deben obedecer que del lado de quienes deben mandar. Sin embargo, no faltan, en nuestro tiempo, casos particulares en los que quien debe ejercer la autoridad en la Iglesia no sabe cómo hacerlo, tal vez porque no tiene un concepto exacto al respecto. Se trata de problemas muy

---

[8] Cf. K. Gamber, *Die Reform der Römischen Liturgie*, en la versión francesa, *La réforme liturgique en question*, Sainte-Madeleine, Le Barroux, 1992, p. 59.

serios, que no pueden ni deben afrontarse aquí. Baste decir que la liturgia, bien celebrada, constituye un camino pastoral concreto que da frutos notables en este ámbito.

La relación entre la liturgia y la ética es muy antigua y la encontramos en las fuentes mismas de la revelación. En el Antiguo Testamento, el culto es establecido por Dios en la alianza del Sinaí. A este propósito, quisiera subrayar ante todo que Dios es —y perdonen la expresión— el primer «rubricista» litúrgico de la historia, porque da indicaciones muy precisas sobre el desarrollo del ritual. Nótese especialmente el énfasis puesto en el «límite» que el pueblo no debe traspasar (cf. Ex 19). En segundo lugar, notemos que los capítulos 19 al 31 del Libro del Éxodo, representan un gran código en el que las rúbricas litúrgicas y las normas morales son presentadas por Dios a Moisés, las unas junto con las otras, y por tanto, si bien distintas en sus órdenes respectivos, forman un único conjunto. De esta manera el Señor sugiere que no es posible separar el culto de la ética. Y, en efecto, cuando Israel peca, adorando la estatua de un becerro de oro, porque Moisés tardaba en bajar del monte, este pecado grave hace imposible no sólo el culto prescrito por Dios, sino también hace inútiles las tablas de la ley las cuales, por eso, rompe (cf. Ex 32, 19). El gesto claro de Moisés indica que donde no hay un culto verdadero —sino un culto idolátrico, una liturgia falsa, en la que la comunidad se celebra a sí misma fingiendo adorar a Dios o adorando un dios hecho a su propia imagen y semejanza— la ética ya no es observable. También es verdad lo contrario, puesto que Moisés ahora no puede celebrar el rito prescrito por Dios: donde no hay ética alguna, el culto se convertiría en una farsa.

Como segundo ejemplo, podemos mencionar la estructura del Libro del Levítico, el libro bíblico que contiene numerosísimas rúbricas y prescripciones para el culto de Israel. Pues bien, precisamente en este texto, tan preocupado por la forma correcta de la celebración de los ritos, después de las primeras tres secciones – dedicadas a la ley sobre los sacrificios (cap. 1-7), a la consagración de los sacerdotes y a la inauguración del culto (8-10), así como a la distinción entre puro e impuro (11-16)– una cuarta, amplia sección (17-26) coincide con la Ley (o Código) de santidad, donde la identidad del pueblo elegido es motivada por la santidad moral –signada por la santidad de Dios mismo– que distingue a Israel de todos los demás pueblos.

La teología sacramentaria cristiana ha enseñado justamente que la santidad personal del ministro, o su estado de pecado, aun grave, no afecta la validez del sacramento si existen las demás condiciones requeridas (materia, forma, intención de hacer lo que la Iglesia hace). Si esto es verdad, como en realidad lo es, el episodio antes aducido del Libro del Éxodo debe también recordarnos que esta verdad no puede transformarse en un pretexto. La distinción entre la práctica moral del ministro celebrante y el misterio que es celebrado no puede constituir una solución cómoda para no dejarse interpelar en la propia vida por la santidad intrínseca de la liturgia. La liturgia bien celebrada es más bien una llamada continua a nuestra conciencia. No en vano, el día de la ordenación, el obispo exhorta al sacerdote a imitar en su propia vida lo que predica y lo que celebra. La reconstitución de la alianza infringida concluye el largo episodio del Éxodo, con la retoma del verdadero culto y la restitución de las tablas de la ley ética.

El Señor Jesucristo se comporta de manera análoga en el momento en que instituye el culto cristiano. En la víspera de su pasión, el Señor establece el sacrificio de la nueva y eterna alianza, ya no en la sangre de víctimas inconscientes, sino en su propia sangre. Él manda a los apóstoles repetir este rito en memoria suya, diciendo: «Haced esto en memoria mía». Aunque el Señor Jesús no haya dictado, para el rito sacrificial de la Nueva Alianza, rúbricas tan precisas como las dadas en el antiguo a Moisés –lo cual da amplio espacio a la Iglesia para establecer los detalles concretos de la celebración en lo que se refiere a los aspectos no esenciales del culto–, también aquí nos encontramos de alguna manera frente al deseo de uniformidad litúrgica, al menos en lo esencial. Cristo, en efecto, manda a los apóstoles hacer «esto»; no hacer cualquiera cosa, sino hacer precisamente lo que le han visto hacer a él. Así, el Señor excluye que lo que se hace durante el rito eucarístico sea establecido por la creatividad de cada apóstol: se debe, en cambio, hacer lo mismo que ha hecho Jesús. Y esta conciencia es originaria en la Iglesia:

> «Porque yo recibí del Señor lo que os he transmitido: que el Señor Jesús, la noche en que fue entregado, tomó pan, y después de dar gracias, lo partió y dijo: "Este es mi cuerpo que se da por vosotros; haced esto

en recuerdo mío". Asimismo también la copa después de cenar diciendo: "Esta copa es la Nueva Alianza en mi sangre. Cuantas veces la beberéis, hacedlo en recuerdo mío"» (1 Co 11, 23-25).

San Pablo es bien consciente de que no debe inventar el rito, sino transmitirlo a nosotros tal como lo ha recibido «del Señor». Esta obediencia a la «rúbrica» establecida por Jesús: «Haced esto» (expresión que el apóstol prefiere repetir dos veces, para evitar equívocos), en el Nuevo Testamento también comporta la relación directa entre liturgia y ética. De hecho, el apóstol dice inmediatamente después:

«Por tanto, quien coma el pan o beba la copa del Señor indignamente, será reo del Cuerpo y de la Sangre del Señor. Examínese, pues, cada cual, y coma así el pan y beba de la copa. Pues quien come y bebe sin discernir el Cuerpo, come y bebe su propio castigo» (1 Co 11, 27-29).

Por otra parte, San Pablo no introduce ninguna novedad cuando relaciona la fidelidad litúrgica y el rigor ético: es Jesús mismo que, en la Última Cena, entrega el nuevo rito y simultáneamente enseña la nueva ética, renovando cuanto en el pasado había hecho con Moisés en el Sinaí, uniendo indisolublemente liturgia y vida:

«Os doy un mandamiento nuevo: que os améis los unos a los otros. Que, como yo os he amado, así os améis también vosotros los unos a los otros. En esto conocerán todos que sois discípulos míos: si os tenéis amor los unos a los otros» (Jn 13, 34-35).

«Este es el mandamiento mío: que os améis los unos a los otros como yo os he amado. Nadie tiene mayor amor que el que da su vida por sus amigos. Vosotros sois mis amigos, si hacéis lo que yo os mando» (Jn 15, 12-14).

Este mandamiento nuevo que Jesús repite dos veces en el cenáculo tiene un fuerte sabor eclesial. En efecto, el primer lugar donde se experimenta y crece la moral cristiana es la comunidad de los hermanos. También, bajo este aspecto, no faltan hoy las dificultades. Como católicos, todos nos sentimos unidos por la misma fe y por el vínculo con el sucesor de Pedro; sin embargo, no falta el sentido exasperado del localismo y del particularismo de grupos, movimientos y asociaciones eclesiales. A pesar de que éstos son dones del Espíritu para la vida de la Iglesia, no podemos dejar de reconocer que, más allá del consenso genérico, a menudo subsiste una especie de separación de opiniones o de prácticas. Y sin embargo:

> «La forma eucarística de la vida cristiana es sin duda una forma eclesial y comunitaria. El modo concreto en que cada fiel puede experimentar su pertenencia al Cuerpo de Cristo se realiza a través de la diócesis y las parroquias, como estructuras fundamentales de la Iglesia en un territorio particular. Asociaciones, movimientos eclesiales y nuevas comunidades –con la vitalidad de sus carismas concedidos por el Espíritu Santo para nuestro tiempo–, así como también los Institutos de vida consagrada, tienen el deber de ofrecer su contribución específica para favorecer en los fieles la percepción de *pertenecer al* Señor (cf. Rm 14,8). El fenómeno de la secularización, que comporta aspectos marcadamente individualistas, ocasiona sus efectos deletéreos sobre todo en las personas que se aíslan, y por el escaso sentido de pertenencia. El cristianismo, desde sus comienzos, supone siempre una compañía, una red de relaciones vivificadas continuamente por la escucha de la Palabra, la Celebración eucarística y animadas por el Espíritu Santo»[9].

Se puede pensar que el *ars celebrandi* bien comprendido y una bien entendida *actuosa participatio*, sean los modos pastorales concretos para superar también el influjo de la cultura individualista en la vida eclesial de nuestro tiempo. En la liturgia bien celebrada, en efecto, aprendemos –como individuos y como comunidad– el sentido de pertenencia a la *Catholica*, que precede ontológicamente a cada Iglesia y grupo eclesial particular, según un texto ya citado de Benedicto XVI, que es oportuno recordar de nuevo:

> «La Iglesia que nace en Pentecostés, ante todo, no es una comunidad particular –la Iglesia de Jerusalén–, sino la Iglesia universal, que habla las lenguas de todos los pueblos. De ella nacerán luego otras comunidades en todas las partes del mundo, Iglesias particulares que son todas y siempre actuaciones de una sola y única Iglesia de Cristo. Por tanto, la Iglesia católica no es una federación de Iglesias, sino una única realidad: la prioridad ontológica corresponde a la Iglesia universal. Una

---

[9] Benedicto XVI, *Sacramentum caritatis*, n. 76: AAS 99 (2007), p. 164.

comunidad que no fuera católica en este sentido, ni siquiera sería Iglesia»[10].

Liturgia y devoción

El aspecto eclesial de la ética cristiana, reforzada en la liturgia, crea el vínculo para el segundo punto: la devoción. Hemos visto que, para el Papa Pío XII, la participación activa en la liturgia consiste en unirse a Cristo. Especialmente durante la Misa, todos –sacerdote y fieles– deben elevar a Dios su propio espíritu y ofrecer al Padre su propia vida, uniéndola, en el Espíritu Santo, a la ofrenda que Cristo hace de sí mismo como Sumo y Eterno Sacerdote de nuestra fe. Esta ofrenda es ciertamente personal, pero al mismo tiempo verdaderamente eclesial. Nos unimos como miembros del Cuerpo místico bajo la única Cabeza. Nos unimos –como dice la *Didachè*– como las semillas de trigo en el pan o las uvas en el vino, para formar un único cuerpo y una única sangre en Cristo[11].

La primera forma de devoción que la liturgia puede suscitar es, por tanto, la *devotio* en el sentido etimológico, la dedicación entera y total de nosotros mismos a Dios[12], en la Iglesia, con la Iglesia y por medio de la Iglesia, Esposa de Cristo. Esta entrega total de nosotros mismos produce también todos los otros aspectos, de una sana devoción, que los fieles pueden practicar. En este sentido, mientras está claro que subsiste una distinción entre la liturgia y la devoción, no es necesario introducir una separación o, peor aún, una oposición entre ellas. Se podría decir muchísimo sobre este tema, pero quisiera tratar sintéticamente sólo dos aspectos. El primero concierne al culto de las imágenes, y el segundo es la reverencia ante el misterio litúrgico.

---

[10] Benedicto XVI, *Homilía en la Solemnidad de Pentecostés*, 11 de mayo 2008: AAS 100 (2008), p. 368.

[11] Cf. *Didachè*, IX, 4, ya citado en el cap. 1.

[12] «La palabra devoción proviene de la forma verbal *devovere* [consagrar]; de ahí que se llamen devotos quienes de alguna manera se ofrecen en sacrificio a Dios para estar totalmente sometidos a Él […]. Según esto, la devoción, al parecer, no es otra cosa que la voluntad o volición de dedicarse con prontitud a lo que pertenece al servicio de Dios», Tomás de Aquino, *Summa Theologiae* II-II, 82, 1.

Respecto al tema de las *imágenes*, en sí mismo se habría colocado mejor en el capítulo anterior, dedicado a la belleza de la liturgia. Las imágenes, en efecto, contribuyen, no poco, al esplendor de la casa de Dios en la que se celebra el culto, ofreciendo al mismo tiempo una verdadera y propia catequesis visible. No obstante, no tengo la intención de explorar aquí los aspectos históricos y dogmáticos referentes al tema de las imágenes; sólo quiero hacer notar que, tanto en el Oriente como en Occidente, atraen, desde tiempo inmemorial, la devoción de los fieles, sacerdotes y laicos[13]. Aún diría más, en Oriente, la veneración de los iconos se considera como un sacramental verdadero y propio. En Occidente, sobre todo en los países de procedencia latina, las estatuas de los santos y de la Virgen son honradas por los fieles de mil maneras, algunas de las cuales –hay que reconocerlo– son más bien de índole folklórica. Esto explica el rechazo de parte de algunos teólogos, liturgistas y pastores de ánimas, «puritanos», que intentan eliminar este tipo de manifestaciones, pero sin poder conseguirlo totalmente. San Juan Damasceno escribió en contra del emperador iconoclasta León III (se podría decir, un «puritano»): «No estás luchando contra las imágenes sino contra los santos»[14]. Está claro que hay que oponerse con determinación al uso supersticioso, o incluso mágico, de las imágenes sagradas, pero eso no significa eliminar el culto y la devoción mediante la imagen.

Por otro lado, la misma liturgia expresa esta devoción de la Iglesia por María y los santos, contemplando la incensación de imágenes e iconos. Lo que recibe honor en el culto público de la Iglesia, ¿por qué no debiera recibirlo en la vida privada? Si la Iglesia honra a la Virgen y a los santos a través de un signo visible que nos los trae a la mente, ¿por qué el fiel, educado por la liturgia, no podría repetir y multiplicar el acto de veneración público de la Iglesia en tantos pequeños actos privados que, al fin y al cabo, no son nunca individualistas, sino actos personales de una devoción que es, y será siempre, auténticamente eclesial? Lo que está en contraste con esto es la decadencia de la sana devoción en devocionismo. Éste tiende a aferrar la imagen, a

---

[13] Véase en el capítulo anterior lo que dice S. Heid sobre la atracción que ejercen las imágenes de la cúpula absidal en los fieles, atrayendo hacia sí sus miradas.

[14] Juan Damasceno, *De imaginibus oratio* I, 19: PG 94, 1250B-C.

apropiársela, a sustraerle su sacralidad, para reducirla a un instrumento profano dominado por nuestras manos (¡el becerro de oro!). Mientras que el devocionismo utiliza las imágenes para los propios fines, concretamente para suscitar alguna emoción de algún tipo, la devoción verdadera se deja elevar de la imagen a la realidad.

> «El icono, bien entendido, nos aleja de la pregunta equivocada sobre una representación que pueda ser captada por los sentidos, y nos permite reconocer, precisamente por esto, el rostro de Cristo y, en Él, el rostro del Padre. De este modo, en el icono está presente la misma orientación espiritual que ya habíamos apuntado al acentuar la dirección hacia oriente en la liturgia: quiere introducirnos en un camino interior, en el camino que se dirige hacia el «oriente», hacia Cristo que va a volver. Su dinámica coincide con la dinámica de la liturgia en cuanto tal»[15].

Es la dinámica litúrgica, revivida en la devoción de las imágenes, que funda el movimiento ascensional de la creatura humana, que luego se manifiesta en su conducta ética. Podríamos decir que, como hay una «coherencia eucarística» y una «coherencia litúrgica», existe también una «coherencia devocional». Quisiera subrayar finalmente que no sólo la liturgia nos enseña cómo debemos vivir la devoción de las imágenes, sino que también esta devoción, bien entendida, nos permite cultivar el espíritu de la liturgia. De hecho, las imágenes tienen la función de conducirnos más allá de lo que es puramente constatable en el orden material, y de enseñarnos así un modo nuevo de ver, que sabe elevarse de lo visible a lo invisible. Lo cual corresponde al carácter sacramental de la liturgia que obra, a través de signos visibles, misterios invisibles.

El segundo punto que quisiera tratar en esta sección dedicada a la devoción es la *reverencia*. Creo que está a la vista de todos que entre las grandes deficiencias de la vida espiritual y litúrgica de los sacerdotes y de los fieles esté el espíritu reverente, aquel sentido del santo misterio, aquella percepción de la presencia sobrenatural que en un tiempo podía llamarse «unción». Si, en el pasado, algunas veces se exageró, llegando incluso a simularla cuando no había –de aquí

---

[15] J. Ratzinger, *El espíritu de la liturgia*, p. 162 (con nuestras variantes a la traducción española).

proviene que el término acabara por indicar una actitud farisaica–, hoy en día parece que su presencia vaya reduciéndose cada vez más. Lo cual constituye sin más un empobrecimiento de la vida de fe de la Iglesia. También a este propósito me parece útil citar la llamada del Santo Padre:

> «Un signo convincente de la eficacia que la catequesis eucarística tiene en los fieles es sin duda el crecimiento en ellos del sentido del misterio de Dios presente entre nosotros. Eso se puede comprobar a través de manifestaciones específicas de veneración de la Eucaristía, hacia la cual el itinerario mistagógico debe introducir a los fieles. Pienso, en general, en la importancia de los gestos y de la postura, como arrodillarse durante los momentos principales de la plegaria eucarística. Para adecuarse a la legítima diversidad de los signos que se usan en el contexto de las diferentes culturas, cada uno ha de vivir y expresar que es consciente de encontrarse en toda celebración ante la majestad infinita de Dios, que llega a nosotros de manera humilde en los signos sacramentales»[16].

Como ya he tenido ocasión de indicar, los signos externos son una ayuda y, al mismo tiempo, una señal indicadora, es decir, una ayuda para participar bien en el misterio litúrgico y una señal de la actitud interior con que nos acercamos a la liturgia. Las rúbricas proporcionan diversas indicaciones sobre los gestos que el celebrante y los fieles deben realizar y sobre la modalidad con que se hacen – tales indicaciones son más detalladas en la liturgia tridentina, pero no faltan en la liturgia promulgada por Pablo VI.

«Los gestos y posturas corporales tanto del sacerdote, de los diáconos y los demás ministros, como del pueblo, deben realizarse de modo que toda la celebración brille por el decoro y una noble sencillez, se perciba el verdadero y pleno significado de sus diversas partes, y se favorezca la participación de todos. Por tanto, habrá que atenerse a lo que establece esta Institución general y la praxis tradicional del Rito romano, y a lo que contribuya, más que a la inclinación personal o al arbitrio, al bien común espiritual del pueblo de Dios. La uniformidad de las posturas observada por todos los participantes es signo de la comunión y unidad de la asamblea,

---

[16] Benedicto XVI, *Sacramentum caritatis*, n. 65: AAS 99 (2007), pp. 154-155.

pues expresa y fomenta la comunión de espíritu y sentimiento [mentem et sensus animi] de los participantes»[17].

La percepción de la presencia de Cristo en la liturgia es la chispa capaz de encender el corazón, de hacerle experimentar la unción espiritual y traducirla con gestos, sobrios y contenidos, los cuales, sin embargo, transparentan un amor incontenible y un respeto profundo por Dios y por todo lo que es sagrado. En qué medida la sana devoción pueda ayudar al *ars celebrandi* y a la *actuosa participatio*, lo podrá comprender en el fondo sólo quien lo ha experimentado en sí mismo. Ella genera aquella actitud reverente que no puede ser simulada, sino actuada sólo si al gesto exterior corresponde en verdad la moción del corazón. El discurso sobre este punto podría alargarse, y mucho, pero prefiero sólo aludir algunos gestos y momentos de la liturgia en que este espíritu debe manifestarse y ejercerse:

- en la manera de moverse en el altar y en el presbiterio: despacio, compuesta y viril;
- en el tono de la voz, adaptado a los distintos momentos de la celebración (proclamación de las lecturas bíblicas, homilía, textos oracionales), pero siempre serio, sobrio, sereno, digno y solemne;
- en la manera de pasar las páginas del leccionario y de los demás libros litúrgicos;
- en los gestos de los brazos abiertos y de las manos juntas para la oración;
- en el manejo de los vasos sagrados y los objetos litúrgicos;
- en la manipulación de las especies consagradas;
- en la manera de elevar la hostia y el cáliz consagrados (evitando tanto una duración demasiado breve, que correspondería a una «no-elevación», como movimientos bruscos o negligentes, que no son dignos de Aquél a quien el sacerdote tiene entre sus manos);
- en la atención procurada durante la purificación de los vasos sagrados;
- en las inclinaciones, las genuflexiones y las postraciones;

---

[17] *Institutio Generalis Missalis Romani. Excerptum ex editione typica tertia emendata*, n. 42, pp. 12-13.

- en otros muchos detalles importantes: la manera de avanzar en la procesión, la manera de mirar a la cruz, la manera de besar el altar, de abrir y cerrar los corporales, etc.;
- en el tiempo que se dedica a la celebración litúrgica.

Se ha de observar que estos y otros gestos no pueden ser forzados. Ya he subrayado que no basta la ejecución mecánica perfecta de un rito litúrgico para que la liturgia sea para nosotros fuente de vida. A la ejecución perfectamente fiel a las indicaciones de las rúbricas se añade –se debe añadir– el afecto del corazón que advierte la presencia del misterio. Las rúbricas, entonces, ya no son percibidas como un obstáculo que impide el gozo espontáneo del corazón, sino como una ayuda que garantiza la autenticidad de este gozo. La solemne repetición del gesto sagrado transmite al corazón creyente un gozo mucho más profundo y duradero que la alegría fugaz que pueden producir las iniciativas extemporáneas o personales.

Uno de los santos de nuestro tiempo que ha dado mayor muestra de todo ello es, sin duda, San Pío de Pietrelcina, cuyo modo de celebrar la Misa debería servir como modelo a todos los sacerdotes. He aquí un pasaje de una carta del santo a una de sus hijas espirituales, en que ofrece indicaciones importantes sobre cómo practicar la reverencia en el lugar sagrado:

> «Entra en la iglesia en silencio y con gran respeto, teniéndote y sintiéndote indigna de comparecer ante la majestad de Dios [...]. Luego toma el agua bendita y haz, bien y despacio, el signo de nuestra redención. Apenas te encuentres a la vista del Dios sacramentado, haz devotamente la genuflexión. Cuando hayas llegado a tu sitio, arrodíllate y rinde a Jesús sacramentado el homenaje de tus oraciones y tu adoración. Confía a Él todas tus necesidades y las de los demás, háblale con abandono filial, suelta tu corazón y déjale total libertad para hacer contigo como mejor le plazca [...]. Al asistir a la Santa Misa y a las funciones sagradas, ten mucha gravedad al ponerte de pie, al arrodillarte y sentarte, y haz todo acto religioso con la mayor devoción. Sé modesta en mirar, no vuelvas tu cabeza de aquí para allá para ver quién entra y quién sale; no te rías, por respeto al lugar sagrado y también por respeto

de quien esté a tu lado; cuida de no decir ni una palabra a nadie, salvo si la caridad o una necesidad estricta lo requiere»[18].

Recordamos que son especialmente los sacerdotes quienes han de dar el buen ejemplo: la mejor catequesis está en la devoción personal del sacerdote, en el silencio que observa en la iglesia, en su hacer genuflexión cada vez que pasa delante del sagrario, en su participación, junto a los fieles, en la adoración eucarística de rodillas, etc. Al sacerdote se le llama habitualmente «reverendo», es decir una persona venerada porque es ministro de Cristo y de la Iglesia. Sin embargo, el «reverendo» no debe olvidar su deber de ser, él primero, el «reverente». También en este punto, las ovejas seguirán al pastor. Los gestos y las actitudes reverentes del sacerdote y de los fieles constituyen la segunda vía pastoral para recuperar el concepto justo y la práctica justa de la liturgia.

Formación litúrgica

El concilio Vaticano II ha recomendado fervientemente la «educación litúrgica» del pueblo de Dios:

> «La santa madre Iglesia desea ardientemente que se lleve a todos los fieles a aquella participación plena, consciente y activa en las celebraciones litúrgicas que exige la naturaleza de la Liturgia misma [...]. Al reformar y fomentar la sagrada Liturgia hay que tener muy en cuenta esta plena y activa participación de todo el pueblo, porque es la fuente primaria y necesaria de donde han de beber los fieles el espíritu verdaderamente cristiano, y por lo mismo, los pastores de almas deben aspirar a ella con diligencia en toda su actuación pastoral, por medio de una educación adecuada. Y como no se puede esperar que esto ocurra, si antes los mismos pastores de almas no se impregnan totalmente del espíritu y de la fuerza de la Liturgia y llegan a ser maestros de la misma, es indispensable que se provea antes que nada a la educación litúrgica del clero»[19].

---

[18] Pio de Pietrelcina, *Epistolario*, III: *Corrispondenza con le figlie spirituali (1915-1923)*, (M. da Pobladura – A. da Ripabottoni, ed.), Edizioni Padre Pio da Pietrelcina, San Giovanni Rotondo, 2004, p. 87.

[19] SC 14: EV 1, 23-25.

Por estos motivos, el concilio ha establecido que se potencie la enseñanza de la ciencia litúrgica en los seminarios y en las casas de formación religiosa. Es importante precisar –en lo que he insistido ya en el capítulo cuarto– que la liturgia se debe enseñar tanto «bajo el aspecto teológico e histórico, como bajo el aspecto espiritual, pastoral y jurídico»[20]. La formación espiritual de los clérigos debe tener una fuerte impronta litúrgica, de tal modo que estén en grado de «comprender los sagrados ritos y participar en ellos con toda el alma, sea celebrando los sagrados misterios, sea con otros ejercicios de piedad penetrados del espíritu de la sagrada Liturgia; aprendan al mismo tiempo a observar las leyes litúrgicas»[21]. La SC, por otra parte, fomenta la formación del clero ya ordenado y de los fieles laicos. La formación de los fieles laicos en la liturgia debe ser cuidada con particular atención por los pastores, y la Constitución litúrgica advierte: «y en este punto, busquen guiar a su rebaño no sólo de palabra, sino también con el ejemplo»[22].

Como se ve, hemos encontrado de nuevo en las indicaciones del concilio las mismas conclusiones a las que habíamos llegado por otro camino en los párrafos precedentes. Verdaderamente la Iglesia pide sobre todo al clero (obispos, sacerdotes, diáconos) una atención renovada en la formación permanente del ámbito litúrgico para la cual, entre otros, no faltan recursos. Sin embargo, hay que decir que no en todas las publicaciones e iniciativas dirigidas a este noble propósito resultan adecuadamente desarrolladas las diversas dimensiones de la formación litúrgica recomendadas por el Concilio. Da la impresión de que los enfoques histórico y antropológico, junto con una cierta tendencia pragmática hecha pasar bajo el apelativo de «adaptación pastoral», prevalezcan hoy netamente sobre los otros aspectos, esto es, el teológico, espiritual, pastoral y jurídico.

El hecho que resalta con claridad es que, tras los primeros años de justo fervor posconciliar, se pasó a hacer de la liturgia, como ciencia, un sector para los iniciados, donde tendrían derecho de hablar sólo los titulados en algún instituto prestigioso de estudios litúrgicos. El clero –primer sujeto de la liturgia junto con las asambleas litúrgicas–

---

[20] SC 16: EV 1, 27.
[21] SC 17: EV 1, 28.
[22] SC 19: EV 1, 30.

se limita a actuar según las normas canónicas establecidas por la práctica común, fuertemente influenciada a su vez por las ideas de un número más bien restringido de personas. Y si hoy en día comienza a abrirse algún resquicio de novedad y de esperanza, todavía una parte consistente del clero es profundamente ignorante en materia litúrgica, no habiendo ni siquiera leído los *praenotanda* de los libros litúrgicos más utilizados y, al mismo tiempo, dando crédito a artículos de revistas divulgativas, que sugieren las más disparatadas «adaptaciones pastorales» para la liturgia. El activismo pastoral sustrae tiempo a la formación permanente que, sin embargo, es de la máxima importancia y, por eso, ni siquiera se conoce bien el rito que se celebra a diario. Los doctos consiguen imponer la tendencia a la homologación, dictando los propios «dogmas» en forma de eslogan. A menudo es en nombre de éstos, más que por los textos del Vaticano II y del magisterio sucesivo, que determinadas costumbres se introducen en la práctica litúrgica de la Iglesia. Otros, en cambio, por la ya denunciada «libertad» y «creatividad» que creen deber introducir en la liturgia, aun conociendo las rúbricas, no las observan.

No se puede imputar toda la culpa a los presbíteros. Es necesario que todas las diócesis, y no sólo aquellas cuyos pastores son más sensibles, se preocupen de la formación litúrgica permanente de su propio clero. Hay que superar un planteamiento exclusivamente histórico y teórico, y tener el coraje de explicar, de modo concreto, al clero, de manera práctica, los gestos y los signos litúrgicos. Al mismo tiempo, hay que dar una consistente base teológica y espiritual, y recordar los oportunos criterios pastorales y las normas jurídicas. No hay que temer de mostrarle al clero *cómo* se celebra un rito, además de explicar *por qué* se celebra de este modo.

Entre los puntos en los que, en estos días, es necesario insistir mucho más están: el carácter sagrado de la liturgia y la clara distinción entre el sacerdocio ministerial y el sacerdocio común de los fieles. Sobre todo en algunos países, el clero ha perdido de vista el hecho de que la liturgia es algo muy serio, y por lo tanto no teme introducir en ella bromas, tosquedades y sutilezas de diverso género. La homilía especialmente padece, sobre todo en algunos lugares, una progresiva reducción al relato de experiencias personales, sazonada aquí y allá de algún gracejo, como queriendo provocar la hilaridad de los presentes.

Un segundo punto urgente para la formación litúrgica consiste en evidenciar claramente la distinción, fundada ontológicamente, entre el sacerdocio ministerial y el bautismal. La configuración de muchos entre los nuevos edificios de culto no ayuda en esto, precisamente porque en ellos a menudo se han quitado, o al menos reducido, los elementos arquitectónicos que distinguen el presbiterio de la nave. La pérdida de conciencia respecto a la propia dignidad ministerial por parte del clero se manifiesta, por ejemplo, en la manera concreta de celebrar la liturgia, por los abusos menos graves, en fórmulas como: «La bendición de Dios todopoderoso... descienda sobre *nosotros*» y «*Podemos* ir en paz», pronunciadas al final de la celebración litúrgica, hasta los errores gravísimos, como pedir a fieles laicos «consagrar» las especies eucarísticas junto al sacerdote[23].

La formación litúrgica debe tender a hacer penetrar, por todos los modos posibles, en la conciencia de los sacerdotes y de los seminaristas, que uno va a la iglesia para orar, no para encontrarse con los amigos[24]. Creo que una de las mejores maneras de afirmarlo sea

---

[23] Aunque este grave abuso se verifica muy pocas veces en Italia con respecto a otras naciones, nuestro país no está del todo exento. Amerio ha declarado que fue testigo, el 24 de abril del 1980, en una Misa, en una importantísima iglesia en el centro de Roma, «durante la cual todo el pueblo *consagró* junto al sacerdote, pronunciando en voz alta las palabras de la doble transubstanciación, R. Amerio, *Iota Unum. Studio sulle variazioni della Chiesa cattolica nel secolo XX*, Fede & Cultura, Verona, 2009, p. 507. Hace poco tiempo, una catequista escribió a la revista *Vita Pastorale*, lamentando que en una iglesia, con ocasión de las primeras comuniones de los niños, «en el momento de la consagración el sacerdote invitó a todos los comulgantes a pronunciar con él las palabras de la consagración, diciendo [el sacerdote] que, sin embargo [estas palabras] no eran válidas»: *Vita Pastorale*, 97 (2009/6), p. 13.

[24] «Desde el Concilio, interpretado erróneamente, se ha introducido en la liturgia un elemento al que falta el buen gusto, es decir, la jovialidad y la familiaridad del celebrante con la congregación. *La gente, sin embargo, va [a la iglesia] para orar y no para una reunión entre amigos*. Curiosamente, debido a esta falsa interpretación, se tiene la sensación de que la liturgia posconciliar se ha vuelto más clerical que en los días en que el sacerdote era un mero servidor del misterio celebrado. Antes y después de la liturgia, el contacto personal es totalmente apropiado, pero durante la celebración la atención de todos

una frase que he recogido de los labios de un fiel laico de la archidiócesis de Nueva York. Hablando un día con él sobre este tema, se mostró verdaderamente dolorido por el modo concreto en que tantas veces los sacerdotes manifiestan no poseer ya el verdadero espíritu litúrgico, sometiendo el rito, pero en el fondo a los mismos fieles, a decisiones personales de gusto dudoso y probablemente dañinas desde el punto de vista espiritual y pastoral. Este laico, para sintetizar en unas pocas palabras la esencia de la liturgia, me dijo: «It's worship, it's not entertainment!» (¡Es culto, no entretenimiento!). La formación litúrgica de los sacerdotes y de los seminaristas debe asegurar que éstos comprendan claramente que Cristo no los ha llamado a ser *showmen,* sino pontífices, que celebran el sacrosanto culto de Dios en su persona. No han sido llamados para entretener, ni para divertir ni, cuánto menos, para no aburrir demasiado. La verdadera formación litúrgica global del clero permitirá el desarrollo de un culto católico que se pueda definir como realmente «divino», y evitará tantos sufrimientos a nuestros fieles.

Los superiores de los seminarios tienen una gran responsabilidad formativa para con los futuros sacerdotes. Hoy en día vemos, en una gran parte de los seminaristas y novicios, una especie de renacimiento, en el que se manifiesta el interés por los objetos y ornamentos antiguos. Muchos seminaristas empiezan a apreciar de nuevo el bordado a mano, los picos en las mangas de las albas y las casullas de estilo antiguo. Si este sentimiento proviene de una comprensión de lo que significa verdaderamente la belleza de la liturgia, es recibido con optimismo. Se estaría así superando aquel masoquismo estético que condujo, en las últimas décadas, a dejar de lado las cosas buenas y sustituirlas por otras, menos bellas pero no menos costosas. La formación litúrgica, en cambio, supone el aspecto espiritual, y los superiores deben estar muy atentos para que este resurgimiento de la antigua belleza no se funde sobre motivaciones equivocadas. Existe la impresión, en efecto, que a algunos de estos nuevos entusiastas de la antigua belleza les falta una visión verdaderamente espiritual y teológica de la liturgia, ya que no comprenden que la belleza de los ornamentos, los vasos, los manteles, no están destinados a satisfacer

---

se debe por entero al único Señor», H. U. von Balthasar, "Die Würde der Liturgie", *Communio [Deutsch]*, 7 (1978), p. 134 (cursiva mía).

el gusto personal sino a expresar el respeto y la reverencia al Señor, que se hace presente en la liturgia. Las hermosas prendas no son confeccionadas para la persona humana del sacerdote –pobre pecador– sino para la Persona del Verbo Encarnado quien, durante la liturgia, consiente ser servido por el sacerdote como un instrumento de su gracia. Es importante que el clero del mañana comprenda que la dignidad de la celebración y todo lo que a ella se refiere no nos toca a nosotros los hombres, a lo que sepamos decir, hacer, organizar, sino a Cristo. Es él quien obra y nosotros somos meros instrumentos en sus manos. Por eso, los vestidos litúrgicos deben ser bellos e incluso tal vez espléndidos, como corresponde al Rey de reyes y al Señor de señores. Verdaderamente se aplica a la liturgia y a todo cuanto la concierne, el versículo del salmo: «No a nosotros, Señor, no a nosotros sino a tu nombre da gloria» (Sal 115, 1)[25]. Los ornamentos deben ser bellísimos porque los viste Cristo, verdadero celebrante de la liturgia. El sacerdote que se procurase ornamentos bellos para sí mismo, porque le gustase aparecer, porque en la vida diaria viste sólo ropa de marca, y también en el altar quiere brillar por los vestidos, no habría entendido mucho.

La formación litúrgica del clero y de los fieles es la tercera vía concreta, a través de la cual evitar los escollos de una liturgia racionalista, y navegar serenos en el rumbo de la liturgia lógica (cfr. Rm 12, 1-2). Mediante la práctica de una formación litúrgica acertada, tanto inicial como permanente, se facilitará mucho la realización de la reforma litúrgica requerida por el Concilio Vaticano II, en armoniosa continuidad con el precedente magisterio papal y conciliar. Todo se haga para que la liturgia católica resplandezca siempre por lo que es en su naturaleza íntima: fuente de vida.

---

[25] Este versículo de la Biblia fue escogido por el cardenal de Génova, Giuseppe Siri († 1989) como su lema episcopal. También en el campo de la liturgia, este célebre pastor aplicó fielmente su lema: «Decía a menudo que el mundo sobrenatural, porque no se puede experimentar directamente, debe ser traducido tan correctamente como sea posible por los "signos". Dios debe ser tratado como Dios y las cosas más hermosas deben ser para él», R. Spiazzi (ed.), *Il Cardinale Giuseppe Siri Arcivescovo di Genova dal 1946 al 1987. La vita – L'insegnamento – L'eredità spirituale – Le memorie*, ESD, Bologna, 1990, p. 29 (cfr. p. 65).

Epílogo

«En matière de liturgie, comme en beaucoup d'autres domaines, il faut éviter à l'égard du passé deux attitudes excessives: un attachement aveugle et un mépris total».

«En materia de liturgia, como en muchos otros ámbitos, hay que evitar, con respecto al pasado, dos actitudes excesivas: un apego ciego y un desprecio total».

Pío XII, Alocución *Vous Nous avez demandé*, 22 de septiembre: AAS 48 (1956), p. 723

Índice

PREFACIO 7
INTRODUCCIÓN 11

CAPÍTULO 1 - LA LITURGIA DE LA IGLESIA 13
¿Qué es la liturgia de la Iglesia? 13
El carácter sacramental de la liturgia 19
Unidad y formas múltiples 23
Liturgia y teología: un «culto lógico» (Rm 12,1) 26

CAPÍTULO 2 - EL PAPEL DEL SACERDOTE Y DE LA ASAMBLEA EN LA
  LITURGIA 33
¿Quién celebra? 33
El papel del sacerdote como pontífice o mediador 38
¿Antropocentrismo, eclesiocentrismo o teocentrismo? 42
Apéndice *El papel del sacerdote y de los fieles en la liturgia según la Encíclica*
  Mediator Dei *de Pío XII* 50

CAPÍTULO 3 - LA TRANSMISIÓN DE LA VIDA EN LA LITURGIA 55
Los dos tomismos del siglo XX 55
Consecuencias sobre los temas de la gracia y de la espiritualidad 62
Consecuencias para la vida litúrgico-sacramental 65

CAPÍTULO 4 - LA REFORMA LITÚRGICA EN LA ÉPOCA MODERNA 71
Del Concilio de Trento hasta Dom Guéranger 71
De San Pío X a Pío XII 74
El Concilio Vaticano II 80
La reforma litúrgica posconciliar 93

CAPÍTULO 5 - LA SANTIFICACIÓN DEL TIEMPO Y DEL ESPACIO 101
El año litúrgico 101
La liturgia de las Horas 109
Los sacramentos y los sacramentales 113

CAPÍTULO 6 - LITURGIA EUCARÍSTICA I. *TEOLOGÍA Y LITURGIA* 121
Las dos dinámicas de la liturgia eucarística 122
Sacrificio y banquete 131
Asombro eucarístico 137

CAPÍTULO 7 - LITURGIA EUCARÍSTICA *II. ASPECTOS PARTICULARES*...143
La orientación de la oración litúrgica..143
La lengua de la liturgia..156
La comunión en la boca y de rodillas 164

CAPÍTULO 8 - LA BELLEZA DE LA LITURGIA..175
La sacralidad de la liturgia como percepción de la Presencia....................177
Ars celebrandi y *actuosa participatio*..181
Los signos de la belleza litúrgica..188

CAPÍTULO 9 - ÉTICA, DEVOCIÓN, FORMACIÓN 205
Liturgia y ética 205
Liturgia y devoción 212
Formación litúrgica...218

EPÍLOGO 225

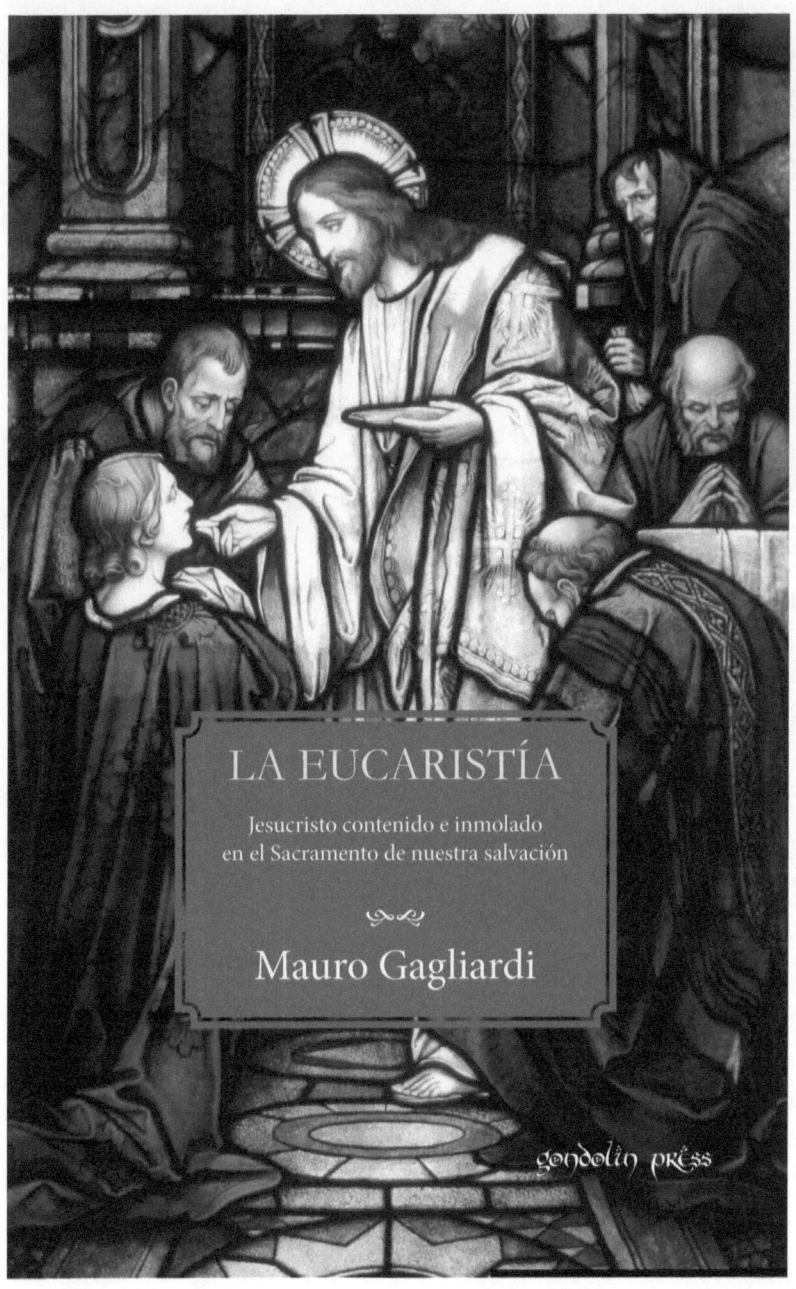

El misterio de la Santísima Eucaristía explicado de modo accesible, con una exposición clara, y un lenguaje comprensible para todos.

Pages: 240 $ 26,99

www.ingramcontent.com/pod-product-compliance
Lightning Source LLC
Chambersburg PA
CBHW021809220426
43662CB00006B/237